Methodische und softwaretechnische Unterstützung global verteilter
Softwareentwicklung bei mittelständischen Unternehmen

INFORMATIONSTECHNOLOGIE UND ÖKONOMIE

Herausgegeben von Christian Becker, Wolfgang Gaul,
Armin Heinzl, Alexander Mädche und Martin Schader

Band 56

Khrystyna Nordheimer

Methodische und softwaretechnische Unterstützung global verteilter Softwareentwicklung bei mittelständischen Unternehmen

Bibliografische Information der Deutschen Nationalbibliothek
Die Deutsche Nationalbibliothek verzeichnet diese Publikation
in der Deutschen Nationalbibliografie; detaillierte bibliografische
Daten sind im Internet über http://dnb.d-nb.de abrufbar.

Zugl.: Mannheim, Univ., Diss., 2015

Gedruckt auf alterungsbeständigem,
säurefreiem Papier.

D 180
ISSN 1616-086X
ISBN 978-3-631-67212-9 (Print)
E-ISBN 978-3-653-06724-8 (E-Book)
DOI 10.3726/978-3-653-06724-8

© Peter Lang GmbH
Internationaler Verlag der Wissenschaften
Frankfurt am Main 2016
Alle Rechte vorbehalten.
PL Academic Research ist ein Imprint der Peter Lang GmbH.

Peter Lang – Frankfurt am Main · Bern · Bruxelles · New York ·
Oxford · Warszawa · Wien

Diese Publikation wurde begutachtet.

www.peterlang.com

Inhaltsverzeichnis

Abbildungsverzeichnis

Tabellenverzeichnis

Abkürzungsverzeichnis

AV	Autovervollständigung
BPMN	Business Process Model and Notation
CLEoS	Collaborative Lightweight Extension of Software Engineering
CME	Collaborative Modeling Extension
EPK	Ereignisgesteuerte Prozesskette
GP	Geschäftsprozess
HGB	Handelsgesetzbuch
HTML	Hypertext Markup Language
IfM	Institut für Mittelstandsforschung Bonn
JSON	JavaScript Object Notation
KMU	Kleine und mittlere Unternehmen
KMSU	Kleine und mittlere Softwareunternehmen
OMG	Object Management Group
OWL	Web Ontology Language
RDF	Resource Description Framework
RUP	Rational Unified Process
SE	Softwareentwicklung
SLiM	Synchronous Lightweight Modeling Tool
SMW	Semantic MediaWiki
SOA	Serviceorientierte Architektur
UML	Unified Modeling Language
XMI	XML Metadata Interchange
XP	Extreme Programming

1. Einführung

In diesem einleitenden Kapitel werden zunächst die Problemstellung der vorliegenden Dissertationsarbeit und die wissenschaftliche Relevanz der zu untersuchenden Thematik dargelegt. Der daraus resultierende Handlungsbedarf schlägt sich in der Formulierung der Forschungsziele nieder. Im Anschluss werden die hier gewählte Forschungsmethodik begründet und der Aufbau der Arbeit dargestellt.

1.1 Problemstellung

„Kleinstunternehmen sowie kleine und mittlere Unternehmen (KMU) sind der Motor der europäischen Wirtschaft. Sie tragen wesentlich zur Entstehung von Arbeitsplätzen bei, fördern den Unternehmergeist und die Innovationstätigkeit in der EU und spielen deshalb eine entscheidende Rolle bei der Entwicklung der Wettbewerbsfähigkeit und der Beschäftigung.“ (Europäische Kommission 2006, S. 3)

Der hohe Stellenwert von KMU ist auch in der Softwareindustrie Deutschlands unverkennbar. Den Großunternehmen sind sie sowohl im Branchenanteil, der seit 2008 stets über 99,5% liegt, als auch in Bezug auf die Anzahl der Beschäftigten und den Jahresumsatz deutlich überlegen (IfM Bonn 2015). Das Erfolgsgeheimnis mittelständischer Softwareunternehmen begründet sich in erster Linie durch ihre starke Kundenbindung, hohe Flexibilität und enorme Innovationskraft, die es ihnen erlauben, ihren Kunden maßgeschneiderte und individualisierte Softwareprodukte anzubieten (Aranda et al. 2007). Die überschaubare Unternehmensgröße sowie kurze Entscheidungswege zusammen mit dem niedrigen Formalisierungs- und Standardisierungsgrad der Softwareentwicklungsprozesse versetzen KMU außerdem in die Lage, schneller auf die sich oft ändernden Markt- und Kundenanforderungen zu reagieren und somit ihre Marktnischen erfolgreich zu bedienen (Pfohl 2006; Prügl 2008).

Um den zur Erhaltung ihrer Wettbewerbsfähigkeit existenziellen Kompetenzvorsprung gegenüber Großunternehmen auch in Zeiten der fortschreitenden Globalisierung weiter zu wahren, nutzen KMU zunehmend die Option der Auslagerung von Softwareentwicklungsaktivitäten an externe Partnerunternehmen in Niedriglohnländern (Dibbern und Heinzl 2009; Klimpke et al. 2011). Dies verspricht einerseits Kostensenkungen und die flexible Gewinnung von Fachkräften (Carmel und Agarwal 2001; Lacity et al. 2009; Schwarze und Müller 2005), bringt andererseits aber oft zahlreiche Schwierigkeiten mit sich (da Silva et al. 2010; Gandhi et al. 2012; Noll et al. 2010; Rottman 2008; Sengupta et al. 2006).

Das Kernproblem dabei besteht sowohl für kleine als auch für große Unternehmen darin, dass Methoden und Werkzeuge, die sich bei nicht-verteilten Softwareprojekten bewährt haben, nicht mit der gleichen Effizienz in global verteilten Umgebungen eingesetzt werden können (Herbsleb 2007).

Aufgrund der räumlichen Verteilung der an einem Projekt beteiligten Personen über verschiedene Standorte unterliegt der ohnehin komplexe und risikobehaftete Prozess der Softwareentwicklung besonderen Herausforderungen. So sind die Abwicklung eines global verteilten Projektes im Allgemeinen als auch die Durchführung seiner einzelnen Phasen im Speziellen im Vergleich zu seiner nicht-verteilten Form stets mit einem höheren Aufwand an Kommunikation und Koordination verbunden (Carmel 1999; Cusumano 2008; Lee et al. 2013). Sprachliche und kulturelle Differenzen zusammen mit unterschiedlichen sozialen Kompetenzen der Projektbeteiligten erschweren zudem den Informations- und Wissensaustausch zwischen ihnen (Chen et al. 2010; Damian und Zowghi 2003; Nidhra et al. 2013). Dies hat dann zur Folge, dass Missdeutungen von Aufgabenstellungen verhältnismäßig oft zustande kommen, was unausweichlich zur fehlerhaften Umsetzung von Projektvorhaben führt (Taweel et al. 2009). Werden beispielsweise die intern erstellten Spezifikationen von externen Projektbeteiligten missinterpretiert, resultiert dies schnell in einem den Vorgaben nicht entsprechenden Systemverhalten, dessen Korrekturprozess häufig unvorhersehbare Kostensteigerungen verursacht. Außerdem beeinträchtigt das oft ungleiche Domänen- und Fachwissen zwischen internen und externen Projektpartnern sowohl die Erlangung eines gemeinsamen Verständnisses über das zu erstellende System als auch die effiziente Wissensübertragung zwischen ihnen (Herbsleb 2007; Vlaar et al. 2008). Des Weiteren werden projektbezogene Informationen oft in mehreren zueinander inkompatiblen Werkzeugen verwaltet, sodass ihre Erfassung, Übertragung, Nachverfolgung und gemeinsame Nutzung in verteilten Umgebungen grundsätzlich problematisch sind (Hildenbrand 2008; Gotel et al. 2012; Nordheimer et al. 2012). Schließlich wird die Ermöglichung einer effektiven Zusammenarbeit zwischen allen Projektbeteiligten auf dem Weg zum Erfolg in verteilten Softwareprojekten als weiteres Hindernis aufgeführt (Sengupta et al. 2006; Jiménez et al. 2010; Thum 2012).

Zwar stellen sich die Forschung und Praxis seit geraumer Zeit der besonderen Problematik global verteilter Softwareentwicklung, dennoch bleibt die mittelständische Softwareindustrie von den Errungenschaften auf diesem Gebiet meist ausgegrenzt. Denn sowohl wissenschaftliche als auch industrielle Bestrebungen richten sich vor allem auf die komplexen Bedürfnisse großer Softwarehersteller aus (Oktaba und Piattini 2008). Folglich erweisen sich existierende Ansätze und Werkzeuge für KMU weitgehend als überdimensioniert, zu aufwendig, unflexibel, schwer nachvollziehbar und zu kostenintensiv, sodass sie sich deren Einsatz, Anpassung an eigene Softwareentwicklungsprozesse und anschließende Wartung kaum leisten können (Ehresmann et al. 2007). Während Großunternehmen längst von den neuesten Techniken im Bereich global verteilter Softwareentwicklung profitieren, bedienen sich KMU Lösungen, die für ihre Belange ungeeignet sind. Die Auslagerungsprozesse müssen sie durch das mühsame und risikobehaftete Ausprobieren verschiedener Praktiken, basierend auf den eigenen Erfolgs- und Misserfolgserfahrungen optimieren — eine Vorgehensweise, die nur selten zum Erfolg führt (Aranda et al. 2007; Ehresmann et al. 2007). Ohne eine passende methodische und softwaretechnische Unterstützung, die sich speziell an ihren Bedürfnissen orientiert, sind KMU nicht in der Lage, den Herausforderungen global verteilter Softwareentwicklung effektiv zu begegnen, ihre Projekte auch zukünftig mit einem akzeptablen Ressourcen- und Kostenaufwand abzuwickeln und somit ihre Wettbewerbsfähigkeit längerfristig zu sichern.

Die nur vereinzelt vorhandenen wissenschaftlichen Arbeiten, die sich mit den charakteristischen Gegebenheiten mittelständischer Softwareindustrie im Bereich global verteilter Softwareentwicklung beschäftigen, bestätigen im Allgemeinen den bestehenden Forschungsbedarf auf diesem Gebiet (Boden et al. 2007; Dibbern und Heinzl 2009; Jiménez et al. 2010; Klimpke et al. 2011). Darüber hinaus bleiben KMU-spezifische Rahmenbedingungen — speziell in den zentralen Bereichen der Softwareentwicklung, angefangen bei den Vorgehensmodellen, über das Anforderungs- und Traceability-Management bis hin zur Wissensorganisation — in der wissenschaftlichen Diskussion kaum berücksichtigt (Aranda et al. 2007; Richardson und von Wangenheim 2007; Staiger 2008; Merten et al. 2011). Daher gibt es heutzutage kaum relevante Erkenntnisfortschritte, was global verteilte Softwareentwicklung im Kontext der mittelständischen Softwareindustrie anbelangt. Schließlich mangelt es an anwendungsorientierten Untersuchungen, die Einblicke in die aktuelle Praxis von KMU in diesem Bereich gewähren und somit richtungsweisende Impulse zur Anpassung oder auch sogar zur Neuorientierung ihrer Softwareentwicklungsprozesse liefern könnten (Hering et al. 2015; Nett und Wulf 2005).

1.2 Zielsetzung

Wie die oben aufgeführte Problembeschreibung verdeutlicht, sind auf dem Weg zur effektiven Auslagerung von Softwareentwicklungsaktivitäten bei KMU noch erhebliche Verbesserungspotenziale zu verzeichnen. Um mittelständische

Softwarehersteller in diesem Bereich effektiv unterstützen zu können, bedarf es neuer Ansätze, die sich speziell an ihren Bedürfnissen orientieren. Vor diesem Hintergrund verfolgt die vorliegende Dissertationsarbeit das primäre Forschungsziel, die spezifischen Gegebenheiten von KMU bei global verteilter Softwareentwicklung umfassend zu erforschen, notwendige Anhaltspunkte zur Ableitung von Verbesserungspotentialen zu erarbeiten und diese in einen gleichermaßen effektiven wie praxistauglichen Lösungsansatz zu überführen. Zentral ist dabei auch die Zielsetzung, dass der neue Ansatz sowohl dem wissenschaftlichen Erkenntnisstand als auch den praxisbezogenen Ansprüchen von KMU genügt.

Aufgrund der erfolgskritischen Rolle früher Softwareentwicklungsphasen, die durch räumliche, kulturelle und sprachliche Distanz zusätzlich verstärkt wird, steht eine effektive Neugestaltung des Spezifikationsprozesses in global verteilter Umgebung im Fokus der Untersuchung. Darüber hinaus ist in diesem Zusammenhang beabsichtigt, eine zweckmäßige Wissensorganisation und -übertragung an externe Partnerunternehmen zu gewährleisten sowie die bislang oft fehlende Erfassung und Verwaltung von Nachverfolgbarkeitsinformationen sicherzustellen.

Anders als in der bisherigen Forschung hat die vorliegende Arbeit die Absicht, die Überführung der Geschäftsziele des Kunden in konkrete Anforderungen in Form von Geschäftsprozessmodellen zu formalisieren und das dadurch gewonnene Kontextwissen auf eine geeignete Weise im Spezifikationsprozess festzuhalten. Die dafür notwendige Zusammenarbeit zwischen allen Projektbeteiligten soll dabei durch leichtgewichtige Techniken unterstützt und begleitet werden. Um hinsichtlich der Systemspezifikation ein gemeinsames Verständnis zwischen Kunden, internen und externen Entwicklerteams zu erreichen, ist weiterhin eine zweckmäßige Erfassung kontextbezogener Zusammenhänge von Projektinhalten zu gewährleisten und allen Beteiligten der Zugriff auf diese Wissensbasis während der gesamten Projektlaufzeit bereitzustellen.

Schließlich sollen die Realisierbarkeit des neuen Lösungsansatzes durch eine entsprechende softwaretechnische Umsetzung nachgewiesen und dessen Anwendbarkeit umfassend evaluiert werden.

1.3 Forschungsmethode und Aufbau

Die vorliegende Dissertationsarbeit folgt dem Forschungsparadigma der Designwissenschaft in Anlehnung an Hevner et al. (2004). Diese Forschungsmethode schlägt ein Regelwerk zur Entwicklung neuer wissenschaftlicher Artefakte vor. Als Untersuchungsgegenstände können dabei Konzepte, Methoden, Modelle oder auch Softwarewerkzeuge auftreten (Hevner und Chatterjee 2010). Die theoretische und praktische Relevanz der in der Forschungsarbeit gesetzten

Ziele ist gemäß Regelwerk fachlich fundiert zu begründen. Die gewonnenen Forschungsergebnisse sollen sich dabei von den existierenden Lösungen auf dem untersuchten Gebiet eindeutig abgrenzen. Darüber hinaus sieht die Forschungsmethode der Designwissenschaft eine rigorose Evaluation der entwickelten Artefakte sowie ihre Veröffentlichung und Weitergabe an Interessenten in Wissenschaft und Praxis vor.

Entsprechend der gewählten Vorgehensweise gliedert sich die Dissertationsschrift in acht Kapitel. Im Anschluss an die bereits gegebene Einführung in die Thematik wird im zweiten Kapitel die Zielgruppe der vorliegenden Untersuchung definiert.

In Kapitel 3 folgt die Darstellung der begrifflichen und konzeptionellen Grundlagen, wobei der Fokus auf die besonders kritischen Bereiche verteilter Softwareentwicklung und auf die damit verbundenen Herausforderungen in Bezug auf KMU gelegt wird. Unter Berücksichtigung ihrer spezifischen Rahmenbedingungen werden die vorhandenen Forschungslücken in relevanten Bereichen identifiziert und darauf aufbauend die theoriebezogenen Anforderungen für eine Neugestaltung und Optimierung verteilter Softwareentwicklungsprozesse bei KMU abgeleitet.

Das vierte Kapitel widmet sich der Darstellung einer umfassenden Fallstudie mit acht mittelständischen Softwareunternehmen, die die tieferen Erkenntnisse über ihre spezifischen Bedürfnisse entlang des gesamten Softwarelebenszyklus gewährt und somit den Praxisbezug der vorliegenden Arbeit sichert. Basierend auf den gewonnenen Ergebnissen findet anschließend die Ableitung weiterer Anforderungen statt, die den Anforderungskatalog um praxisbezogene Aspekte erweitern.

Kapitel 5 beschäftigt sich mit der Konzeption eines neuen Lösungsansatzes zur Unterstützung global verteilter Softwareentwicklung bei KMU, indem die aus der Theorie und Praxis abgeleiteten Anforderungen entsprechend umgesetzt werden. Zunächst findet eine Kurzfassung der zentralen Merkmale statt, die der Ansatz für eine effektive Abwicklung global verteilter Softwareprojekte allgemein einfordert. Danach wird die Auswahl der Basistechnologie begründet. Im weiteren Verlauf des Kapitels werden die zentralen Bestandteile des entwickelten Ansatzes, die den inhaltlichen Forschungsbeitrag der Arbeit bilden, ausführlich beschrieben und seine charakteristischen Eigenschaften, die ihn von den bisherigen Lösungen abgrenzen, detailliert erläutert.

Anschließend findet in Kapitel 6 die prototypische Instanziierung des vorgeschlagenen Konzeptes statt. Zu Beginn wird eine kurze Einführung ins Semantic MediaWiki (SMW) gegeben, das als Basistechnologie für die Implementierung fungiert. Danach folgt die Vorstellung des entwickelten Werkzeuges, indem seine Struktur und seine zentralen Funktionalitäten ausführlich beschrieben werden.

5

In Kapitel 7 werden die Ergebnisse der vorliegenden Forschungsarbeit im Rahmen eines mehrschrittigen Evaluationsprozesses bewertet. Den Gegenstand des ersten Teils bildet die formative Evaluation, die auf die Überprüfung der Relevanz des Gesamtkonzeptes sowie auf die praxisbezogene Optimierung der Lösung abzielt. Ihre abschließende Bewertung findet im zweiten Teil des Kapitels anhand einer summativen Evaluation statt.

Die Dissertationsarbeit schließt in Kapitel 8 mit der Darstellung des geleisteten wissenschaftlichen Beitrages, einer kurzen Diskussion über zukünftige Weiterentwicklungsmöglichkeiten sowie einer rückblickenden Zusammenfassung der Forschungsarbeit.

1.4 Bemerkung

Diese Dissertationsarbeit entstand im Rahmen des vom Ministerium für Wissenschaft, Forschung und Kunst des Landes Baden-Württemberg geförderten Forschungsprojektes GlobaliSE[1]. Es handelte sich um ein Kooperationsprojekt zwischen der Universität Mannheim, dem Karlsruher Institut für Technologie und dem Forschungszentrum Informatik, bei dem auch mehrere assoziierte Praxisunternehmen mitwirkten. Das Hauptziel des GlobaliSE-Projektes bestand darin, die Auslagerung von Softwareentwicklungsaufgaben ins Ausland strategisch zu unterstützen und die hiesige mittelständische Softwareindustrie in die Lage zu versetzen, die wertschöpfungsintensiven Teile der Softwareentwicklung im Inland zu belassen.

---

1   http://www.globalise-projekt.de/

2. Kleine und mittlere Unternehmen in der Softwareindustrie

Im Vordergrund dieses Kapitels stehen die Abgrenzung mittelständischer Softwareunternehmen, die die Zielgruppe der vorliegenden Untersuchung bilden, und die darauf basierende arbeitsspezifische Definition für KMU in der Softwareentwicklungsindustrie. Neben den definitorischen Grundlagen wird hier auch der besondere Stellenwert von KMU in der IT- und Kommunikationsbranche erläutert und diskutiert. Anschließend werden die charakteristischen Stärken aufgeführt, die KMU gegenüber Großunternehmen aufweisen, und die wesentlichen Herausforderungen identifiziert, mit denen KMU in der Softwareentwicklung konfrontiert werden.

2.1 KMU als Zielgruppe der Untersuchung

2.1.1 Abgrenzungskriterien

In der wissenschaftlichen Literatur existieren zahlreiche Definitionen und Auslegungen, die unterschiedlich präzise versuchen, die grundlegenden Kriterien für KMU und insbesondere deren von einem Großunternehmen abgrenzenden Merkmale herauszustellen (Kayser 2006; Pfohl 2006). Bedingt durch die Vielfalt der herangezogenen Aspekte konnte sich bis zum heutigen Stand der Forschung noch keine allgemein anerkannte und einheitliche Begriffsbestimmung für KMU durchsetzen (Rudolph 2009; Wallau 2006). Die häufig vorkommenden Definitionen basieren oft auf funktionalen und strukturellen Eigenschaften des Unternehmens, die sich verallgemeinernd in quantitative und qualitative Abgrenzungskriterien unterteilen lassen. Während es sich bei quantitativen Merkmalen vor allem um konkrete statistische Messgrößen handelt, werden bei einer qualitativen Abgrenzung unternehmensspezifische Eigenschaften zugrunde gelegt.

2.1.1.1 Quantitative Merkmale

Zur quantitativen Kennzeichnung mittelständischer Unternehmen werden Größenkriterien wie die Beschäftigtenanzahl, die Bilanzsumme, die Eigenkapitalquote, der Umsatz oder der Jahresüberschuss besonders häufig als Abgrenzungsmerkmale herangezogen. Dies liegt darin begründet, dass sich diese Kennzahlen einfach ermitteln lassen und leicht nachvollziehbar sind. Die derzeit meist verbreitete Definition für KMU, die zunehmend als Grundlage für zahlreiche Verordnungen,

Richtlinien und staatliche Förderprogramme dient, wurde von der Europäischen Kommission erarbeitet und im Januar 2005 in Kraft gesetzt (Europäische Kommission 2006). In Tabelle 2.1 ist die dort vorgenommene Untergliederung der KMU nach Unternehmenskategorien dargestellt.

Tabelle 2.1.: Quantitative Merkmale der Unternehmensklassen bei KMU (Europäische Kommission 2006)

Unternehmenskategorie	Mitarbeiteranzahl	Jahresumsatz	Jahresbilanzsumme
Mittleres Unternehmen	< 250	≤ 50 Mio. EUR	≤ 43 Mio. EUR
Kleines Unternehmen	< 50	≤ 10 Mio. EUR	≤ 10 Mio. EUR
Kleinstunternehmen	< 10	≤ 2 Mio. EUR	≤ 2 Mio. EUR

Auch andere Definitionen für KMU, wie z. B. die Umschreibung der Größenklassen nach §267 HGB oder die durch das IfM Bonn vorgenommene Klassifizierung für kleine und mittlere Unternehmen (Günterberg und Wolter 2003), kommen der von der Europäischen Kommission äußerst nah und ziehen die Mitarbeiteranzahl, die Bilanzsumme oder Umsatzerlöse als quantitative Abgrenzungskriterien heran. Der zentrale Unterschied liegt dabei nur in den zugrunde liegenden Skalen für diese Kennzahlen.

2.1.1.2 Qualitative Merkmale

Neben den rein quantitativen Messgrößen, die alleinig nur eine beschränkte Aussagekraft besitzen, können die Unternehmen des Mittelstandes auch anhand von qualitativen Merkmalen definiert werden, die eine gewisse unternehmensspezifische Innenansicht repräsentieren und somit eine gewichtige Bedeutung bei der Abgrenzung von Großunternehmen spielen.

Das wohl bedeutendste Kriterium, welches den qualitativen Unterschied zwischen KMU und Großunternehmen zu konzipieren erlaubt, ist die sogenannte *Entscheidungszentralisation* (Lanninger 2009; Prügl 2008). Unter einem KMU wird dabei unabhängig von der Unternehmensgröße eine selbstständige wirtschaftliche Einheit verstanden, die mit der Unternehmensperson sehr eng verbunden ist, wodurch die Unternehmensorganisation und -struktur im erheblichen Maße beeinflusst werden (Kayser 2006). In Anlehnung an die Arbeiten von Lanninger (2009) und Prügl (2008) lassen sich für KMU auch folgende allgemeine Charakteristika als qualitative Abgrenzungskriterien anwenden:

- *Kurze Entscheidungswege:* Im Vergleich zu Großunternehmen besitzen KMU viel einfachere Organisationsstrukturen, die nur im geringen Maße über vertikale und horizontale Untergliederungen in Hierarchiestufen und Abteilungen verfügen (Lanninger 2009). Dadurch ergeben sich kurze und vor allem direkte Informationswege, auf denen viele betriebliche Entscheidungen leichter getroffen und schneller realisiert werden können (Pfohl 2006; Prügl 2008).

- *Begrenzte Ressourcen:* Aufgrund ihrer Größe stehen den Unternehmen des Mittelstandes geringere Personal- und Kapitalressourcen zur Verfügung. Dies führt in erster Linie dazu, dass viele Investitionen und Strategien zur Verbesserung der Wettbewerbsfähigkeit, wie z. B. die Inanspruchnahme externer Dienstleistungen oder der Zukauf von teuren Softwarelizenzen, selten umgesetzt werden. Weiterhin müssen existenzrelevante Entscheidungen bei KMU mit besonderer Sorgfalt getroffen werden, da die Ressourcenknappheit kaum Spielraum für Fehler zulässt (Prügl 2008).

- *Hohe Flexibilität:* Durch flache Hierarchien und einen geringen Bürokratieaufwand sind KMU in der Lage, flexibler auf die sich ständig wandelnden Bedürfnisse von Kunden zu reagieren. Dabei ist die Flexibilität umso höher, je kleiner das Unternehmen ist und je kürzer die Entscheidungswege ausfallen (Lanninger 2009).

- *Einfache Kommunikation:* Im Gegensatz zu gewachsenen Großunternehmen, die angesichts stark formalisierter Vorgaben zum Informationsaustausch mit einem großen Kommunikationsaufwand zu kämpfen haben, sehen sich KMU weniger mit Kommunikations- und Koordinationsproblemen konfrontiert (Prügl 2008). Begründet ist dies vor allem durch die überschaubare Unternehmensgröße, den geringen Formalisierungsgrad, die direkte personenbezogene Kommunikation zwischen Mitarbeitern sowie durch die engen Beziehungen zu Kunden (Pfohl 2006).

Zusammenfassend bilden die oben aufgeführten Merkmale nicht nur die Grundlage zur qualitativen Abgrenzung der KMU von Großunternehmen, sondern zählen auch zu ihren wichtigsten Stärken und besonderen Eigenschaften.

2.1.2 Definition des Untersuchungsgegenstandes

Im Rahmen der vorliegenden Arbeit wird zur quantitativen Identifikation von KMU die Empfehlung der Europäischen Kommission zugrunde gelegt (siehe Abschnitt 2.1.1.1). Somit fokussiert sich die Untersuchung auf Unternehmen mit weniger als 250 Mitarbeitern und mit einem maximalen Jahresumsatz von 50 Mio. Euro oder einer maximalen Jahresbilanzsumme von 43 Mio. Euro. Als qualitative Abgrenzungskriterien gelten hierbei die in Abschnitt 2.1.1.2 aufgeführten unternehmensspezifischen Eigenschaften. Die Rechtsform des Unternehmens ist bei dieser Untersuchung unerheblich.

Des Weiteren wird die Zielgruppe durch kleine und mittlere Unternehmen eingegrenzt, die ausschließlich in der Softwareentwicklungsbranche tätig sind und sich mit der Herstellung bzw. Wartung von Softwareprodukten beschäftigen. Primär werden dabei Softwarehersteller betrachtet, die global agieren und aufgrund von strategischen Entscheidungen bestimmte Aktivitäten der Softwareentwicklung an externe Unternehmen auslagern.

Während bislang zwischen KMU im Allgemeinen und KMU in der Softwareentwicklungsbranche im Speziellen nicht differenziert wurde, werden im Weiteren *kleine und mittlere Softwareunternehmen (KMSU)*, die die obigen Definitionskriterien erfüllen, als Zielgruppe der Untersuchung präzisiert.

2.2 KMU in der IT-Branche

Für die Begründung der in der vorliegenden Arbeit aufgestellten Forschungsfrage ist es zunächst wichtig zu klären, warum KMSU einen besonders hohen Stellenwert in der Branche innehaben, welche Erfolgsfaktoren sie gegenüber Großunternehmen kennzeichnen und mit welchen Herausforderungen sie bei Softwareentwicklungsprozessen konfrontiert werden. Diese Aspekte bilden den Untersuchungsgegenstand des vorliegenden Abschnittes.

2.2.1 Mittelständische Softwareindustrie in Deutschland

Für den Versuch, die statistischen Daten über die genaue Verteilung von Softwareunternehmen in Deutschland, differenziert nach ihrer Größe, zu ermitteln, eignen sich an erster Stelle die Informationen des Statistischen Bundesamtes. Dort werden KMU gemäß der Klassifikation der Wirtschaftszweige systematisiert und anhand unterschiedlicher Merkmale wie z. B. dem Marktanteil, der Mitarbeiteranzahl und dem Jahresumsatz untersucht. Laut vorgegebener Systematik belief sich im Jahre 2012 der Anteil der KMU auf 99,3% des Gesamtbestandes von Unternehmen im Wirtschaftszweig „Information und Kommunikation". Hierbei ist zu beachten, dass dieser Wirtschaftszweig nicht nur ausschließlich Softwarehersteller, sondern auch Unternehmen aus anderen für die vorliegende Untersuchung nicht relevanten Branchen wie „Verlagswesen" oder „Telekommunikation" berücksichtigt.

Um den Anteil von KMSU im Wirtschaftszweig „Information und Kommunikation" zu bestimmen, wurde eine weitere Differenzierung nach Unterkategorien vorgenommen. Die Grundlage hierfür bildete die Kategorie „Programmierungstätigkeiten", welche die Entwicklung, die Anpassung, das Testen und die Wartung von Softwareprodukten sowie die Softwaredokumentation umfasste. Da detaillierte Informationen über die analysierten Wirtschaftszweige öffentlich nicht zugänglich waren, wurden diese beim IfM Bonn angefragt. Daraufhin wurden für die vorliegende Untersuchung die Daten der Wirtschaftszweigsystematik des Statistischen Bundesamtes für das Jahr 2012, unter anderem differenziert nach Beschäftigtengrößenklassen, zur Verfügung gestellt. Dies ermöglichte die Auswertung der Unterkategorie „Programmierungstätigkeiten" hinsichtlich quantitativer Merkmale gemäß der Empfehlung der Europäischen Kommission für die KMU-Definition (siehe Abschnitt 2.1.1.1). Tabelle 2.2 veranschaulicht die gewonnenen Ergebnisse.

Tabelle 2.2.: Anteil der KMSU am Gesamtbestand von Unternehmen in der Softwareentwicklungsbranche differenziert nach Unternehmensklassen

Unternehmenskategorie	Anteil (in %)	Mitarbeiteranzahl (in %)	Jahresumsatz (in %)
Mittlere Unternehmen (< 250 MA)	1,8	28,7	22,7
Kleine Unternehmen (< 50 MA)	8,5	28,1	20,3
Kleinstunternehmen (< 10 MA)	89,5	13,7	17,9
Gesamt	99,8	70,5	60,9

Somit belief sich im Jahre 2012 der Anteil von kleinen und mittleren Softwareunternehmen auf 99,8% des Gesamtbestands von Unternehmen in der Softwareentwicklungsindustrie. Dabei lag der Anteil von Kleinstunternehmen mit weniger als zehn Mitarbeitern bei über 89%. KMSU beschäftigten insgesamt 70,5% aller Arbeitnehmer in der IT-Branche und trugen knapp über 60% zum Jahresumsatz in diesem Wirtschaftszweig bei. Daher ist die Rolle der KMSU für die IT-Branche im Speziellen und für den deutschen Arbeitsmarkt im Allgemeinen unverkennbar.

2.2.2 Erfolgsfaktoren

Das Erfolgsgeheimnis von KMSU begründet sich in erster Linie durch die sogenannte Nischenstrategie. Sie konzentrieren sich vor allem auf solche Wettbewerbsfelder innerhalb der Softwareentwicklungsbranche, die für Großunternehmen als unrentabel bzw. nicht besonders lukrativ gelten (Aranda et al. 2007). Infolgedessen entwickeln sich die spezifischen Wettbewerbsvorteile der KMSU. So sind sie im Vergleich zur Konkurrenz besser in der Lage, anhand von detaillierten Kenntnissen über die Geschäftsprozesse und fundierten Einblicken in die Systemlandschaften ihrer Kunden die Anforderungen an zu entwickelnde Softwaresysteme genauer zu erkennen und somit maßgeschneiderte Softwareprodukte mit einer höheren Lösungsqualität anzubieten. Obwohl KMSU das im Rahmen eines Projektes erworbene Domänenwissen kaum bei anderen Projekten verwenden können, ermöglicht ihnen dieses erfahrungsbasierte Vorwissen, kundenspezifische

Softwarelösungen effektiver zu entwickeln sowie schneller auf die Änderungen der Kundenwünsche und Marktanforderungen zu reagieren.

Kurze Entscheidungswege und hohe Transparenz des laufenden Geschäftes entwickeln sich immer mehr zu einem bedeutenden Erfolgsfaktor bei KMSU, da sie dadurch auch bei kontinuierlichem Fortschritt in der Branche flexibel und anpassungsfähig bleiben (Zencke und Eichin 2008). Darüber hinaus schaffen diese Eigenschaften ideale Bedingungen für die Entstehung innovativer Ideen und Konzepte, die wegen eines geringeren Formalisierungsgrades leichter umgesetzt werden können (Prügl 2008). Starke Kundenbindung, hohe Flexibilität und große Innovationskraft sind somit die ausschlaggebenden Wettbewerbsvorteile, die KMSU gegenüber Großunternehmen aufweisen und die den langfristigen Markterfolg dieser Unternehmen sicherstellen.

2.2.3 Herausforderungen und Spannungsfelder

Zwar zeigen KMSU hinsichtlich zahlreicher Faktoren gegenüber Großunternehmen einen klaren Kompetenzvorsprung auf, dennoch sehen sie sich mit vielen Nachteilen konfrontiert. Die Bedingungen am heutigen sich ständig ändernden IT-Markt stellen sowohl KMSU als auch Großunternehmen nahezu vor gleiche Herausforderungen (Ehresmann et al. 2007). Ein kleines oder mittleres Unternehmen muss genauso wie ein großes Softwareunternehmen dem wachsenden Wettbewerbsdruck und der fortschreitenden Globalisierung gerecht werden. Von beiden erwartet der Kunde die Entwicklung und Wartung hochwertiger Softwarelösungen, die auf den neuesten Technologien basieren und die aktuellen Trends im Softwareengineering berücksichtigen. Auch im Hinblick auf die Systemkomplexität, Softwarequalität und Termintreue müssen KMSU mit großen Unternehmen ständig Schritt halten. Somit finden sich nur wenige Unterschiede bei den Anforderungen und erwarteten Leistungen, die der Markt und die Kunden an mittelständische und große Softwarehersteller heutzutage stellen.

Im Vergleich zu Großunternehmen stehen KMSU all diesen Ansprüchen jedoch mit völlig anderen Möglichkeiten gegenüber. Bedingt durch die stark eingeschränkten finanziellen und personellen Ressourcen sind Mittelständler in einem höheren Maße auf die Anwendung geeigneter Werkzeuge und Techniken bei ihren Softwareentwicklungsprozessen angewiesen (Ehresmann et al. 2007; Prügl 2008). Diese werden in der Regel nur auf große Softwareunternehmen zugeschnitten und sind daher aufgrund des hohen Komplexitätsgrades und des erheblichen finanziellen Mehraufwandes bei KMSU kaum anwendbar.

2.3 Zusammenfassung

Die Ausführungen in diesem Kapitel verdeutlichen den besonderen Stellenwert von KMSU in der IT-Branche und stellen die Notwendigkeit deren differenzierter Betrachtung fest. Um die Wirtschaftlichkeit und den Erfolg bei global verteilten Softwareprojekten zu gewährleisten, benötigen KMSU Methoden und Werkzeuge, die speziell für ihre Bedürfnisse entwickelt sind.

Aus diesem Grund werden im nächsten Kapitel die KMSU-spezifischen Aspekte bei global verteilten Softwareentwicklungsprozessen unter die Lupe genommen, diesbezüglich die wesentlichen Unterschiede gegenüber Großunternehmen ermittelt und die zentralen Herausforderungen auf dem Weg zu einer erfolgreichen Auslagerung von Projektaufgaben und Teilprozessen identifiziert. Diese werden im weiteren Verlauf der Arbeit entsprechend adressiert und im Rahmen der Entwicklung eines neuen Lösungsansatzes bewältigt.

3. Problemfelder, Forschungsstand und theoriegeleitete Anforderungserhebung

Das vorliegende Kapitel setzt sich mit der eingehenden Untersuchung des aktuellen Forschungsstandes im Bereich global verteilter Softwareentwicklung auseinander, welche in Form einer Literaturanalyse stattfindet und Erkenntnisse über die bestehenden methodischen und inhaltlichen Defizite auf diesem Gebiet liefert. Unter der vorrangigen Berücksichtigung KMSU-spezifischer Bedürfnisse werden die identifizierten Forschungslücken aufgegriffen, um die Anforderungen für die Neugestaltung und Optimierung der Softwareentwicklungsprozesse bei KMSU abzuleiten. Diese Anforderungen werden später schrittweise in einen Lösungsansatz überführt.

Nach der Einführung in den Prozess global verteilter Softwareentwicklung und Darstellung notwendiger definitorischer Grundlagen werden dessen einzelne Bestandteile detailliert untersucht. Hierbei wird der Fokus insbesondere auf die Anforderungsanalyse, die Nachverfolgbarkeit und auf das Wissensmanagement gelegt, weil sich ihre Gestaltung und Umsetzung in einer global verteilten Umgebung als besonders kritisch erweisen. Nachfolgend werden dementsprechend signifikante Problemfelder abgegrenzt, deren Notwendigkeit und Stellenwert im Softwareentwicklungsprozess analysiert sowie die KMSU-spezifischen Eigenschaften und Rahmenbedingungen erörtert. Basierend darauf erfolgen die Identifikation von Optimierungsmöglichkeiten und die Herleitung von Anforderungen im Kontext global verteilter Softwareentwicklung, welche als Ziele für die Erarbeitung eines neuen Lösungsansatzes in Kapitel 5 und dessen Evaluation in Kapitel 7 dienen.

3.1 Global verteilte Softwareentwicklung

Die Auslagerung von Softwareentwicklungsaktivitäten in Niedriglohngebiete stellt heute nicht nur für Großkonzerne eine nutzbringende Option dar, sie gewinnt auch für KMSU zunehmend an Bedeutung (Boden et al. 2007; Dibbern und Heinzl 2009; Klimpke et al. 2011). Um in Zeiten der fortschreitenden Globalisierung die Wettbewerbsfähigkeit zu stärken und den negativen Effekten auf dem hiesigen Markt entgegenzuwirken, sind KMSU sogar gezwungen, dem Trend zur verteilten Softwareentwicklung zu folgen (Klimpke et al. 2011). Die Besonderheiten dieses Prozesses, die damit verbundenen Erwartungen und die dabei entstehenden Herausforderungen werden mit Blick auf KMSU im vorliegenden Abschnitt näher untersucht.

3.1.1 Begriffsklärung

Unter einer verteilten Softwareentwicklung wird die Auslagerung von Softwareentwicklungsaktivitäten an ein externes Unternehmen verstanden. Ist dieses im Ausland ansässig, so wird von einer *global verteilten Softwareentwicklung* gesprochen (Boden et al. 2009b). In der englischsprachigen Literatur finden sich zahlreiche Begriffsvariationen zu diesem Terminus wie z. B. Distributed Software Development, Collaborative Software Development, Global Software Engineering, Offshore Software Development, Geographically Distributed Software Development, Software Outsourcing und Offshore Outsourcing. Sie unterscheiden sich im Wesentlichen durch die geografische Lage des externen Anbieters, die zeitliche Differenz, die Anzahl der beteiligten Partner sowie deren Zugehörigkeit zum hiesigen Unternehmen (Gadatsch 2009; Gumm 2006; Schwarze und Müller 2005). Im Rahmen der vorliegenden Untersuchung spielen die Unterscheidungen nach den oben genannten Merkmalen keine ausschlaggebende Rolle, sodass bei der Definition der global verteilten Softwareentwicklung alle in diesem Zusammenhang existierenden Begriffsvariationen berücksichtigt werden können. Grundsätzlich gilt jedoch: Je größer die geografischen, kulturellen und sprachlichen Unterschiede zwischen den Partnerunternehmen sind, desto mehr wird der Prozess global verteilter Softwareentwicklung herausgefordert (Carmel 1999; Gandhi et al. 2012; Herbsleb 2007; Taweel et al. 2009).

Jeder *Softwareentwicklungsprozess*, in seiner verteilten oder nicht-verteilten Form, besteht aus einer Folge von Aktivitäten bzw. Phasen, in die die Entwicklung eines Softwareproduktes unterteilt wird (Sommerville 2012). Er beginnt mit der Spezifikationsphase, in der eine umfassende Analyse der Problembereiche der Kunden stattfindet und die darauf basierenden allgemeinen Systemanforderungen erhoben werden. Danach folgt die Entwurfsphase, die die Festlegung der Systemarchitektur adressiert, sich mit der Spezifikation der einzelnen Systemkomponenten und Schnittstellen beschäftigt sowie eine detaillierte Beschreibung der Datenstrukturen vornimmt. Während der Implementierungsphase werden der Systementwurf programmiertechnisch umgesetzt und die entwickelte Software gegen die zuvor festgelegte Spezifikation validiert. Schließlich findet die Auslieferung des Softwareproduktes und seine Integration in die Systemlandschaft des Kunden statt. Die Fehlerbehebung, Wartung und Anpassung der Software an neue Kunden- oder Marktanforderungen werden im Laufe der Evaluationsphase durchgeführt.

Im Gegensatz zu seiner nicht-verteilten Form werden die einzelnen Projektphasen eines global verteilten Softwareentwicklungsprozesses zwischen internen und externen Teams aufgeteilt, die an verschiedenen Standorten arbeiten und deren

Zusammenarbeit durch entsprechende Werkzeuge unterstützt werden muss (Setamanit et al. 2007). Interne Teams gehören dem hiesigen Softwareunternehmen an, das als Auftraggeber agiert und für das Projekt, dessen Management sowie dessen Endergebnisse hauptverantwortlich ist. Externe Teams gehören dagegen zum Partnerunternehmen, das seine Dienstleistungen im Ausland betreibt, und übernehmen nur die ihnen zugewiesenen Projektaufgaben.

Entscheidet sich ein Unternehmen, bei einem Projekt einen Teil von Softwareentwicklungsaktivitäten auszulagern, so erfolgt zunächst die Festlegung der Aufgaben, die an externe Dienstleister vergeben werden. Basierend darauf wird das Projekt unter der Zuhilfenahme einer geeigneten Auslagerungsstrategie zwischen internen und externen Teams verteilt, wobei die Art und der Umfang der zu vergebenden Aufgaben abhängig von den Projektzielen sehr unterschiedlich sein können (siehe Abschnitt 4.4.3).

Einer der ersten Ansätze zur Kategorisierung von Auslagerungsstrategien bei global verteilten Softwareentwicklungsprozessen findet sich in der Arbeit von Carmel (1999). Der Autor unterscheidet zwischen modulbasierten, phasenbasierten und integrierten Auslagerungsstrategien (siehe Abbildung 3.1). Während bei einer modulbasierten Auslagerung die Aufgaben innerhalb der Softwareentwicklungsphasen zwischen verschiedenen Standorten aufgeteilt werden, übernehmen bei einer phasenbasierten Auslagerungsstrategie entweder interne oder externe Teams die komplette Verantwortung für die Abwicklung der jeweiligen Phase im Softwareentwicklungsprozess. Die integrierte Auslagerungsstrategie stellt dagegen eine Kombination der beiden anderen Strategien dar und erlaubt, die Softwareentwicklungsaktivitäten über das ganze Projekt hindurch an verschiedenen Standorten abwechselnd zu bearbeiten.

Abb. 3.1.: Kategorisierung von Auslagerungsstrategien nach Carmel (1999)

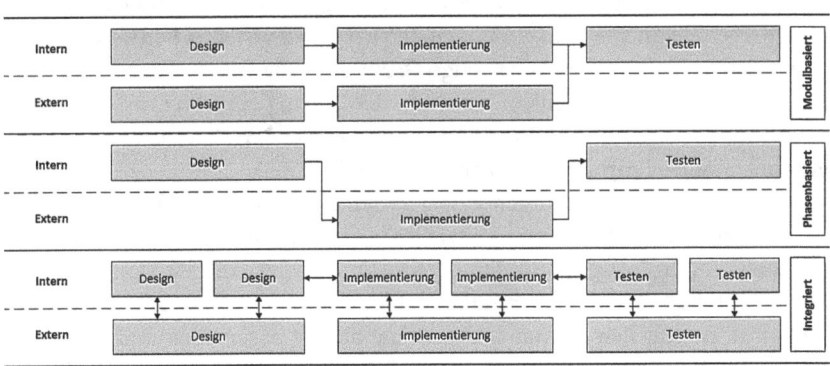

17

Weitere Ansätze, die sich der Fragestellung einer geeigneten Auswahl von Auslagerungsstrategien bei global verteilten Softwareentwicklungsprozessen widmen, sind unter anderem in Barcus und Montibeller (2008), Lamersdorf et al. (2009) und Setamanit et al. (2007) zu finden. In Anlehnung an die von Dibbern und Heinzl (2009) aufgestellten Hypothesen bezüglich der richtigen Auslagerungstaktik lässt sich im Allgemeinen feststellen, dass die wertschöpfungsintensiven Projektaktivitäten, die insbesondere ein spezifisches Fachwissen von KMSU voraussetzen, einer hohen Änderungsdynamik unterliegen oder eine intensive Kommunikation mit Kunden erfordern, als wenig auslagerungsfähig gelten. Dazu gehören in erster Linie die Analyse des Problembereiches und die darauf basierende Anforderungserhebung (siehe Abschnitt 3.2). Die Projektabwicklung und die Umsetzung des Traceability- und Wissensmanagements stellen weitere typische Problemfelder bei global verteilter Softwareentwicklung dar (siehe Abschnitte 3.3 und 3.4).

Bevor die oben genannten Problembereiche einer genaueren Analyse unterzogen werden, bedarf es zunächst einer Aufstellung der von global verteilter Softwareentwicklung erhofften Vorteile sowie einer Begründung der damit verbundenen Herausforderungen.

3.1.2 Chancen und Risiken

In Bezug auf die Nutzung der Auslagerungsoption ist die steigende Tendenz sowohl bei mittelständischen als auch bei großen Softwareunternehmen durch vielfältige positive Erwartungshaltungen zu erklären. Dabei werden die Kostenvorteile, die sich in erster Linie aus den Lohnunterschieden in der Softwareentwicklungsbranche auf dem hiesigen Arbeitsmarkt und dem in den Niedriglohnregionen erhofft werden, als der meist genannte Grund für die Fremdvergabe von Softwareentwicklungsaktivitäten identifiziert (Carmel und Agarwal 2001). Dies wird auch durch die Studie von Lacity et al. (2010) bestätigt, die 161 im Zeitraum von 1992 bis 2010 veröffentlichte Artikel aus dem Bereich global verteilter Softwareentwicklung untersuchte. Als weitere wichtige Gründe für die Auslagerung werden die Konzentration auf die Kernkompetenzen, der Zugang zum Fachwissen von externen Partnerunternehmen sowie die Verbesserung der Unternehmensleistung genannt (Köhler-Frost 2004; Schwarze und Müller 2005).

Für KMSU spielen die durch global verteilte Softwareentwicklung erhofften Kostenvorteile zwar auch eine wichtige Rolle, stellen jedoch langfristig nicht den primären Auslagerungsgrund dar. Viel mehr ins Gewicht fällt stattdessen die hohe Flexibilität, welche die Grundlage bildet, den quantitativen und qualitativen Bedarf an personellen Ressourcen projektabhängig anzupassen und somit den Kapazitätsengpässen entgegenzuwirken (Klimpke et al. 2011). Weitere Vorteile beim Einsatz global verteilter Softwareentwicklung sehen KMSU in der Ausnutzung der unterschiedlichen Zeitzonen, in einer schnelleren Reaktion auf die Änderungen der Kundenanforderungen und vor allem in der Verbesserung der Qualität der eigenen Softwareprodukte (Jiménez et al. 2010; Klimpke et al. 2011). Neben den genannten Vorteilen bringt die Globalisierung der Softwareindustrie aber auch zahlreiche Herausforderungen und Risiken mit sich. Die Hauptproblematik besteht dabei sowohl für KMSU als auch für große Softwareunternehmen darin, dass die Methoden, Vorgehensmodelle und Werkzeuge, die sich bei lokalen Projekten bewährt haben, nicht mit gleicher Effizienz in einer verteilten Umgebung eingesetzt werden können (Herbsleb 2007). Generell lassen sich die Herausforderungen bei global verteilten Softwareentwicklungsprozessen in die folgenden fünf Kategorien klassifizieren: *Geografische, kulturelle, sprachliche und zeitliche Unterschiede, Kommunikation und Zusammenarbeit, Koordination und Durchführung, Wissensmanagement und Informationsübertragung* sowie *Werkzeugunterstützung*.

3.1.2.1 Geografische, kulturelle, sprachliche und zeitliche Unterschiede

Die räumliche Verteilung der an einem Projekt beteiligten Personen über verschiedene Standorte stellt einen kritischen Faktor bei global verteilter Softwareentwicklung dar. Sie hat unmittelbare Auswirkungen auf die Zusammenarbeit und Kommunikation im Projekt (Jiménez et al. 2010; Klimpke et al. 2011; Noll et al. 2010), die Koordinierungsmaßnahmen (da Silva et al. 2010; Taweel et al. 2009) sowie auf das Wissensmanagement und den Informationsaustausch zwischen den Projektbeteiligten (Nidhra et al. 2013; Steinmacher et al. 2010; Taweel et al. 2009). Grundsätzlich erschwert die räumliche Distanz die informelle Kommunikation bei global verteilten Softwareentwicklungsprozessen und bietet kaum Möglichkeiten für die Durchführung von spontanen, synchronen Treffen zwischen internen und externen Teams, die den gesamten Projekterfolg direkt oder indirekt beeinflussen können (Taweel et al. 2009). Besteht zudem eine größere Zeitzonendifferenz zwischen den Entwicklungsstandorten, so wird die Möglichkeit einer direkten Kommunikation und synchronen Zusammenarbeit zusätzlich beeinträchtigt. Unterschiedliche kulturelle Hintergründe bei internen und externen Teammitgliedern sowie landesspezifische Bildungsstandards und Normen resultieren oft in einem unterschiedlichen Domänen- und Fachwissen zwischen den Projektbeteiligten (Klimpke 2013). In Hinsicht auf kontextbezogene und terminologische Zusammenhänge von Projektinhalten können die dadurch entstehenden Defizite im Fachwissen schnell zu Missverständnissen und Fehlinterpretationen führen (Vlaar et al. 2008). Auch sprachliche Barrieren erhöhen die Wahrscheinlichkeit von Missdeutungen und falschen Darstellungen von Projektzielen und

-inhalten. Sie halten zudem die Projektbeteiligten, die die Unternehmenssprache des Auftraggebers nicht einwandfrei beherrschen, von einer direkten Kommunikation per Telefon oder Videokonferenz ab (Nidhra et al. 2013). Dies wirkt sich negativ auf die Qualität der Zusammenarbeit und der Wissensübertragung innerhalb des gesamten Projektes aus (Chen et al. 2010).

3.1.2.2 Kommunikation und Zusammenarbeit

Die Gewährleistung einer effektiven Kommunikation und einer wirksamen Zusammenarbeit zwischen allen Projektbeteiligten wird als eines der Hauptprobleme bei global verteilter Softwareentwicklung aufgeführt (Carmel und Agarwal 2001; Damian und Zowghi 2003; Herbsleb 2007). Zum einen verursacht die geografische Distanz, dass informelle Kontaktaufnahmen und persönliche Gespräche zwischen internen und externen Projektbeteiligten selten stattfinden, wodurch insbesondere die Effektivität der Kommunikation im gesamten Projektverlauf abnimmt (Damian 2007; Herbsleb 2007; Herbsleb und Mockus 2003). Zum anderen wird die Qualität der Kommunikation durch die oben erwähnten sprachlichen und kulturellen Barrieren beeinträchtigt, da sie oft zu Missverständnissen führen und unüberbrückbare Kommunikationspannen verursachen (Carmel und Agarwal 2001; Damian und Zowghi 2003). Mangelnde Unterstützung der synchronen Kommunikation durch existierende Softwareentwicklungswerkzeuge löst einen stärkeren Informationsaustausch außerhalb dieser Tools aus, was vor allem die Nachverfolgbarkeit von kritischen Projektinhalten erschwert (Sengupta et al. 2006). Die Beschreibung weiterer Faktoren wie z. B. Misstrauen, Skepsis oder andere gesellschaftliche Gegebenheiten, die eine effektive Zusammenarbeit in global verteilten Softwareprojekten behindern, sind unter anderem in Noll et al. (2010) zu finden.

3.1.2.3 Koordination und Durchführung

Die obigen kritischen Faktoren erschweren nicht nur die Kommunikation und Zusammenarbeit, sondern wirken sich auch direkt oder indirekt negativ auf den Koordinations- und Abwicklungsaufwand bei global verteilten Softwareprojekten aus (Carmel und Agarwal 2001; Espinosa et al. 2012). Neben den bereits vorhandenen Problemen im Bereich des Projektmanagements bei nicht-verteilten Softwareentwicklungsprozessen (Nelson 2007; Phillips 2010) wird die Projektkomplexität zusätzlich durch die räumliche Verteilung der internen und externen Projektbeteiligten, deren Differenzen im Hinblick auf das Domänen- und Fachwissen sowie deren unterschiedliche soziale Kompetenzen erhöht (Carmel 1999; Binder 2007). Die Studie von da Silva et al. (2010) untersuchte 54 im

Zeitraum zwischen 1998 und 2009 veröffentlichte wissenschaftliche Beiträge, die die Problematik des Projektmanagements bei global verteilter Softwareentwicklung behandeln. In ihrer Arbeit listen die Autoren eine Reihe weiterer kritischer Faktoren auf, die die Projektkoordination und -durchführung erheblich beeinträchtigen. Dazu zählen unter anderem die Heterogenität der verwendeten Methoden und Werkzeuge bei internen und externen Teams, die unterschiedliche Wissensbasis und mangelhafte Wissensübertragung, eingeschränkte Möglichkeiten zur synchronen Zusammenarbeit sowie die schwierige Identifizierbarkeit von auslagerungsfähigen Aufgaben und Teilprozessen.

3.1.2.4 Wissensmanagement und Informationsübertragung

Die Erfassung, Übertragung, Pflege und gemeinsame Nutzung der mit einem Projekt zusammenhängenden Informationen stellt eine weitere Problematik bei global verteilter Softwareentwicklung dar (Herbsleb 2007), die wiederum die Effektivität der Kommunikation, die Qualität der Zusammenarbeit und den Koordinationsumfang direkt beeinflusst (Steinmacher et al. 2010).

Im Gegensatz zu Projekten, die an einem Entwicklungsstandort realisiert werden, sind die Erfassung, Bereitstellung und Pflege des Wissens in global verteilten Softwareprojekten stets mit einem größeren Aufwand verbunden: Zum einen werden die projektbezogenen Informationen über einzelne Softwareartefakte, wie z. B. der Quellcode, die Systemarchitektur und Softwareanforderungen, über mehrere Standorte zwischen internen und externen Teams verteilt und somit oft in heterogenen und voneinander unabhängigen Werkzeugen verwaltet. Die Einführung und Bereitstellung entsprechender Tools zum einheitlichen Wissensmanagement bei allen Projektbeteiligten sind mit einem zusätzlichen und oft schwer kalkulierbaren Aufwand an Umstellungszeit und -kosten verbunden. Zum anderen werden bei global verteilten Softwareentwicklungsprozessen mehr Informationen generiert, da auch das implizit vorhandene Wissen erfasst und an Partner übertragen werden muss (siehe Abschnitt 3.4.1).

Darüber hinaus entsteht bei global verteilten Softwareprojekten die Notwendigkeit, das sogenannte gruppenbezogene Wissen formal zu erfassen und zu teilen. Bei nicht-verteilten Projekten werden derartige Kenntnisse oft informell während der Mittagspausen oder bei persönlichen Gesprächen erworben. Dazu zählen vor allem die Informationen über die Gründe für das Miteinbeziehen zusätzlicher Anforderungen, die Diskussion der möglichen Entscheidungsalternativen, der Austausch über den Projektfortschritt und über die noch zu erledigenden Aufgaben (Taweel et al. 2009).

21

3.1.2.5 Werkzeugunterstützung

Die Bewältigung der oben beschriebenen Herausforderungen ist ohne effektive Unterstützung durch entsprechende Werkzeuge kaum möglich (Lanubile et al. 2010). Die Einführung und Bereitstellung derartiger Tools wird in einer verteilten Umgebung zusätzlich durch die vorhandenen Asymmetrien in den Softwareentwicklungsprozessen, Vorgehensmodellen, Standards und Richtlinien sowie in den eingesetzten Technologien und Entwicklungsumgebungen erschwert (da Silva et al. 2010; Herbsleb 2007). Des Weiteren kann der Einführungs- und Schulungsaufwand neuer Technologien bei externen Partnerunternehmen zu einem hohen zeitlichen und finanziellen Aufwand führen.

Die von internen und externen Entwicklerteams verwendeten Werkzeuge sind oft inkompatibel zueinander und für eine verteilte Zusammenarbeit nicht oder nur unzureichend geeignet. Die Heterogenität der in einem Softwareprojekt verwendeten Werkzeuge führt schnell zu Inkonsistenzen und Redundanzen. Ebenso oft werden viele wichtige Informationen und Projektaktivitäten nicht erfasst, weil deren Formalisierung in Werkzeugen nicht vorgesehen oder schwer möglich ist (Herbsleb 2007). Sie bleiben daher für andere Projektbeteiligte unzugänglich oder gehen sogar verloren.

3.1.3 Rahmenbedingungen bei KMSU

Um die Vorteile global verteilter Softwareentwicklung effizient nutzen und den oben genannten Herausforderungen entgegenwirken zu können, benötigen KMSU bei der Auslagerung ihrer Projektaktivitäten eine methodisch und softwaretechnisch adäquate Unterstützung, bei der KMSU-spezifische Eigenschaften und Rahmenbedingungen berücksichtigt werden. Die existierenden Softwarelösungen im Bereich der verteilten Softwareentwicklung sind zum größten Teil auf die Bedürfnisse und Möglichkeiten von Großkonzernen ausgerichtet und bei KMSU nicht ohne weiteres einsetzbar. Dies liegt vor allem darin begründet, dass mittelständische und große Softwareunternehmen bei der Auslagerung von Softwareentwicklungsaktivitäten unterschiedliche Ziele verfolgen und ihre Softwareprojekte anders strukturieren (siehe Abschnitte 3.2.6 und 3.3.7). Darüber hinaus lässt sich dies auf unterschiedliche Rahmenbedingungen zurückführen, die sich aus den qualitativen und quantitativen Eigenschaften der zugrunde liegenden Unternehmensstruktur ergeben (siehe Abschnitt 2.1.1).

Der erste Unterschied zeigt sich bereits im sogenannten Standardisierungsgrad der Geschäfts- und Softwareentwicklungsprozesse. Obwohl die Umsetzung der im Bereich global verteilter Softwareentwicklung empfohlenen Standards eine wichtige Basis für eine erfolgreiche Realisierung von Softwareprojekten bildet, können sich KMSU die aufwendige und kostenintensive Einhaltung dieser Richtlinien gegenüber Großunternehmen nur mit erheblichen Einschränkungen leisten (Boden et al. 2009b). Außerdem machen kleinere Projektumfänge bei KMSU zahlreiche Standardisierungen überflüssig. Ihre Softwareentwicklungsprozesse zeichnen sich deswegen primär durch eine flexible und informelle Gestaltung aus (siehe Abschnitte 4.4.3 und 4.4.5).

Der unterschiedliche Standardisierungsgrad der Geschäfts- und Softwareentwicklungsprozesse führt dementsprechend zu einer stark differierenden Spannweite der eingesetzten Vorgehensmodelle und Methoden. Während große Softwareunternehmen überwiegend traditionelle, schwergewichtige Softwareentwicklungsmethoden mit einem hohen Formalisierungsgrad wie z. B. Wasserfallmodell (Royce 1987) oder RUP (Jacobson et al. 1999) verwenden, setzen KMSU bei ihren Projekten leichtgewichtige, agile Ansätze wie Scrum (Röpstorff und Wiechmann 2012) oder XP (Beck und Andres 2004) ein. Aufgrund ihrer Einfachheit, ihrer hohen Flexibilität und ihres geringen Einführungsaufwandes sind sie besonders für Softwareentwicklungsprozesse bei KMSU geeignet (Prügl 2008). Generell setzen agile Vorgehensmodelle eine enge Zusammenarbeit mit Kunden vor Ort voraus und verzichten weitgehend auf die Formalisierung von Anforderungsdokumenten (Shrivastava und Date 2010), wodurch sich ihr direkter Einsatz bei global verteilten Softwareentwicklungsprozessen oft als schwierig gestaltet. Zum einen hängt dies damit zusammen, dass agile Softwareentwicklung eine direkte Kommunikation zwischen allen Projektbeteiligten erfordert, was in einer verteilten Umgebung stets mit hohen Kosten verbunden ist (Cusumano 2008). Zum anderen besteht bei global verteilten Softwareprojekten die Notwendigkeit, Kundenanforderungen detaillierter zu spezifizieren, um diese als einen wesentlichen Bestandteil des Vertrages mit dem Partnerunternehmen aufnehmen zu können (Sommerville 2012).

In Bezug auf Methoden und Verfahren des Anforderungsmanagements können erhebliche Differenzen nicht nur zwischen großen und mittelständischen Softwareunternehmen, sondern auch innerhalb der ganzen KMSU-Branche festgestellt werden (siehe Abschnitt 3.2.6). Sie variieren unter anderem in der Art der Anforderungserhebung, dem Detaillierungsgrad und der Struktur der erfassten Anforderungen sowie in den eingesetzten Informations- und Kommunikationstechniken (Aranda et al. 2007). Der Dokumentationsumfang entlang des gesamten Softwareentstehungsprozesses ist bei KMSU im Vergleich zu Großkonzernen ebenfalls als gering zu bezeichnen. So wird die Softwaredokumentation häufig vernachlässigt; das Systemdesign und die Systemarchitektur existieren meistens nur in den Köpfen der Projektverantwortlichen; die Übergänge zwischen den einzelnen Phasen werden selten formalisiert (Adersberger 2013; Aranda et al. 2007;

Kamsties et al. 1998; Sangwan et al. 2006). Diese Aspekte führen in erster Linie zu negativen Auswirkungen auf das Traceability- und Wissensmanagement (siehe Abschnitte 3.3 und 3.4).

Leichtgewichtige Vorgehensmodelle in der Softwareentwicklung, deren niedriger Standardisierungsgrad, wenig formalisierte Dokumentationsrichtlinien und direkte Kundeninteraktionen erlauben KMSU, auf die sich oft ändernden Markt- und Kundenanforderungen schnell zu reagieren, ihre Projektkosten zu reduzieren und somit ihre Marktnischen erfolgreich zu bedienen. Für die weitgehende Verwendung vorhandener Lösungen im Bereich global verteilter Softwareentwicklung, die hauptsächlich für die Bedürfnisse von Großunternehmen entwickelt wurden, stellen die oben beschriebenen Rahmenbedingungen jedoch keine optimalen Voraussetzungen dar. Als Resultat setzen KMSU die Methoden und Werkzeuge ein, die für ihre Belange nicht angepasst sind, und müssen daher ihre Auslagerungsprozesse durch Ausprobieren oder durch die Kombination verschiedener Möglichkeiten basierend auf eigenen Erfolgs- und Misserfolgserfahrungen optimieren (Aranda et al. 2007; Ehresmann et al. 2007).

Im nächsten Abschnitt wird ein Überblick über die Verbesserungspotenziale in der global verteilten Softwareentwicklung bei KMSU gegeben, die durch den im Rahmen der vorliegenden Arbeit entwickelten Lösungsansatz in Kapitel 5.2 aufgegriffen werden.

3.1.4 Theoriegeleitete Anforderungserhebung

Unter Berücksichtigung der in den vorangegangenen Abschnitten gewonnenen Erkenntnisse und einer weiteren ausführlichen Untersuchung der möglichen Hindernisse, die auf dem Weg zu einer effektiven Gestaltung global verteilter Softwareentwicklungsprozesse bei KMSU stehen, stellt Tabelle 3.1 eine Zusammenfassung von theoriegeleiteten Anforderungen für den Einsatz global verteilter Softwareentwicklungsmethoden dar.

Tabelle 3.1.: Theoriegeleitete Anforderungen für den Einsatz global verteilter Softwareentwicklung

Bezeichnung	Anforderung	Quellen
GSE_TGA1	Bereitstellung leichtgewichtiger webbasierter Werkzeuge, welche eine effektive Zusammenarbeit in verteilten Umgebungen ermöglichen, alle wichtigsten Softwareentwicklungsaktivitäten sowohl methodisch als auch programmtechnisch unterstützen und mit vorhandenen Werkzeugen leicht integrierbar sind.	Cheng und Atlee (2007); Herbsleb (2007); Whitehead (2007); Hildenbrand (2008)

Bezeichnung	Anforderung	Quellen
GSE_TGA2	Unterstützung der synchronen Kommunikation zwischen internen und externen Projektbeteiligten.	Carmel und Agarwal (2001); Sengupta et al. (2006)
GSE_TGA3	Ermöglichung einer effektiven Erfassung, Bewahrung und Übertragung aller relevanten projekt- und gruppenbezogenen Informationen.	Taweel et al. (2009)
GSE_TGA4	Entwicklung von Methoden und Techniken, die zur Überwindung von räumlichen, kulturellen und sprachlichen Barrieren beitragen.	Casey (2009); Chen et al. (2010); Noll et al. (2010)

Die oben aufgeführten Anforderungen beziehen sich im Allgemeinen auf global verteilte Softwareentwicklung, ohne dabei zwischen Belangen großer und mittelständischer Softwareunternehmen zu differenzieren. Bei ihrer Übertragung auf KMSU bleiben mehrere wichtige Fragen offen. So ist vor allem zu klären, wodurch eine effektive Zusammenarbeit zwischen internen und externen Teams bei KMSU gewährleistet werden kann (siehe Abschnitte 4.4.5 und 4.4.6), welche Softwareentwicklungsaktivitäten am häufigsten ausgelagert werden (siehe Abschnitt 4.4.3) und welche dieser Aktivitäten für den gesamten Projekterfolg besonders kritisch sind und somit eine entsprechende Optimierung erfordern (siehe Abschnitt 4.4.4).

Zum heutigen Forschungsstand ist ein erhebliches Defizit im Bereich global verteilter Softwareentwicklung bei KMSU zu beobachten. Es finden sich nur vereinzelt Studien, die diese Thematik vor dem Hintergrund der mittelständischen Softwareindustrie untersuchen. So identifizieren Jiménez et al. (2010) und Klimpke et al. (2011) einige KMSU-spezifische Anforderungen, die für eine erfolgreiche Durchführung global verteilter Softwareprojekte von einer nicht zu unterschätzenden Bedeutung sind. Diese sind in Tabelle 3.2 zusammengefasst.

Tabelle 3.2.: Theoriegeleitete Anforderungen für den Einsatz global verteilter Softwareentwicklung bei KMSU nach Jiménez et al. (2010) und Klimpke et al. (2011)

Bezeichnung	Anforderung
GSE_TGA5	Inkrementelle Einführung neuer Prozesse und Werkzeuge.
GSE_TGA6	Angemessener Aufwand für die Einführung neuer Lösungen.
GSE_TGA7	Agilität, Flexibilität und Einfachheit verwendeter Vorgehensmodelle und Werkzeuge.

Nachdem die erhofften Vorteile global verteilter Softwareentwicklung und die damit verbundenen Herausforderungen sowohl im Allgemeinen als auch vor dem Hintergrund der KMSU im Speziellen erläutert, die unterschiedlichen Rahmenbedingungen zwischen großen und mittelständischen Softwareunternehmen aufgezeigt sowie die ersten Anforderungen für den Einsatz global verteilter Softwareentwicklungsansätze abgeleitet wurden, setzt sich nun der nächste Abschnitt mit den Besonderheiten der Anforderungsanalyse bei global verteilten Softwareprojekten auseinander.

3.2 Anforderungsanalyse

Die Anforderungsanalyse stellt eine der bedeutendsten und zugleich schwierigsten Forschungsaufgaben im Bereich global verteilter Softwareentwicklung dar (Bhat et al. 2006; Cheng und Atlee 2009; Damian 2007; Overhage et al. 2010). Diese Phase steht am Anfang eines jeden Softwareentwicklungsprozesses und bildet primär die Basis für die Erfüllung von Kundenanforderungen. Sie entscheidet somit weitgehend über den Erfolg des gesamten Projektes. Da eine effiziente Gestaltung der Anforderungsanalyse zu den zentralen Herausforderungen bei global verteilten Softwareprojekten gehört, wird sie im vorliegenden Abschnitt unter Berücksichtigung KMSU-spezifischer Aspekte analysiert.

3.2.1 Begriffsklärung

Bei einem Software- und Systementwicklungsprozess bezeichnet die *Anforderungsanalyse* (engl.: Requirements Engineering) einen systematischen, kooperativen und iterativen Prozess zur Spezifikation und zum Management von Benutzer- und Systemanforderungen (Pohl 2008; Pohl und Rupp 2011; Sommerville 2012). Dabei beschreiben die Benutzeranforderungen die Dienste, die das System bei der Endabnahme zur Verfügung stellen soll. Die Systemanforderungen liefern dagegen eine detaillierte Beschreibung dieser Dienste. Sie erläutern die Eigenschaften und Funktionalitäten des Systems und legen dessen Einschränkungen fest (Sommerville 2012). Im Allgemeinen werden die Anforderungen nach funktionalen und nicht-funktionalen Merkmalen unterschieden. Während sich funktionale Anforderungen mit der Spezifikation einzelner Systemkomponenten beschäftigen, beziehen sich nicht-funktionale Anforderungen auf das ganze System und beschreiben die Eigenschaften der Systembestandteile aus qualitativer Hinsicht (Pohl 2008; Sommerville 2012). Nach Pohl und Rupp (2011) umfasst der Prozess der Anforderungsanalyse die folgenden vier Hauptaktivitäten: *Anforderungsermittlung, Anforderungsdokumentation, Anforderungsvalidierung* und *Anforderungsverwaltung*.

Die *Anforderungsermittlung* stellt den ersten wertschöpfenden Prozessschritt in der Anforderungsanalyse dar. Um die Benutzer- und Systemanforderungen an das zu entwickelnde System zu identifizieren, werden zunächst die Problembereiche der Kunden im Detail untersucht und daraus Wissen über den Systemkontext gewonnen. Der Systemkontext beinhaltet alle Informationen, die zum Verständnis der Anforderungen relevant sind und daher als Grundlage für die allgemeine Anforderungsdefinition dienen (Pohl 2008). Eine unvollständige oder inkorrekte Berücksichtigung und Erfassung der Systembeschaffenheit führt dementsprechend zu einer fehlerhaften Anforderungserhebung bzw. zu falschen Anforderungsinterpretationen (Pohl und Rupp 2011). Dies kann sich insbesondere in einer global verteilten Umgebung negativ auf den gesamten Projekterfolg auswirken (Overhage et al. 2010). Infolgedessen kommt einer zweckmäßigen Erfassung des Systemkontextes und der Dokumentation von Gründen zur Anforderungsaufnahme in verteilten Softwareentwicklungsprozessen eine besondere Bedeutung zu.

Die *Anforderungsdokumentation* beschäftigt sich mit der Formalisierung der im obigen Prozessschritt ermittelten Anforderungen und des dazugehörigen Systemkontextes. Die Dokumentation wird in der Regel aus der Struktur-, Funktions- und Verhaltensperspektive in natürlicher Sprache oder unter der Zuhilfenahme von konzeptuellen Modellen erstellt (siehe Abschnitt 3.2.3). Die Strukturperspektive stellt den statischen Aufbau der Systemdaten dar. Dazu gehören z. B. die zu verwendenden Datentypen, deren Attribute und Beziehungen oder auch die Systemabhängigkeiten. Die Funktionsperspektive beschäftigt sich dagegen mit der Erfassung dynamischer Systemabläufe, d. h. mit der Dokumentation der Übergänge von einem in einen anderen Systemzustand. Durch die Verhaltensperspektive wird das System zustandsorientiert dokumentiert, indem die Systemreaktionen auf Ereignisse und Zustandsänderungen festgehalten werden. Als Ergebnis des gesamten Dokumentationsvorganges entsteht eine Anforderungsspezifikation für das zu entwickelnde Softwareprodukt, die den zuvor festgelegten Dokumentationsvorschriften entspricht und die die Interessen aller Projektbeteiligten berücksichtigt.

Die *Anforderungsvalidierung* umfasst die Prüfung und Abstimmung der dokumentierten Anforderungen, sodass deren Konformität bezüglich der festgelegten Qualitätskriterien sichergestellt wird. Hierbei werden Anforderungen aller Projektbeteiligten konsolidiert und vorhandene Konflikte beseitigt. Zwar sind solche Prozessschritte in der Anforderungsanalyse oft mit einem zusätzlichen Zeit- und Kostenaufwand verbunden, dennoch wirken sich im weiteren Projektverlauf die dadurch erzielten Vorteile auf die Spezifikationsqualität und somit auf die Produktqualität positiv aus.

Die *Anforderungsverwaltung* erfolgt begleitend zu anderen Aktivitäten der Anforderungsanalyse, sie ist für die Attributierung, Priorisierung, Verfolgbarkeit, Weiterentwicklung und für das Änderungsmanagement der Anforderungen verantwortlich. Die Bereitstellung der Anforderungen sowie deren Traceability- und Änderungsmanagement erfordern stets eine entsprechende Unterstützung durch geeignete Werkzeuge (Sommerville 2012).

Für die Anforderungsanalyse postulieren Damian und Zowghi (2003) und Jiménez et al. (2010) eine weitere Prozessaktivität, die sogenannte *Anforderungsübertragung*, die bei global verteilter Softwareentwicklung von besonderer Bedeutung ist. Die Notwendigkeit der Anforderungsübertragung entsteht in erster Linie dadurch, dass externe Softwareentwickler bei einer Fremdvergabe von Projektaufgaben in die Anforderungs- und Spezifikationsphase oft nicht eingebunden werden. Aus diesem Grund müssen Kundenanforderungen in Form von Spezifikationsdokumenten übertragen werden. Damit diese von externen Projektbeteiligten korrekt verstanden und interpretiert werden, ist auch der Transfer des kontextbezogenen Wissens notwendig (Vlaar et al. 2008), das unter anderem die Gründe für die Aufnahme von Anforderungen, die Informationen über ihren Bezug zu Systemkomponenten oder auch die Beschreibung der projektbezogenen Begrifflichkeiten beinhaltet (siehe Abschnitt 3.4.1).

Jede der oben beschriebenen Aktivitäten der Anforderungsanalyse verfolgt eigene Ziele und hat somit auch charakteristische Auswirkungen auf den Verlauf des gesamten Softwareentwicklungsprozesses.

3.2.2 Ziele

Die Phase der Anforderungsanalyse hat zum Ziel, alle Anforderungen an das zu entwickelnde Softwaresystem zu identifizieren, diese in einem ausreichenden Detaillierungsgrad zu definieren und gemäß der vorgegebenen Dokumentationsvorschriften zu spezifizieren sowie sie während des gesamten Softwarelebenszyklus zu verwalten (Pohl und Rupp 2011). Darüber hinaus sind hierbei die Interessen aller Projektbeteiligten zu berücksichtigen, sodass eine Übereinstimmung bezüglich der zu spezifizierenden Anforderungen sichergestellt wird (Pohl 2008). Die Anforderungsanalyse hat in global verteilten Softwareprojekten, insbesondere bei KMSU, auch zur Aufgabe, die Kundenanforderungen trotz bestehender geografischer, kultureller und sprachlicher Differenzen mit einem akzeptablen Ressourcen- und Kostenaufwand zu spezifizieren und diese auf eine nachvollziehbare Weise an externe Entwicklerteams zu übertragen (Jiménez et al. 2010).

Die oben aufgeführten allgemeinen Zielsetzungen der Anforderungsanalyse lassen sich zwischen deren einzelnen Aktivitäten folgendermaßen verteilen:

Die *Anforderungsermittlung* ist sowohl auf die Identifikation aller relevanten Anforderungsquellen als auch auf die Erarbeitung und Erfassung des zugehörigen Systemkontextes gerichtet (Glinz und Wieringa 2007; Pohl und Rupp 2011). In global verteilten Umgebungen steht dabei die Bereitstellung des Anforderungskontextes für externe Entwicklerteams im Vordergrund (Herbsleb 2007). Eine transparente Analyse und zweckmäßige Dokumentation des Domänenbereiches unterstützen den Prozess der Anforderungsermittlung, sie helfen den externen Partnern, die Brücke zum Anforderungskontext zu schlagen, wodurch zum Erfolg des Gesamtprojektes beigetragen wird.

Die *Anforderungsdokumentation* verfolgt das Ziel, alle Anforderungen gemäß der vorgegebenen Dokumentationsrichtlinien einheitlich zu formalisieren und diese allen Projektbeteiligten zur Verfügung zu stellen, sodass eine gemeinsame Basis für weitere Schritte im Softwareentwicklungsprozess gebildet wird. Nebenbei dient die modellbasierte Dokumentation meist dazu, Anforderungen auf eine übersichtliche Weise darzustellen und trägt somit dazu bei, die Projektkomplexität besser zu beherrschen (siehe Abschnitt 3.2.3). Die schriftliche Dokumentationsform kann gerade bei umstrittenen Fragen zur Konfliktlösung zwischen Projektbeteiligten herangezogen werden (Pohl und Rupp 2011).

Die *Anforderungsvalidierung* bezweckt die Schaffung einer einheitlichen und konsistenten Sicht auf die Anforderungsspezifikation unter allen Projektbeteiligten. Damit wird versucht, Fehler, Unstimmigkeiten und Mehrdeutigkeiten in der Spezifikation rechtzeitig zu erkennen und zu beseitigen, sodass Risiken und Kosten im weiteren Projektverlauf minimiert werden. Darüber hinaus stellt die Anforderungsvalidierung die zentrale Stelle für die Qualitätssicherung der Spezifikation dar. Die gemäß IEEE-Standard 830 wichtigsten sicherheitsrelevanten Kriterien für Spezifikationen von Softwareanforderungen sind Eindeutigkeit und Konsistenz, Modifizierbarkeit und Erweiterbarkeit sowie Vollständigkeit und Verfolgbarkeit (IEEE-Standard 830 1998). Als weitere Faktoren zur Bewertung der Spezifikationsqualität, die insbesondere in global verteilter Softwareentwicklung von großer Bedeutung sind, identifizieren Overhage et al. (2010) Abgestimmtheit und Angemessenheit, Praktikabilität und Veränderbarkeit sowie Verbindlichkeit und Universalität. Nicht weniger relevant für die Qualitätssicherung der Spezifikation in einer verteilten Umgebung sind Anforderungseigenschaften wie Klarheit, Verständlichkeit und Aktualität (Pohl und Rupp 2011). Mit der Sicherstellung der Spezifikationsqualität trägt die Anforderungsvalidierung unmittelbar zum gesamten Projekterfolg bei. Denn je geringer die Qualität von Spezifikationsdokumenten bei global verteilter Softwareentwicklung ausfällt, desto höher ist das Risiko, dass der notwendige Ausgleich im späteren Projektverlauf nicht mehr gewährleistet werden kann (Overhage et al. 2010).

Der Zweck der *Anforderungsverwaltung* besteht darin, Anforderungen hinsichtlich ihrer Struktur sinnvoll zu gestalten und über den gesamten Softwareentwicklungslebenszyklus hinweg für alle Projektbeteiligten zur Verfügung zu stellen, alle Anforderungsänderungen festzuhalten sowie diesbezüglich eine effektive Umsetzung des Traceability-Managements zu gewährleisten (Pohl und Rupp 2011; Sommerville 2012).

Das primäre Ziel der *Anforderungsübertragung* ist die Vermittlung sowohl der domänenspezifischen Aspekte als auch des fach- und kontextbezogenen Wissens an externe Entwicklerteams, wodurch zum Verständnis von Kundenanforderungen bei einer Fremdvergabe von Softwareentwicklungsaktivitäten beigetragen wird. Neben der Übertragung des Problembereiches steht dabei auch die Übermittlung der kontextbezogenen Zusammenhänge zwischen dem System und den Anforderungen im Vordergrund. Ein weiteres Ziel der Anforderungsübertragung ist es, das notwendige Wissen mit einem minimalen Koordinations- und Kommunikationsaufwand an externe Projektbeteiligte zu transferieren (siehe Abschnitt 4.4.6).

Um die oben beschriebenen Zielsetzungen erreichen zu können, bedarf es einer effizienten Unterstützung durch geeignete Ansätze, Methoden und Werkzeuge. Der aktuelle Stand der Forschung auf diesem Gebiet wird im nächsten Abschnitt erörtert.

3.2.3 Methoden und Techniken

Die existierenden Ansätze und die prozessbegleitenden Unterstützungstechniken, welche in der Anforderungsanalyse häufig zum Einsatz kommen, lassen sich in Bezug auf ihre einzelnen Hauptaktivitäten in Anforderungsermittlung, -dokumentation, -validierung, -verwaltung und -übertragung kategorisieren.

Die *Anforderungsermittlung* kann durch Befragungstechniken wie Interviews und Umfragen bzw. durch sogenannte Kreativitätstechniken wie Brainstorming und Perspektivenwechsel unterstützt werden (Maiden und Gizikis 2001; Pohl 2008). Die Dokumentation des Systemkontextes erfolgt dabei oft in UML durch die Anwendungsfall-, Aktivitäts- und Klassendiagramme, mit denen sich komplexe Sachverhalte auf einfache und nachvollziehbare Weise darstellen lassen (OMG 2010). Darüber hinaus kann hier auch die Analyse der zugrunde liegenden Geschäftsprozesse für die Anforderungsableitung eingesetzt werden (Rohfleisch 2011). Die notwendigen Informationen zur Erstellung von konzeptuellen Modellen werden im Rahmen von Workshops oder in Form von Einzelgesprächen mit

Kunden gewonnen. Dies erfordert stets eine direkte Kommunikation mit allen betroffen Stakeholdern und setzt gute Kommunikations- und Ausdrucksfähigkeiten
bei ihnen voraus. Die Audio- und Videoaufzeichnungen können zusätzlich den
gesamten Prozess der Anforderungsermittlung unterstützen.

Die *Anforderungsdokumentation* kombiniert oft Techniken zur Beschreibung
der Anforderungen in natürlicher Sprache mit Ansätzen der modellbasierten
Anforderungsdarstellung. Die natürlichsprachliche Dokumentationsform erlaubt vor allem den Nicht-Experten, Anforderungen ohne Erlernen neuer Notationen zu beschreiben. Sie führt allerdings schnell zur Unübersichtlichkeit
und Mehrdeutigkeit der Anforderungsdokumente (Pohl und Rupp 2011). Bewährt hat sich dagegen die sogenannte strukturbasierte Dokumentationsform,
bei der Anforderungen anhand einer standardisierten Vorlage erfasst werden
(Sommerville 2012). Jede Anforderung verfügt dabei über gleiche Attribute wie
Bezeichnung, Quelle, Priorität, Typ, Umsetzungsstatus oder Kurzbeschreibung,
wodurch die Einheitlichkeit der Spezifikationsdokumente gewährleistet wird
(siehe Abschnitt 6.2.2.5). Die modellbasierten Techniken der Anforderungsdokumentation können sowohl bei der Strukturperspektive als auch bei der Funk-
tions- und Verhaltensperspektive verwendet werden (siehe Abschnitt 3.2.1). Die
Strukturperspektive der Anforderungen wird in der Regel unter Einsatz von
ER-Diagrammen (Chen 1976) bzw. UML-Klassendiagrammen (OMG 2010)
dokumentiert. Für die Anforderungsspezifikation aus der Funktionsperspektive
stellen UML-Aktivitätsdiagramme (OMG 2010) und ereignisgesteuerte Prozess-
ketten (Keller et al. 1992) eine geeignete Modellierungstechnik dar (Rohfleisch
2011). Die Verhaltensperspektive lässt sich unter anderem durch UML-Zu-
standsdiagramme (OMG 2010) adäquat beschreiben.

Die *Anforderungsvalidierung* erfolgt in der Regel anhand von sogenannten
Überprüfungstechniken wie Stellungnahme, Inspektion oder perspektivba-
siertes Lesen. Häufig werden dabei auch Checklisten und Prototypen zu Hilfe
genommen. Darüber hinaus existieren unterschiedliche Techniken zur Abstimmung und Überprüfung der Anforderungen, die sich überwiegend auf
das systematische Konfliktmanagement konzentrieren (Pohl und Rupp 2011).

Die *Anforderungsverwaltung* umfasst Techniken zur Strukturierung, Priorisierung, Verfolgbarkeit, Versionierung und zum Änderungsmanagement von
Anforderungen. Anforderungen können hierbei anhand verschiedener Attribute unter Verwendung von einheitlichen Vorlagen strukturiert werden. Ihre Priorisierung kann aufgrund ausgewählter Kriterien wie Umsetzungskosten, Dauer,
Wiederverwendbarkeit, Nutzbarkeit und Wichtigkeit erfolgen. Eine der in der
Praxis verbreiteten Methoden zur Priorisierung von System- und Softwareanforderungen stellt die sogenannte Ein-Kriterium-Klassifikation dar, welche

Anforderungen aufgrund ihrer Wichtigkeit für den Systemerfolg bewertet und einer der drei Priorisierungsklassen Mandatory, Optional oder Nice-To-Have zuordnet (IEEE-Standard 830 1998). Die Verfolgbarkeit von Anforderungen kann durch verschiedene Techniken umgesetzt werden (siehe Abschnitt 3.3.2). Hinsichtlich der grafischen Darstellung eignen sich hierfür sowohl sogenannte Verfolgbarkeitsmatrizen und -graphen als auch textuelle Referenzen und Hyperlinks (siehe Abschnitt 3.3.3). Eines der verbreitetsten Mittel zum Management von Anforderungsänderungen sind Änderungsanträge, die während der Systementwicklung durch zuständige Personen erstellt, bearbeitet, priorisiert und letztendlich freigegeben oder abgelehnt werden.

Die *Anforderungsübertragung* kann durch die Kombination geeigneter Techniken und Werkzeuge realisiert werden. Der Wissenstransfer lässt sich in global verteilten Softwareprojekten nur durch eine effektive Umsetzung der Anforderungsverfolgbarkeit sicherstellen (Jiménez et al. 2010). Hierfür ist sowohl die Pre- und Post-Traceability als auch die vertikale und horizontale Nachverfolgbarkeit zu gewährleisten (siehe Abschnitt 3.3.2). Zu einer besseren Wissensübertragung werden oft gezielte Änderungsbenachrichtigungen eingesetzt, deren Steuerung voll- oder halbautomatisch erfolgen kann. Außerdem unterstützt der Einsatz von kollaborativen Werkzeugen und Mitteln zur Echtzeitkommunikation zwischen internen und externen Entwicklerteams den gesamten Übertragungsprozess (Bhat et al. 2006; Damian 2007). Schließlich sind auch gemeinsame Glossare für die Definition projektbezogener Fachbegriffe und klare Entwicklungsrichtlinien für eine erfolgreiche Anforderungsübertragung notwendig (Sengupta et al. 2006).

Um die Phase der Anforderungsanalyse effektiv durchzuführen, können mehrere Methoden und Techniken projektabhängig herangezogen und zweckmäßig kombiniert werden. Unabdingbar ist hierfür jedoch eine geeignete Werkzeugunterstützung.

3.2.4 Bewertung vorhandener Werkzeuge

Heutzutage existiert eine Vielzahl unterschiedlicher Werkzeuge, die den Prozess der Anforderungsanalyse in unterschiedlichem Maße unterstützen. Ihre kurze Beschreibung und die Bewertung ihrer Eignung für den produktiven Einsatz bei KMSU bilden den Gegenstand dieses Abschnittes.

Im Allgemeinen lassen sich die derzeit auf dem Markt existierenden Werkzeuge zur Unterstützung der Anforderungsanalyse bei Softwareentwicklungsprozessen in die folgenden vier Kategorien unterteilen: *Spezialisierte Werkzeuge, Programme zur Fallbearbeitung bzw. Fehlerverwaltung, Standard-Büroanwendungen* und *Wiki-basierte Applikationen.*

Spezialisierte Werkzeuge werden zur Erfassung, Analyse, Dokumentation und Verwaltung von Anforderungen entlang des gesamten Softwareentwicklungslebenszyklus konzipiert. Eine ausführliche Übersicht über die aktuell vorhandenen Werkzeuge für die Anforderungsanalyse samt den dazugehörigen Referenzen ist auf den Internetseiten von INCOSE[2] oder Volere[3] zu finden. Zu den meist verbreiteten Produkten in diesem Bereich zählen Werkzeuge wie DOORS, CaliberRM, Cradle, Polarion Requirements und ARCWAY Cockpit. Neben der effektiven Unterstützung ausgewählter Aktivitäten in der Phase der Anforderungsanalyse verfügen sie auch über Eigenschaften und Funktionalitäten, die ihren Einsatz bei global verteilter Softwareentwicklung ermöglichen. So stellen die Werkzeuge Instrumente für die Kollaboration im Prozess der Anforderungserhebung und Anforderungsverwaltung bereit, implementieren die Nachverfolgbarkeit von Anforderungen und beinhalten sämtliche Modellierungskomponenten. Einige von diesen Werkzeugen unterstützen eine direkte Modellierung in UML, andere Tools bieten dagegen die Möglichkeit, unterschiedliche Modellierungswerkzeuge über die entsprechenden Schnittstellen in den Prozess der Anforderungsanalyse zu integrieren.

Zusammenfassend lässt sich feststellen, dass spezialisierte Werkzeuge die Phase der Anforderungsanalyse am besten unterstützen können. Sie weisen aber auch erhebliche Nachteile hinsichtlich ihres Einsatzes bei KMSU auf. Da die oben genannten Produkte meist für Großunternehmen konzipiert wurden, sind sie einerseits für KMSU zu komplex und verursachen oft sehr hohe Lizenzkosten. Andererseits sind sie nicht für die Bedürfnisse von Nicht-Experten wie z. B. Kunden oder Fachabteilungen optimiert und verfehlen somit eine der wichtigsten Anforderungen für ihren Einsatz in der mittelständischen Softwareentwicklungsbranche (Decker et al. 2007).

Zur zweiten Kategorie gehören Werkzeuge, die trotz der Tatsache, dass sie ursprünglich nicht für die Unterstützung der Anforderungsanalyse entwickelt wurden, dennoch für diesen Zweck eingesetzt werden können. Dazu zählen in erster Linie die *Anwendungen für die Fallbearbeitung und Fehlerverwaltung* wie JIRA[4] oder Bugzilla[5]. Derartige Produkte sind webbasiert und lassen sich bei verteilten Projekten schnell und problemlos integrieren. Vorteilhaft sind hierbei auch die Möglichkeiten der Versionierung und Integration von Anforderungen mit anderen Softwareartefakten wie z. B. mit Testfällen oder dem Quellcode

---

2   https://www.incose.org/
3   https://www.volere.co.uk/
4   https://de.atlassian.com/software/jira
5   https://www.bugzilla.org/

(Pohl und Rupp 2011). Allerdings ermöglichen derartige Werkzeuge keine direkte Modellierung des Software- bzw. Systemkontextes, was insbesondere für die Anforderungsübertragung erforderlich ist (siehe Abschnitt 3.2.2). Außerdem werden Softwareartefakte bei diesen Werkzeugen meist als sogenannte Tickets abgelegt und auf verschiedene Dateien im System verteilt, was bei einer Auslagerung von Softwareentwicklungsaktivitäten schnell zur Unübersichtlichkeit und Inkonsistenz der Daten führen kann.

Die nächste Kategorie bilden die *Standard-Büroanwendungen*, welche beim Prozess der Anforderungsanalyse, vor allem bei der Dokumentation und Verwaltung von Anforderungen, sehr häufig zum Einsatz kommen. Dazu zählen unter anderem die Microsoft-Office-Produkte wie Word, Excel, PowerPoint und Visio. Diese Anwendungen gehören insbesondere bei KMSU oft zum Standard, wofür sich einige Gründe anführen lassen. Da die Standard-Büroanwendungen weltweite Verwendung finden, können sie bei externen Partnern ohne zusätzlichen Schulungsaufwand eingesetzt werden. Außerdem sind sie auch den Fachabteilungen, die oft wenig Erfahrung im Bereich der Anforderungsanalyse haben, geläufig und erfreuen sich daher einer hohen Akzeptanz. Mit Hilfe von vordefinierten Vorlagen können Büroanwendungen sogar für eine strukturierte Anforderungsdokumentation verwendet werden (siehe Abschnitt 3.2.2). Trotzdem lassen sich bei weitem nicht alle Aktivitäten der Anforderungsanalyse durch Standard-Büroanwendungen abdecken, wodurch die Effektivität des gesamten Softwareentwicklungsprozesses leidet. So unterstützen sie weder die konzeptuelle Modellierung im Rahmen der Anforderungsermittlung (siehe Abschnitt 3.2.2) noch können sie für die Umsetzung der Nachverfolgbarkeit von Anforderungen effizient eingesetzt werden. Die Versionsverwaltung und die Zusammenarbeit an Dokumenten in Echtzeit sind immer noch nicht ohne erhebliche Anpassungen möglich (Decker et al. 2007; Pohl und Rupp 2011).

Zur letzten Kategorie gehören *Wiki-basierte Werkzeuge*, die sich bei global verteilter Softwareentwicklung im Allgemeinen und in der Phase der Anforderungsanalyse im Speziellen immer größerer Beliebtheit erfreuen (Auer et al. 2006; Ebersbach et al. 2008; Jiménez et al. 2010). Die ursprünglich für eine kollaborative Erfassung und Bearbeitung von Textinhalten konzipierte Technologie zeigt sich für den Einsatz bei Softwareentwicklungsaktivitäten in einer verteilten Umgebung als äußerst geeignet. Wiki-Lösungen können ohne zusätzliche Installation von Software oder Plug-ins in allen gängigen Browsern verwendet werden und verursachen in der Regel keine zusätzlichen Lizenzkosten, da sie meistens Open-Source-Software sind. Weiterhin sprechen die leichtgewichtige Natur Wiki-basierter Werkzeuge, ihr selbsterklärender Aufbau und ihre schnelle Erlernbarkeit durch Nicht-Experten für den Einsatz in der Softwareentwicklung bei KMSU (Decker et al. 2007).

Allerdings stoßen traditionelle Wiki-Lösungen schnell an ihre Grenzen, wenn es sich dabei um die Unterstützung der Anforderungsanalyse handelt. Sie erlauben keine grafische Erfassung von Inhalten und bieten keine Modellierungstechniken, was die erforderliche modell- und strukturbasierte Anforderungsdokumentation unmöglich macht (siehe Abschnitt 3.2.3). Aus diesem Grund wurden einige der meist verbreiteten Wikis speziell für Zwecke der Softwareentwicklung angepasst, sodass sie auch für eine effektive Anforderungserfassung und -dokumentation genutzt werden können. Hierzu zählen SoftWiki von Auer et al. (2006), welches die Anforderungsanalyse bei agilen Vorgehensmodellen unterstützt, die Media-Wiki-Erweiterung von Dengler und Happel (2010), welche die Visualisierung des Systemkontextes durch Geschäftsprozessdiagramme bzw. UML-Klassendiagramme ermöglicht, sowie das kommerzielle Confluence-Wiki[6] von Atlassian, welches auf die Unterstützung der Hauptaktivitäten im gesamten Softwareentwicklungsprozess abzielt.

In Bezug auf die in Abschnitt 3.2.2 definierten Ziele lassen sich diese Wiki-Lösungen für eine effiziente Umsetzung der Anforderungsanalyse bei KMSU nicht direkt einsetzen. So bietet z. B. SoftWiki keine Möglichkeit zur modellbasierten Dokumentation von Anforderungen und die oben genannte Media-Wiki-Erweiterung verfügt über keinen grafischen Modellierungseditor. Obwohl das Confluence-Wiki die Möglichkeit zur Modellierung von System- und Softwarekontexten anhand verschiedener Diagrammtypen zur Verfügung stellt, lassen sich in diesem Werkzeug die Nachverfolgbarkeitsbeziehungen zwischen einzelnen Modellelementen und Anforderungen nicht erfassen.

3.2.5 Notwendigkeit und Stellenwert

Die Wichtigkeit einer effektiven Anforderungsanalyse für den gesamten Projekterfolg im Bereich der Softwareentwicklung wurde bereits durch mehrere Studien bestätigt (El Emam und Koru 2008; Hall et al. 2002; Sauer et al. 2007). Zu den bekanntesten Untersuchungen auf diesem Gebiet zählen die CHAOS-Studien von The Standish Group (2009), in denen gezeigt wird, dass ca. 50% aller Projektfehlschläge auf ein mangelhaftes Anforderungsmanagement zurückzuführen sind. Auch die im Rahmen der vorliegenden Arbeit durchgeführte Fallstudie mit acht deutschen mittelständischen Softwareunternehmen zeigt,

---

6 https://www.atlassian.com/software/confluence

dass jedes zweite Outsourcing-Projekt an Problemen in der Spezifikationsphase scheitert (siehe Kapitel 4).

Bei der Auslagerung von Softwareentwicklungsaktivitäten an externe Partnerunternehmen stellt die Anforderungsspezifikation sowohl die inhaltliche als auch die vertragliche Grundlage des Projektes dar (Gsell et al. 2008; Overhage et al. 2010; Sommerville 2012). Zum einen dient sie als Mittel zur Übertragung des Problembereiches der zu entwickelnden Software an externe Teams und ermöglicht somit die Auslagerung weiterer Entwicklungsschritte wie z. B. Aufgaben aus der Entwurfs-, Implementierungs- und Testphase. Zum anderen werden die in Textform erfassten Anforderungen bei umstrittenen Fragen als Basis zur Konfliktlösung zwischen betroffenen Projektbeteiligten verwendet (Pohl und Rupp 2011). Aus diesen Gründen stellt die Qualität der während der Anforderungsanalyse entstandenen Spezifikationsdokumente einen der wichtigsten Einflussfaktoren für den Erfolg bei global verteilter Softwareentwicklung dar (Sakthivel 2007).

In ihrer Untersuchung beleuchten Overhage et al. (2010) den bestehenden Zusammenhang zwischen der Spezifikationsqualität und den Umsetzungsrisiken bei global verteilten Projekten. Die Autoren konstatieren, dass der Interpretationsspielraum bei externen Entwicklerteams umso größer ist, je ungenauer die Spezifikation von Anforderungen durchgeführt wird. Die Missverständnisse und Missdeutungen bei Spezifikationsdokumenten erzeugen kritische Umsetzungsrisiken in nachfolgenden Entwicklungsphasen und führen unausweichlich zu einem fehlerhaften System- bzw. Softwareverhalten. Der dafür notwendige Korrekturprozess im späteren Projektverlauf oder gar nach der Systembereitstellung ist stets mit einem erheblichen Kostenaufwand verbunden. Dies stellt insbesondere für KMSU ein hohes finanzielles und oft untragbares Risiko dar.

3.2.6 Besonderheiten der Anforderungsanalyse bei KMSU

Wie in Abschnitten 2.1.1.2 und 2.2.2 dargelegt, zeichnen sich KMSU im Gegensatz zu großen Softwareunternehmen vor allem durch ihre starke Kundenbindung, einfache und wenig formalisierte Kommunikationsstruktur, hohe Flexibilität und Schnelligkeit bei der Reaktion auf Kundenwünsche sowie durch ihre Nischenstrategie in der Softwareentwicklungsbranche aus. Diese Eigenschaften zusammen mit weiteren Rahmenbedingungen global verteilter Softwareentwicklung bei KMSU, wie z. B. begrenzte Ressourcen, niedriger Standardisierungsgrad der Entwicklungsprozesse und leichtgewichtige Vorgehensmodelle (siehe Abschnitt 3.1.3), prägen auch die Phase der Anforderungsanalyse und beeinflussen ihre Gestaltung bei global verteilten Softwareprojekten.

Zum heutigen Stand der Forschung existieren nur wenige wissenschaftliche Beiträge, die die besonderen Eigenschaften des Anforderungsanalyseprozesses bei KMSU untersuchen (Aranda et al. 2007; Kamsties et al. 1998; Nikula et al. 2000). Als eines der wichtigsten Merkmale wird diesbezüglich die Vielfältigkeit in der Gestaltung genannt, da die bei der Anforderungsanalyse verwendeten Techniken und Werkzeuge stark von KMSU zu KMSU variieren können. Die Differenzen ergeben sich vor allem aus dem sogenannten Anpassungsprozess, den KMSU zur Verbesserung ihrer Softwareentwicklungsprozesse ständig durchlaufen (Aranda et al. 2007). Die Anforderungsermittlung und -spezifikation werden außerdem durch Faktoren wie Unternehmensgröße und -struktur, Unternehmenspolitik und -strategie, Qualifikation der Softwareentwickler, geografische Distanz zwischen Entwicklungsstandorten und insbesondere durch die Art der Software stark beeinflusst (Aranda et al. 2007; Kamsties et al. 1998).

Die Studie von Nikula et al. (2000) untersucht die Gestaltung der Anforderungsanalyse bei zwölf finnischen KMSU; drei Softwareunternehmen betreiben dabei auch global verteilte Softwareentwicklung. Die Autoren stellen fest, dass keines der befragten Unternehmen spezialisierte Werkzeuge zur Erfassung, Analyse oder Dokumentation von Anforderungen einsetzt. Dass KMSU auf derartige spezialisierte Werkzeuge kaum zurückgreifen, wird auch in den Arbeiten von Aranda et al. (2007) und Decker et al. (2007) bestätigt. Bei der Anforderungsanalyse gehören vielmehr Büroanwendungen zum Standard. In der Studie von Nikula et al. (2000) werden sie bei über 80% aller befragten KMSU zum Anforderungsmanagement eingesetzt.

In ihrer Studie untersuchen Aranda et al. (2007) den Prozess der Anforderungsanalyse bei sieben kanadischen KMSU. Auch diese Untersuchung bestätigt die Einfachheit der eingesetzten Techniken und nennt Produktkataloge, Benutzerhandbücher und Projektpläne als Hauptformen der Anforderungsdokumentation. In der Studie von Nikula et al. (2000) nutzen alle zwölf KMSU die natürlichsprachliche Dokumentationsform. Während die Hälfte der Befragten dabei auch noch halbstrukturierte Spezifikationsformen einsetzt, werden formalisierte Methoden in der Phase der Anforderungsanalyse bei keinem Softwareunternehmen verwendet.

Als weitere charakteristische Eigenschaft der Anforderungsanalyse bei KMSU gilt, dass nicht alle Aktivitäten in dieser Phase in vollem Umfang durchgeführt werden. Häufig verschmelzen die Ermittlung, Dokumentation und Validierung von Anforderungen zu einer einzelnen Aktivität, die KMSU als Anforderungsanalyse bzw. -spezifikation bezeichnen. In dieser Phase findet eine enge Zusammenarbeit mit Kunden bzw. Fachabteilungen statt, die im Rahmen von Workshops ihre Anforderungen und Wünsche an das zu entwickelnde System formulieren.

Im Gegensatz zu großen Softwareunternehmen erfolgt die Anforderungsaufnahme nicht durch einen Anforderungsanalysten, sondern wird durch den Geschäfts- bzw. Projektleiter oder gar direkt durch beauftragte Softwareentwickler übernommen (Aranda et al. 2007).

Bereits vor fünfzehn Jahren zeigten KMSU Interesse daran, ihre Prozesse in der Anforderungsanalyse zukünftig besser strukturieren und optimieren zu lassen (Kamsties et al. 1998; Nikula et al. 2000). Nikula et al. (2000) stellten fest, dass 11 von 12 befragten KMSU sogar bereit waren, Softwareprojekte mit akademischen Partnern zu starten, um eingesetzte Methoden zu verbessern. Nach wie vor liegen aber praktische Vorgehensweisen bei KMSU weit entfernt von wissenschaftlichen Vorgaben für die Anforderungsanalyse (Aranda et al. 2007). Als mögliche Gründe dafür nennen Ehresmann et al. (2007) sowohl eine hohe Komplexität existierender Ansätze zur Verbesserung der Anforderungsanalyse als auch deren mangelhafte Flexibilität und unzureichende Ausrichtung auf die Bedürfnisse von KMSU. Außerdem bleibt der Mehrwert einer Prozessoptimierung im Vergleich zum notwendigen Umsetzungsaufwand für mittelständische Softwareunternehmen oft nicht ersichtlich.

Basierend auf gewonnenen Erkenntnissen hinsichtlich der Wichtigkeit und Notwendigkeit der Anforderungsanalyse sowie Herausforderungen, welche bei einer effizienten Gestaltung dieser Phase in global verteilten Projekten zustande kommen, wird im nächsten Abschnitt eine zusammenfassende Übersicht theoriegeleiteter Anforderungen an den Prozess der Anforderungsanalyse bei KMSU gegeben.

3.2.7 Theoriegeleitete Anforderungserhebung

Die Ermittlung, Analyse, Dokumentation, Validierung und Verwaltung von Anforderungen sollen in erster Linie durch geeignete Werkzeuge unterstützt werden, welche sich idealerweise unkompliziert miteinander verknüpfen lassen und welche die Ergebnisse einzelner Aktivitäten innerhalb der Anforderungsanalyse allen Projektbeteiligten zur Verfügung stellen können (Carrillo de Gea et al. 2011; Pohl und Rupp 2011). Bei einer Fremdvergabe von Teilen der Softwareentwicklung müssen die eingesetzten Werkzeuge die Gestaltung dieser Aktivitäten in einer verteilten Umgebung ermöglichen und insbesondere die Übertragung des System- und Softwarekontextes an externe Entwicklerteams unterstützen (Cheng und Atlee 2007; Herbsleb 2007; Klimpke et al. 2011). Auch Faktoren wie Kosten, Leichtgewichtigkeit und Flexibilität der zu verwendenden Werkzeuge sind dabei im Kontext der mittelständischen Softwareindustrie einzubeziehen (Ehresmann et al. 2007; Prügl 2008).

Unter Berücksichtigung der aufgeführten Aspekte und weiterer Erkenntnisse, welche durch die Literaturanalyse in relevanten Forschungsbereichen gewonnen wurden, lassen sich die Anforderungen an ein Werkzeug zur effizienten Unterstützung der Anforderungsanalyse in global verteilten Softwareentwicklungsprozessen bei KMSU, wie in Tabelle 3.3 dargestellt, formulieren.

Tabelle 3.3.: Theoriegeleitete Anforderungen für den Werkzeugeinsatz in der Anforderungsanalyse

Bezeichnung	Anforderung	Quellen
AA_TGA1	Erstellung und Verwaltung von Anforderungen mittels verschiedener Dokumentationsformen.	Bhat et al. (2006); Damian (2007); Whitehead (2007)
AA_TGA2	Realisierung der Nachverfolgbarkeit zur Erfassung und Verwaltung logischer Zusammenhänge zwischen den einzelnen Anforderungsartefakten.	Whitehead (2007); Carrillo de Gea et al. (2011); Gotel et al. (2012)
AA_TGA3	Ermöglichung sowohl synchroner als auch asynchroner Zusammenarbeit bei der Erstellung und Bearbeitung von Anforderungen.	Sengupta et al. (2006); Lanubile et al. (2010); Carrillo de Gea et al. (2011)
AA_TGA4	Identifizierung der Anforderungen und Möglichkeit ihrer Organisation durch Gruppierungen, Hierarchiebildungen oder Annotationen.	Pohl und Rupp (2011)
AA_TGA5	Bereitstellung der Techniken zur Erstellung von Auswertungen und zur automatischen Generierung von Ergebnisdokumenten.	Pohl und Rupp (2011)
AA_TGA6	Mehrbenutzerzugriff, Konfigurations- und Versionsmanagement auf der Anforderungsebene.	Whitehead (2007); Pohl und Rupp (2011)
AA_TGA7	Schnelle Erlernbarkeit der verwendeten Notationen und Benutzerfreundlichkeit beim Aufbau.	Decker et al. (2007); Pohl und Rupp (2011)

Um die oben genannten Anforderungen bei KMSU wirkungsvoll umsetzen zu können, bedarf es zunächst weiterer Untersuchungen hinsichtlich einer praktischen Durchführung der Anforderungsanalyse bei global verteilten Softwareprojekten. In diesem Zusammenhang ist unter anderem von Bedeutung, in welcher

Form KMSU die Anforderungen ihrer Kunden dokumentieren und welche anderen Dokumentationsformen den Prozess der Anforderungsanalyse verbessern können. Schließlich ist zu untersuchen, welche Quellen bei der Anforderungserhebung herangezogen werden, wie diese an externe Entwicklerteams übermittelt werden und inwieweit externe Partner beim Prozess der Anforderungserhebung mitwirken. Diese Untersuchungen sind in Abschnitten 4.4.5 und 4.4.6 zu finden.

3.3 Traceability-Management

Neben der Definition und Erfassung von Softwareartefakten wie Anforderungen, Systemkontext oder Systemarchitektur stellt die Nachverfolgbarkeit von Beziehungen zwischen diesen Artefakten einen weiteren zentralen Punkt im Softwareentwicklungsprozess dar. Sie unterstützt die Systementwicklung in vielerlei Hinsicht und schafft die Voraussetzung zur Integration verschiedener Techniken in den Entwicklungsprozess (Pohl 2008). Bei global verteilten Softwareprojekten sorgt eine effektive Realisierung der Nachverfolgbarkeit für die bessere Beherrschung der Projektkomplexität, Vermeidung von Missverständnissen, Minimierung von Redundanzen sowie für die Erhöhung des Vertrauens zwischen den Projektpartnern (Adersberger 2013; Wolf und Dutoit 2005). Wegen ihrer besonderen Bedeutung im gesamten Softwareentwicklungsprozess stellt die Nachverfolgbarkeit den Untersuchungsgegenstand dieses Abschnittes dar.

3.3.1 Begriffsklärung

Die *Nachverfolgbarkeit* (engl.: Traceability) wird generell als die Fähigkeit bezeichnet, Zusammenhänge zwischen den in Beziehung stehenden Objekten zu erfassen und zu verfolgen. Übertragen auf die Softwareentwicklung formulieren Spanoudakis und Zisman (2004, S. 396) folgende Definition:

> *„Software traceability – that is the ability to relate artefacts created during the development of a software system to describe the system from different perpectives and levels of abstraction with each other, the stakeholders that have contributed to the creation of the artefacts, and the rationale that explains the form of the artefacts."*

In einem Nachverfolgbarkeitsmodell werden somit die Beziehungen zwischen Softwareartefakten erfasst und ihre Änderungen während des gesamten Lebenszyklus festgehalten. Dabei bezeichnet ein *Softwareartefakt* ein eindeutig identifizierbares Erzeugnis im Prozess der Softwareentwicklung von unterschiedlichster Granularität (Adersberger 2013). In gleicher Weise sind auch Informationen über die Gründe für Erstellung bzw. Anpassung von Softwareartefakten sowie über die dafür verantwortlichen Personen zu verfolgen.

Die Erfassung von Nachverfolgbarkeitsbeziehungen erfolgt mit dem Ziel, Zusammenhänge zwischen einzelnen Softwareartefakten zu dokumentieren und diese bezüglich verschiedener Aspekte zu analysieren. Dabei kann zwischen folgenden Kategorien unterschieden werden (Adersberger 2013; Dick 2002; Grammel und Kastenholz 2010):

- Die *Systemanalyse* nutzt Nachverfolgbarkeitsinformationen, um einem besseren Verständnis der Zusammenhänge im Softwaresystem näher zu kommen und somit die Systemkomplexität effizienter beherrschen zu können.
- Die *Auswirkungsanalyse* beschäftigt sich mit der Ermittlung möglicher Folgen, die eine Änderung des Softwareartefaktes nach sich zieht.
- Die *Herkunftsanalyse* widmet sich der Untersuchung der Gründe für die Aufnahme eines Artefaktes und der Verfolgung seiner Entstehungsquellen.
- Die *Überdeckungsanalyse* sieht die Entdeckung von Artefakten vor, die mit keinem anderen Artefakt in Verbindung stehen und somit im System überflüssig sein können.

In einem Softwareentwicklungsprozess können je nach verfolgtem Ziel verschiedene Nachverfolgbarkeitsmodelle realisiert werden. Die am meisten verbreiteten Arten der Nachverfolgbarkeit werden im nächsten Abschnitt kurz erläutert.

3.3.2 Klassifikation

In der wissenschaftlichen Literatur finden sich zahlreiche Klassifikationen der Nachverfolgbarkeit, die sich wiederum auf unterschiedliche Aspekte der Erfassung von Nachverfolgbarkeitsbeziehungen und -artefakten beziehen. Zu den am häufigsten genannten Kategorien zählen die Anforderungsnachverfolgbarkeit, die Pre- und Post-Traceability sowie die vertikale und horizontale Nachverfolgbarkeit.

Die *Anforderungsnachverfolgbarkeit* wird von Pohl (2008, S. 505) folgendermaßen definiert:

„Die Nachvollziehbarkeit einer Anforderung ist die Fähigkeit, den Lebenszyklus der Anforderung vom Ursprung der Anforderung über die verschiedenen Verfeinerungs- und Spezifikationsschritte bis hin zur Berücksichtigung der Anforderung in nachgelagerten Entwicklungsartefakten verfolgen zu können."

Die Realisierung der Anforderungsnachverfolgbarkeit stellt somit die Grundlage für ein effizientes Anforderungs- und Änderungsmanagement dar (Kotonya und Sommerville 2004; Pohl und Rupp 2011). Eine Anforderung wird als nachvollziehbar verstanden, wenn sowohl deren Ursprung und Umsetzung als auch deren weitere Verwendung im Softwareentwicklungsprozess nachvollzogen werden können

(Pohl 2008; Pohl und Rupp 2011). Als ein weiteres wichtiges Qualitätskriterium im Anforderungsmanagement wird auch die Nachverfolgbarkeit der Beziehungen zwischen Anforderungen und anderen Softwareartefakten wie Geschäftsprozessmodell, Quellcode oder Testfall angesehen (Hildenbrand 2008).

Die Differenzierung der Nachverfolgbarkeit in die Pre- und Post-Traceability bezieht sich ebenfalls auf System- und Softwareanforderungen. Die *Pre-Traceability* beschäftigt sich mit der Erfassung von Artefakten und deren Beziehungen, die vor der Aufnahme einer Anforderung entstanden sind. Dies sind in der Regel die Beziehungen zwischen der Anforderung und ihrer Ursache. Die *Post-Traceability* umfasst dagegen die Nachverfolgbarkeitsbeziehungen zwischen Anforderungen und Artefakten, die sich erst nach einer Anforderungsaufnahme ergeben (Gotel und Finkelstein 1994; Pohl 2008).

Lindvall und Sandahl (1996) unterscheiden darüber hinaus zwischen einer *vertikalen* und *horizontalen Nachverfolgbarkeit*. Diese Differenzierung basiert auf dem Typ der Softwareartefakte, die in Bezug zueinander gebracht werden. Dabei werden die Beziehungen zwischen typgleichen Artefakten als horizontal und die Beziehungen zwischen typverschiedenen Artefakten als vertikal bezeichnet.

3.3.3 Informationsdarstellung

Die Beziehungen in einem Nachverfolgbarkeitsmodell lassen sich auf unterschiedliche Art formal beschreiben. Sie können dabei über eine semantische Bedeutung verfügen oder semantisch neutral bleiben. Semantische Beziehungen zwischen den einzelnen Softwareartefakten können unter anderem je nach Art der Abhängigkeit als Generalisierung, Assoziation, Aggregation oder Komposition klassifiziert werden. Auch die Beziehungen zwischen Softwareartefakten und Personen, die an ihrer Entwicklung bzw. Anpassung mitgewirkt haben, können in einem Nachverfolgbarkeitsmodell semantisch realisiert werden (Spanoudakis und Zisman 2004).

Nachverfolgbarkeitsbeziehungen werden oft in Form von textuellen Referenzen und Hyperlinks oder auch als Verfolgbarkeitsmatrizen bzw. -graphen abgebildet (Pohl und Rupp 2011). Die allgemein gebräuchliche Methode, eine Beziehung zwischen zwei Softwareartefakten zu realisieren, besteht darin, diese durch einen Hyperlink in Verbindung zu setzten. Dabei können Hyperlinks mit einer entsprechenden Semantik versehen werden, um zwischen verschiedenen Typen von Beziehungen zu unterscheiden.

Die Nachverfolgbarkeitsmatrizen (engl.: Traceability Matrix) stellen eine weitere Repräsentationsform der Beziehungen dar. Dabei werden die in Verbindung zu setzenden Softwareartefakte als Zeilen und Spalten einer Matrix erfasst. Falls eine Beziehung zwischen Matrixelementen besteht, wird die entsprechende Zelle markiert. So können für verschiedene Beziehungsarten verschiedene Nachverfolgbarkeitsmatrizen verwendet werden. Diese Darstellungsform ist jedoch nur dann empfehlenswert, wenn die Anzahl von Softwareartefakten nicht zu umfangreich ist (Pohl und Rupp 2011). Nachverfolgbarkeitsinformationen können alternativ in Form eines Graphen realisiert werden, wobei Softwareartefakte als Knoten und deren Beziehungen als Kanten dargestellt werden (Hildenbrand 2008).

3.3.4 Notwendigkeit und Stellenwert

Die Erfassung von Nachverfolgbarkeitsinformationen kann den gesamten Softwareentwicklungsprozess umfassend unterstützen. Darüber hinaus wird ein effektives Anforderungsmanagement erst durch die Realisierung der Nachverfolgbarkeit von Änderungen ermöglicht (Kotonya und Sommerville 2004). In Bezug auf die in Abschnitt 3.3.1 vorgestellte Kategorisierung der Nachverfolgbarkeitsbeziehungen können somit folgende für das Anforderungsmanagement überaus wichtige Fragen beantwortet werden:

- *Systemanalyse*: Durch welche Systemkomponenten wird die Anforderung umgesetzt und wer ist dafür verantwortlich?
- *Auswirkungsanalyse*: Welche Anforderungen und Systemkomponenten sind von einer Anforderungsänderung betroffen?
- *Herkunftsanalyse*: Auf Basis welcher Informationen ist eine Anforderung entstanden und wer wirkte bei der Definition der dazugehörigen Softwareartefakte mit?
- *Überdeckungsanalyse*: Welche Anforderungen stehen mit keinem weiteren Artefakt im Zusammenhang bzw. sind noch nicht durch eine Systemkomponente implementiert?

In einer global verteilten Umgebung bildet ein effizientes Traceability-Management die erforderliche Basis für den Projekterfolg (Gotel et al. 2012). Es ist von zentraler Bedeutung, die im Projektverlauf stattfindenden Änderungen und deren Auswirkungen allen Beteiligten nachvollziehbar zur Verfügung zu stellen, ohne dabei den Kommunikationsaufwand erheblich zu erhöhen. Durch die Realisierung der Änderungsnachverfolgbarkeit werden vor allem ein besseres Verständnis der Anforderungen bei Partnerunternehmen erreicht, der Kommunikationsaufwand zwischen internen und externen Projektbeteiligten verringert und der notwendige Wissenstransfer unterstützt (Heindl und Biffl 2006). Spanoudakis und Zisman (2004) heben außerdem hervor, dass es durch die Erfassung der Zusammenhänge zwischen einzelnen Softwareartefakten ermöglicht wird, deren Ursprung und daher deren Zuordnung im Systemkontext besser nachzuvollziehen. Somit wird auch der Transfer des kontextbezogenen Wissens an externe Partner erleichtert, die in der Regel in der Spezifikationsphase unbeteiligt bleiben.

Nachverfolgbarkeitsinformationen können dazu herangezogen werden, den Nachweis über die Umsetzung von Anforderungen zu erbringen (Pohl und Rupp 2011; Ramesh 1998). Im Bereich des Änderungsmanagements lässt sich dadurch feststellen, welche Auswirkungen eine Änderung am Softwareartefakt auf das ganze System hat und welche anderen Komponenten davon betroffen sind (Goknil et al. 2008a). Auch die Überwachung des Projektfortschrittes wird durch das Traceability-Management unterstützt. So lässt sich mit Hilfe eines Nachverfolgbarkeitsmodells schnell und unkompliziert ermitteln, welche Anforderungen mit welchem Fortschritt bereits im System realisiert sind (siehe Abschnitt 5.2.5). Das Traceability-Management fördert darüber hinaus die Wiederverwendung von Softwareartefakten, erleichtert die Wartung und Pflege bestehender Systeme und verbessert somit den gesamten Softwareentwicklungsprozess (Pohl 2008).

Damit die oben genannten Informationen in Softwareprojekten effektiv erfasst werden können, bedarf es geeigneter Nachverfolgbarkeitsmodelle und deren entsprechender softwaretechnischer Umsetzung. Eine nicht zweckbezogene Erfassung von Nachverfolgbarkeitsbeziehungen führt schnell zu Kostensteigerungen, da derartige Informationen oft fehlerhaftet sind und daher im Softwareentwicklungsprozess nicht effektiv genutzt werden können (Pohl und Rupp 2011).

3.3.5 Stand der Forschung

Im Laufe der letzten Jahre wurde das Thema des Traceability-Managements durch Wissenschaft und Praxis ausführlich untersucht und ständig fortentwickelt. Als Ergebnis entstanden zahlreiche Ansätze, Methoden und Werkzeuge zur Extraktion, Erfassung, Analyse, Abfrage und Verwaltung von Nachverfolgbarkeitsinformationen in Softwareprojekten (Adersberger 2013; Goknil et al. 2008a; Hildenbrand 2008; Nordheimer et al. 2012; Ramesh und Jarke 2001; Seedorf et al. 2009). Bedingt durch abweichende Ziele und unterschiedliche Komplexität lassen sich vorhandene Lösungen auch unterschiedlich kategorisieren. So klassifiziert Hildenbrand (2008) alle bis dahin vorgeschlagenen Nachverfolgbarkeitsmodelle anhand ihres architektonischen Umfangs und unterscheidet zwischen konzeptuellen, methodologischen und werkzeugbasierten Ansätzen. Adersberger (2013) ordnet sie dagegen entlang der Wertschöpfungskette ein, die in Stufen der Extraktion, Repräsentation und Analyse unterteilt wird.

Im Folgenden werden ausgewählte Nachverfolgbarkeitsmodelle vorgestellt und anhand der Kategorien nach Hildenbrand (2008) bzw. Adersberger (2013) klassifiziert.

3.3.5.1 Konzeptuelle Ansätze

Zu den bekanntesten konzeptuellen Nachverfolgbarkeitsansätzen gehört das Metamodell von Ramesh und Jarke (2001), welches die Informationsdarstellung auf unterschiedlichen Abstraktionsebenen erlaubt. Dabei definieren die Autoren drei Metaklassen und beschreiben deren Zusammenhänge durch mehrere Metabeziehungen (siehe Abbildung 3.2).

Abb. 3.2.: Metamodell der Nachverfolgbarkeit nach Ramesh und Jarke (2001)

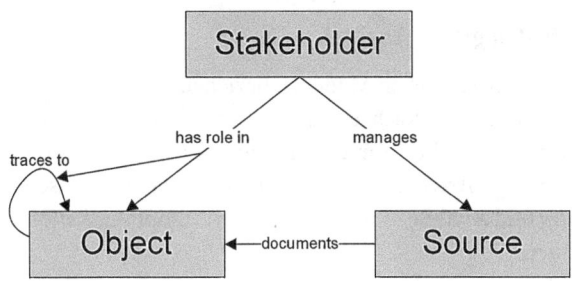

Dieses Nachverfolgbarkeitsmodell kann an viele unternehmensspezifische Szenarios angepasst werden, indem abzubildende Sachverhalte anhand der Metaklassen und Metabeziehungen spezialisiert und instanziiert werden. Als Instanzen der Metaklasse `Object` können Artefakte wie Softwareanforderungen oder Systemkomponenten erfasst werden, welche von zuständigen Projektbeteiligten verantwortet werden. Artefakte sind dabei durch entsprechende Quellen wie z. B. textuelle, tabellarische oder modellbasierte Beschreibungen zu dokumentieren. Die Quellenverwaltung übernehmen wiederum die Projektbeteiligten, die für das jeweilige Artefakt zuständig sind.

Die Arbeit von Ramesh und Jarke (2001) dient als Ausgangsbasis für viele weitere konzeptuelle Ansätze auf diesem Gebiet. Sie wurde für unterschiedliche Zwecke angepasst und weiterentwickelt. So erweitern Mohan et al. (2006) das obige Metamodell, um eine verbesserte Verwaltung von Änderungen bei Lösungen im Bereich des Softwarekonfigurationsmanagements zu erzielen. Goknil et al. (2008a) nehmen es als Basis für die Formalisierung der Nachverfolgbarkeitsbeziehungen zwischen verschiedenen Anforderungsarten. Hildenbrand (2008) schlägt darauf basierend ein Informationsmodell zur Erfassung und Verwaltung von Nachverfolgbarkeitsinformationen in global verteilten Softwareprojekten vor.

Seedorf et al. (2009) entwickeln ein konzeptionell präzisiertes Nachverfolgbarkeitsmodell, das die Realisierung eines effektiven Traceability-Managements bei der Entwicklung und Verwaltung von serviceorientierten Softwarearchitekturen (SOA) ermöglicht. Dabei verfolgen die Autoren das Ziel, die Lücke zwischen der Geschäfts- und IT-Perspektive zu reduzieren, indem verschiedene Artefakte wie Geschäftsprozesse, Services, Anforderungen oder Testfälle formalisiert und mithilfe semantischer Beziehungen integriert werden. Obwohl sich das vorgeschlagene Modell explizit auf SOA richtet, verfügt es über die notwendige Flexibilität, sodass es themenspezifisch erweitert oder sogar auf andere Bereiche unkompliziert übertragen werden kann.

3.3.5.2 Methodologische Ansätze

Im Gegensatz zu konzeptuellen Modellen beziehen sich methodologische Ansätze auf konkrete Kontexte der Nachverfolgbarkeit wie z. B. Richtlinien zum Aufzeichnen, Modellierungssprachen zur Beschreibung oder Ermittlungs- und Analyseverfahren. Derartige Ansätze lassen sich meist einer der Phasen — Extraktion, Repräsentation und Analyse — entlang der Wertschöpfungskette von Adersberger (2013) zuordnen.

Bei der *Extraktion von Nachverfolgbarkeitsbeziehungen* kommen in der Regel automatische oder halbautomatische Ansätze aus dem Bereich der Informationsrückgewinnung (engl.: Information Retrieval) zum Einsatz. In diese Kategorie fallen folgende Nachverfolgbarkeitsmodelle: Spanoudakis (2004) schlägt eine regelbasierte Methode vor, die eine automatische Generierung von Beziehungen zwischen Anforderungsspezifikationen und Anwendungsfällen ermöglicht. Marcus und Maletic (2003) wenden latente semantische Indexierung an, um Beziehungen zwischen der Systemdokumentation und dem Quellcode zu identifizieren und nachzuverfolgen. Grammel und Kastenholz (2010) schlagen ein Framework vor, das eine Anreicherung bei beliebigen Transformationsansätzen modellgetriebener Softwareentwicklung durch Nachverfolgbarkeitsinformationen verspricht. Derartige Modelle setzen jedoch eine stark formalisierte Beschreibung von Softwareartfakten voraus (Grammel und Kastenholz 2010; Spanoudakis 2004) und erweisen sich in Bezug auf die Trefferquote bzw. Genauigkeit der automatisch extrahierten Informationen nicht besonders effektiv (Cleland-Huang et al. 2005).

Zu den gängigsten Formen der *Repräsentation von Nachverfolgbarkeitsinformationen* zählen textuelle Referenzen und Hyperlinks, Matrizen (Pohl und Rupp 2011), semantische Assoziationen (Spanoudakis und Zisman 2004) und

Nachverfolgbarkeitsgraphen (Hildenbrand 2008). Darüber hinaus können Ontologien (Goknil et al. 2008b; Seedorf 2010) oder sogar relationale Datenbanken (Reiss 2006) zur Darstellung von Nachverfolgbarkeitsbeziehungen herangezogen werden.

Die Stufen der Extraktion und Repräsentation bilden die grundlegende Basis für die abschließende Phase der *Analyse von Nachverfolgbarkeitsinformationen,* in der die zentrale Informationsverarbeitung stattfindet (Adersberger 2013). In diesem Bereich existieren ebenfalls verschiedene Ansätze, die sich unter anderem mit der Konsistenz- und Redundanzüberprüfung von Nachverfolgbarkeitsbeziehungen, mit der Auswirkungsanalyse deren Änderungen oder mit der Herkunftsuntersuchung einzelner Softwareartefakte beschäftigen (Adersberger 2013; Pashov et al. 2004).

Von größerer Bedeutung für die vorliegende Arbeit sind jedoch Ansätze, die sich im Rahmen von global verteilten Softwareprojekten bei KMSU der System-, Auswirkungs-, Herkunfts- sowie der Überdeckungsanalyse widmen (siehe Abschnitt 3.3.1). Auf diesem Gebiet finden sich zum heutigen Stand der Forschung nur vereinzelt Untersuchungen, die die Aspekte global verteilter Softwareentwicklung betrachten oder sich speziell mit dem Traceability-Management bei KMSU auseinandersetzen (Hildenbrand 2008; Neumüller und Grünbacher 2006). Obwohl die Arbeit von Hildenbrand (2008) einen ganzheitlichen Ansatz zur Verbesserung des Traceability-Managements bei global verteilten Softwareprojekten bietet, eignet sich dieser wegen seiner Komplexität kaum für den Einsatz bei KMSU. Neumüller und Grünbacher (2006) schlagen dagegen ein auf Kleinstunternehmen zugeschnittenes Modell vor, welches eine einfache Generierung und Abfrage von Nachverfolgbarkeitsbeziehungen ermöglicht. Die Aspekte global verteilter Softwareentwicklung werden dabei nicht berücksichtigt.

3.3.5.3 Werkzeugbasierte Ansätze

Die oben vorgestellten Ansätze zum Traceability-Management weisen eine wesentliche Gemeinsamkeit auf. Ihr produktiver Einsatz in der Praxis wird erst durch die Unterstützung entsprechender Werkzeuge möglich, denn rein theoretische Nachverfolgbarkeitsmodelle werden in der Softwareentwicklung sowohl bei Großunternehmen als auch bei KMSU kaum genutzt.

Das Angebot der am Markt verfügbaren Lösungen, die eine effektive Unterstützung des Traceability-Managements entlang des gesamten Softwarelebenszyklus versprechen, ist beachtlich. Tatsächlich stellen kommerzielle Werkzeuge den größten Umfang an Funktionalitäten und Features bereit, um sämtliche Softwareentwicklungsaktivitäten zu unterstützen und verschiedene Arten der

Nachverfolgbarkeit in Softwareentwicklungsprojekten zu realisieren. Ganzheitliche Lösungen wie PolarionALM[7] oder KovairALM[8] integrieren Artefakte aus allen Phasen des Softwareentwicklungsprozesses, ermöglichen ihre Verknüpfung miteinander und gewährleisten ein umfangreiches Traceability-Management. Außerdem unterstützen derartige Werkzeuge kollaborative Zusammenarbeit zwischen den Projektbeteiligten, was ihren Einsatz in global verteilten Umgebungen ermöglicht. Andere kommerzielle Lösungen wie Rational DOORS[9], Caliber[10] oder Polarion Requirements[11] konzentrieren sich dagegen auf die Erfassung und Verwaltung von Nachverfolgbarkeitsinformationen, die primär mit der Anforderungsphase zusammenhängen und somit die Realisierung des Traceability-Managements in frühen, besonders kritischen Phasen des Softwareentwicklungsprozesses abdecken. Alternativ können Softwarehersteller auf Fallbearbeitungs- und Fehlerverwaltungsprogramme wie JIRA (siehe Abschnitt 3.2.4) oder codeBeamer[12] zugreifen, die ebenfalls Beziehungen zwischen verschiedenen Softwareartefakten dokumentieren und Änderungen im Projektverlauf nachverfolgbar erfassen können.

Für Zwecke der KMSU sind die erwähnten Lösungen jedoch kaum geeignet. Sie zielen vor allem auf die Großindustrie ab und sind für den Einsatz in hoch komplexen Umgebungen gedacht, sodass sie sich für KMSU überdimensioniert, zu aufwendig und oft als zu teuer erweisen. Die zur Verfügung stehenden Funktionalitäten können nicht ausgeschöpft werden, die verwendeten Techniken und Notationen machen die Einbeziehung von Nicht-Experten schwierig, die angebotenen Features stellen sich oft als überflüssig heraus. Außerdem lassen sie sich nicht ohne größeren Anpassungsaufwand und Schulungen der Mitarbeiter in die bestehenden Unternehmensprozesse der KMSU integrieren.

Als Ergebnisse der akademischen Forschung auf diesem Gebiet sind die Werkzeuge Ariadne von de Souza (2005) und TraVis von Hildenbrand (2008) zu nennen. Beide Lösungen sind nicht-kommerziell und unterstützen die Erfassung, Repräsentation und Analyse von Nachverfolgbarkeitsbeziehungen in global verteilten Softwareprojekten. Während das Tool von de Souza (2005) über einen relativ kleinen Umfang an Nachverfolgbarkeitsinformationen verfügt und keine

---

7   http://www.polarion.com/products/alm/
8   http://www.kovair.com/alm-studio/
9   http://www-03.ibm.com/software/products/de/ratidoor
10   http://www.borland.com/Products/Requirements-Management/Caliber
11   http://www.polarion.com/
12   http://intland.com/codebeamer/product-overview/

Modellierungstechniken anbietet, zeigt sich das Werkzeug von Hildenbrand (2008) wiederum zu schwergewichtig für einen effektiven Einsatz bei KMSU. Zusammenfassend lassen sich ein breites kommerzielles Angebot und eine umfangreiche Forschung auf dem Gebiet des Traceability-Managements erkennen, von denen KMSU bei global verteilter Softwareentwicklung jedoch nur selten profitieren können. Sowohl bei der Forschung als auch bei der Umsetzung der Nachverfolgbarkeit im KMSU-spezifischen Kontext stellen Wissenschaft und Praxis noch einen erheblichen Forschungsbedarf und viele Verbesserungspotenziale fest (Neumüller und Grünbacher 2006; Nordheimer et al. 2012).

3.3.6 Kritische Herausforderungen

Zu den zentralen Problemen bei der Einführung und Aufrechterhaltung des Traceability-Managements zählen die Optimierung des Aufwand-Nutzen-Verhältnisses (Grammel und Kastenholz 2010), die Entwicklung praxistauglicher Methoden und Werkzeuge (Adersberger 2013; Dick 2002), die Berücksichtigung von Interessen unterschiedlicher Projektbeteiligter (Asuncion 2008), die Erfassung der Semantik von Nachverfolgbarkeitsbeziehungen (Dick 2002; Gotel et al. 2012; Grammel und Kastenholz 2010; Nordheimer et al. 2012) sowie die Veröffentlichung von positiven Erfahrungsberichten in Bezug auf die Umsetzung des Traceability-Managements bei KMSU (Neumüller und Grünbacher 2006).

Das unausgewogene Verhältnis zwischen dem Aufwand zur Umsetzung der Nachverfolgbarkeit und dem daraus resultierenden Nutzen stellt aus Sicht von Arkley und Riddle (2005), Asuncion (2008) und Mäder et al. (2009) den Hauptgrund für ihren unzureichenden praktischen Einsatz bei Softwareprojekten dar. Vor allem ist die Einführung von halbautomatischen und automatischen Ansätzen zur Gewinnung von Nachverfolgbarkeitsinformationen stets mit hohen Kosten verbunden, da sie das Fachwissen aus den Bereichen der Anforderungsanalyse und Informationsrückgewinnung benötigen sowie die Definition entsprechender Artefakte durch formale Notationen voraussetzen (siehe Abschnitt 3.3.5). KMSU sind meistens nicht bereit, den notwendigen Beurteilungs- und Umsetzungsaufwand für die Einführung derart komplexer Ansätze zu investieren, weil für sie der Mehrwert dabei häufig nicht ersichtlich ist (Ehresmann et al. 2007). Auch Grammel und Kastenholz (2010) erkennen die Minimierung des Aufwandes zur Realisierung der Nachverfolgbarkeit als eine der wesentlichen Herausforderungen, die von Wissenschaft und Praxis immer noch zu meistern sind.

Um die Kosten des Traceability-Managements zu senken, bedarf es praxistauglicher Methoden und Werkzeuge, die sowohl an projektspezifische Bedürfnisse sowie an Geschäftsumgebungen einzelner Unternehmen leicht angepasst werden können (Mäder et al. 2009). Dies stellt in Bezug auf KMSU eine besondere Herausforderung dar, da sie bei global verteilter Softwareentwicklung andere Ziele als Großunternehmen verfolgen und über unterschiedliche Rahmenbedingungen verfügen (siehe Abschnitt 3.1.3). Außerdem wird die Realisierung der Nachverfolgbarkeit durch die Globalisierung erschwert, da hierbei Softwareartefakte berücksichtigt und in Beziehung gesetzt werden müssen, die durch heterogene Werkzeuge an verschiedenen Standorten verteilt sind (Gotel et al. 2012). Oft existieren die Nachverfolgbarkeitsbeziehungen nur implizit und werden nicht formalisiert (Adersberger 2013).

Bei der Umsetzung der Nachverfolgbarkeit erweist sich auch eine angemessene Berücksichtigung von Interessen verschiedener Projektbeteiligter als schwierig, da diese oft zueinander in Konflikt stehen (Asuncion 2008). Die Erfassung und Pflege von Nachverfolgbarkeitsbeziehungen erfordert eine entsprechende Kommunikation und Verständigung zwischen den Projektbeteiligten, was bei global verteilten Projekten durch kulturelle, sprachliche und terminologische Unterschiede erschwert wird (Hildenbrand 2008; Nordheimer et al. 2012; Wolf und Dutoit 2005).

Ein weiteres Problem stellt die oft nicht oder unzureichend vorhandene Semantik der Nachverfolgbarkeitsbeziehungen dar (Dick 2002; Gotel et al. 2012). Bedingt durch heterogene Kontexte von Softwareprojekten kann eine semantische Unterscheidung zwischen verschiedenen Beziehungstypen durchaus Vorteile bringen. Zum einen ermöglichen es semantische Informationen, kontextbezogene Abfragen durchzuführen und somit den Informationsgewinnungsprozess zu verbessern. Zum anderen kann eine präzise und einheitliche Semantik der Nachverfolgbarkeitsbeziehungen Missverständnisse zwischen den Projektbeteiligten reduzieren, die oft durch kulturelle und sprachliche Unterschiede bedingt sind (Pinheiro und Goguen 1996).

3.3.7 Besonderheiten des Traceability-Managements bei KMSU

Ähnlich wie bei der Anforderungsanalyse setzt sich die aktuelle Forschung im Bereich der Realisierung der Nachverfolgbarkeit in Softwareentwicklungsprozessen mit den KMSU-spezifischen Aspekten kaum auseinander. Einzig Neumüller und Grünbacher (2006) untersuchen in ihrer Fallstudie diese Problemstellung, indem sie bestehende Entwicklungswerkzeuge eines Kleinstunternehmens um wenige Nachverfolgbarkeitsfunktionen erweitern und über gewonnene Erkenntnisse berichten. Spezifische Aspekte global verteilter Softwareentwicklung bleiben bei dieser Untersuchung jedoch unberücksichtigt.

Die Autoren konstatieren außerdem erhebliche Defizite an praxisrelevanten Fallstudien über eine Einführung des Traceability-Managements bei KMSU und stellen im Allgemeinen einen großen Mangel an Erfahrungsberichten in diesem Bereich fest. Derartige Berichte können als anschauliche Beispiele für andere global agierende KMSU dienen und deren Entscheidungsprozess bezüglich der Umsetzung des Traceability-Managements wesentlich erleichtern (Neumüller und Grünbacher 2006).

3.3.8 Theoriegeleitete Anforderungserhebung

Bei der Entwicklung von Nachverfolgbarkeitsmodellen und darauf basierenden Werkzeugen, von denen KMSU profitieren können, sind in erster Linie die grundlegenden Eigenschaften und Rahmenbedingungen von KMSU wie z. B. begrenzte Ressourcen, niedriger Standardisierungsgrad oder leichtgewichtige Vorgehensmodelle zu berücksichtigen (siehe Abschnitt 3.1.3). Darüber hinaus ist eine effektive Erfassung und Verwaltung von Nachverfolgbarkeitsinformationen zu gewährleisten, welche bei globalen Softwareprojekten an verschiedenen Entwicklungsstandorten verteilt werden. Diese und weitere Anhaltspunkte, die anhand existierender Forschungsergebnisse im Bereich des Traceability-Managements identifiziert wurden und zur Lösung der in Abschnitt 3.3.6 beschriebenen Herausforderungen hinsichtlich einer effizienten Umsetzung von Nachverfolgbarkeitsmodellen bei KMSU beitragen können, sind in Tabelle 3.4 zusammengefasst.

Tabelle 3.4.: Theoriegeleitete Anforderungserhebung an die Umsetzung des Traceability-Managements bei KMSU

Bezeichnung	Anforderung	Quellen
TM_TGA1	Bereitstellung praxistauglicher leichtgewichtiger Werkzeuge zur effektiven Verknüpfung von Softwareartefakten, deren Entwicklung über verschiedene Standorte verteilt stattfindet.	Dick (2002); Hildenbrand (2008); Mäder et al. (2009);
TM_TGA2	Entwicklung von Techniken zur Überwindung geografischer, kultureller und sprachlicher Barrieren in Bezug auf die Realisierung des Traceability-Managements.	Pinheiro und Goguen (1996); Gotel et al. (2012);
TM_TGA3	Anreicherung von Nachverfolgbarkeitsbeziehungen mit semantischen Informationen.	Dick (2002); Mäder et al. (2009); Nordheimer et al. (2012);

Bezeichnung	Anforderung	Quellen
TM_TGA4	Anpassung des Traceability-Managements an projektbezogene Bedürfnisse der Anwender.	Neumüller und Grünbacher (2006); Gotel et al. (2012)
TM_TGA5	Flexible Festlegung der Granularität von Nachverfolgbarkeitsbeziehungen.	Gotel et al. (2012);

Neumüller und Grünbacher (2006) listen darüber hinaus einige KMU-spezifische Bedürfnisse auf, die ebenfalls bei einer effektiven Umsetzung des Traceability-Managements zu berücksichtigen sind (siehe Tabelle 3.5).

Tabelle 3.5.: Theoriegeleitete Anforderungserhebung an die Umsetzung des Traceability-Managements bei KMSU nach Neumüller und Grünbacher (2006)

Bezeichnung	Anforderung
TM_TGA6	Leichtgewichtige Integration der Nachverfolgbarkeitsbeziehungen in bestehende Tools.
TM_TGA7	Bereitstellung von Abfragemechanismen und Visualisierungstechniken zur besseren Gewinnung und Darstellung von Nachverfolgbarkeitsinformationen.
TM_TGA8	Geringfügige Anpassung bisheriger Entwicklungsprozesse und gewohnter Arbeitsweise der Softwareentwickler.
TM_TGA9	Veröffentlichung von positiven Erfahrungen über die Einführung und Umsetzung des Traceability-Managements bei KMSU.

Da im Bereich des Traceability-Managements bei KMSU bislang nur in Ansätzen geforscht wurde, können keine weiteren Annahmen über die Ausgangssituation getroffen und somit keine weiteren Anforderungen an die Umsetzung der Nachverfolgbarkeit abgeleitet werden. Aus diesem Grund ist bei weiteren Untersuchungen in erster Linie zu klären, welche Rolle KMSU dem Traceability-Management beimessen und inwieweit aktuell eingesetzte Konzepte und Werkzeuge die Realisierung der Nachverfolgbarkeit unterstützen können.

3.4 Wissensmanagement

Neben einer effektiven Umsetzung der Anforderungsanalysephase und des Traceability-Managements spielt eine gelungene Wissensorganisation und Wissensübertragung eine genauso entscheidende Rolle für eine erfolgreiche Durchführung global verteilter Softwareprojekte. Deswegen setzt sich der vorliegende Abschnitt mit dieser Thematik auseinander.

3.4.1 Begriffsklärung

Eine weit verbreitete Definition des Wissensmanagements stammt von Probst et al. (2010). Die Autoren verstehen das Wissensmanagement als eine Reihe von Aktivitäten, die im Wesentlichen folgende Kernprozesse umfassen: Wissensidentifikation und -erwerb, Wissensentwicklung und -teilung sowie Wissensbewahrung und -nutzung (Probst et al. 2010). Das primäre Ziel des Wissensmanagements besteht dabei in der Systematisierung des Umgangs mit Wissen in allen relevanten Unternehmensbereichen, um es zu Teilung und Weiterentwicklung der eigenen Fähigkeiten und Erfahrungen effektiv einsetzen zu können. Die Wissenssystematisierung ermöglicht somit einen bedarfs- und zielorientierten Zugriff auf die im Unternehmen vorhandene Wissensbasis (Amelingmeyer 2002; Mertins et al. 2009). Dementsprechend legt das Wissensmanagement fest, welche unternehmensspezifischen Informationen verwaltet werden, und wie, wann und wo sie zu nutzen sind (Lindvall und Rus 2003).

Nonaka und Takeuchi (1995) unterscheiden im Allgemeinen zwischen zwei Arten von Wissen: Explizites und implizites Wissen. Während explizites Wissen meist eindeutig definiert ist und in Form von Dokumenten, Modellen oder Spezifikationen erfasst und weitergegeben werden kann, ist implizites Wissen dagegen weniger greifbar und wird maßgeblich nur durch Erfahrungen, Kompetenzen oder Ansichten einzelner Personen geprägt (Chen et al. 2010; Rus und Lindvall 2002).

Im Rahmen der vorliegenden Untersuchung wird der Fokus auf die Übertragung von explizitem Wissen und auf die Formalisierung von implizitem Wissen gelegt, da sich diese Aktivitäten bei global verteilter Softwareentwicklung als besonders kritisch erweisen und sowohl die Anforderungsanalyse als auch weitere Phasen des Softwareentwicklungsprozesses maßgeblich beeinflussen (Desouza et al. 2006; Herbsleb 2007; Klimpke et al. 2011; Nidhra et al. 2013; Rottman 2008).

Argote und Ingram (2000) beschreiben die Wissensübertragung als den Prozess, durch welchen eine Unternehmenseinheit von vorhandenem und erfasstem Wissen anderer Unternehmenseinheiten profitieren kann. Nach Davenport und Prusak (1998) beinhaltet dieser Prozess folgende zwei Bestandteile: Die Wissensübertragung und die Wissensaufnahme. Die *Wissensübertragung* an den Empfänger erfolgt durch die Repräsentation und Bereitstellung des Wissens. Die *Wissensaufnahme* durch den Empfänger führt zu dessen aktiver Anwendung und Weiterentwicklung. Während der Transfer von explizitem Wissen in der Regel durch stark strukturierte Methoden stattfindet, erfordert die Übertragung von implizitem Wissen eine intensive persönliche Kommunikation und kann nur bei entsprechender informeller Zusammenarbeit erfolgen (Chen et al. 2010; Davenport und Prusak 1998).

In Anlehnung an Szulanski (1996) erstreckt sich der Wissenstransfer über drei Phasen. Die Initiierungsphase umfasst alle Ereignisse, die sich mit der Bedarfsprüfung für den Wissenstransfer und mit der Erarbeitung der dafür notwendigen Lösungsansätze beschäftigen. In der Implementierungsphase werden Aktivitäten durch Wissensträger und Wissensempfänger durchgeführt, welche zur Ermöglichung des Wissenstransfers notwendig sind. Die abschließende Anwendungsphase sieht eine aktive Aufnahme und einen nutzenbringenden Einsatz des transferierten Wissens durch Empfänger vor.

3.4.2 Notwendigkeit und Stellenwert

Ein effektives Wissensmanagement und eine erfolgreiche Wissensübertragung stellen zwei der wichtigsten Erfolgsfaktoren bei global verteilter Softwareentwicklung dar (da Silva et al. 2010; Klimpke et al. 2011; Lacity et al. 2009; Nidhra et al. 2013). Die Notwendigkeit, Wissen in Softwareprojekten zu erfassen und zu verwalten, ergibt sich in erster Linie aus der Heterogenität von Informationen und dem Umfang an Dokumenten, die während verschiedener Entwicklungsphasen entstehen. Dazu zählen alle Informationen, sowohl solche, die vor der Systementwicklung erfasst werden, wie Projektpläne oder Anforderungsspezifikationen, als auch solche, die als Lösungen von Problemstellungen während der Systementwicklung entstehen, wie Architekturmodelle oder Quellcodes (Lindvall und Rus 2003).

Bei global verteilter Softwareentwicklung sind noch weitere Aspekte zu berücksichtigen, die für ein effizientes Wissensmanagement unerlässlich sind. So werden externe Entwicklerteams in der Regel nicht in die Spezifikationsphase eingebunden, sind aber für die softwaretechnische Umsetzung von Kundenanforderungen zuständig. Die von externen Partnern entwickelten Lösungen werden weiter an interne Entwicklerteams zwecks Testens, Anpassung, Integration oder Wartung übermittelt. Ein uneffektiver Wissenstransfer während dieser Vorgänge kann Missverständnisse bei der Kommunikation und Zusammenarbeit hervorrufen und somit den gesamten Projekterfolg gefährden (Herbsleb und Moitra 2001; Rus und Lindvall 2002).

Die Möglichkeit, sowohl für interne als auch für externe Projektbeteiligte rechtzeitig auf notwendige Informationen zuzugreifen, verhindert Verzögerungen und eventuelle Komplikationen im Projektverlauf (Sengupta et al. 2006). Die explizite Erfassung und Formalisierung von Wissen, welches innerhalb eines Softwareprojektes entsteht, kann außerdem später in anderen Projekten wiederverwendet werden. Dies führt zur Produktivitätssteigerung durch die Vermeidung redundanter Arbeit und folglich zur Kostensenkung (Amelingmeyer 2002; Jiménez et al. 2010; Rus und Lindvall 2002). Durch die Realisierung des Wissensmanagements werden somit nicht nur Softwareentwicklungsprozesse verbessert und optimiert, sondern auch die gesamte System- und Softwarequalität gesteigert (Lindvall und Rus 2003).

Bei wechselnden Projektpartnern oder Fluktuation von Mitarbeitern sorgt das Wissensmanagement dafür, dass alle relevanten Informationen dem Unternehmen erhalten bleiben und anderen Mitarbeitern zur Verfügung stehen (Rus und Lindvall 2002; Taweel et al. 2009). Eine derartige Bewahrung der Wissensbasis erlaubt, dass ein neuer Mitarbeiter sogar während des laufenden Softwareprojektes entsprechende Aufgaben schnell übernehmen kann.

Durch das Wissensmanagement und den Wissenstransfer werden außerdem projekt- und systembezogene Entscheidungen besser unterstützt, der Zugang zum Domänenwissen der zu entwickelnden Software ermöglicht, Informationsasymmetrien zwischen internen und externen Entwicklerteams verhindert und somit das notwendige gemeinsame Verständnis von Kundenanforderungen erlangt (Bhat et al. 2006; Damian 2007; Vlaar et al. 2008).

3.4.3 Besonderheiten des Wissensmanagements bei KMSU

Die Untersuchung KMSU-spezifischer Bedürfnisse im Bereich des Wissensmanagements bei global verteilter Softwareentwicklung ist mit vielen Herausforderungen verbunden. Die heutige Forschung auf diesem Gebiet fokussiert sich hauptsächlich auf die Problemstellungen der Großunternehmen. Die meisten Studien, die sich dagegen den Aspekten des Wissensmanagements in mittelständischen Unternehmen widmen, untersuchen den Mittelstand branchenübergreifend und sind deswegen nur bedingt für global verteilte Softwareentwicklung relevant. Nachstehend werden Erkenntnisse aus diesen beiden Forschungsrichtungen zusammengefasst und analysiert.

Um die Besonderheiten des Wissensmanagements im Mittelstand festzustellen, untersuchen Desouza und Awazu (2006), Voigt et al. (2009) und Wong und Aspinwall (2005) die Geschäftsprozesse bei insgesamt 66 Unternehmen. Die drei Studien werden jedoch branchenübergreifend und ohne Bezug zu global verteilter Softwareentwicklung durchgeführt. Der Anteil von befragten KMU, die der IT- und Kommunikationsbranche zugeordnet werden können, liegt dabei zwischen 11,5% und 25%. Zwar können die gewonnenen Erkenntnisse nicht ohne Weiteres auf KMSU übertragen werden, sie geben aber einige Anhaltspunkte, um wesentliche Unterschiede zwischen der Bewertung und Umsetzung des Wissensmanagements bei großen und mittelständischen Unternehmen zu ermitteln. Wong und Aspinwall (2005) identifizieren mehrere Faktoren, die als Ursachen mangelhafter oder fehlender Umsetzung des

Wissensmanagements bei KMU gelten. Dazu gehören in erster Linie die Unklarheit über den Mehrwert des Wissensmanagements für das Unternehmen sowie die Knappheit an personellen, zeitlichen und finanziellen Ressourcen für dessen Einführung und Aufrechterhaltung. In diesem Zusammenhang berichten Voigt et al. (2009) über weitere KMU-spezifische Problemfelder, wie z. B. Intransparenz über Zuständigkeiten, unzureichenden abteilungsübergreifenden Informationsaustausch, fehlende Systematik bei der Wissenserzeugung und -sicherung, unstrukturierte formelle Kommunikation und mangelnde zentrale Wissensaufbewahrung. Desouza und Awazu (2006) stellen außerdem fest, dass KMU im Gegensatz zu Großunternehmen versuchen, durch enge soziale Bindungen innerhalb des Unternehmens dem Wissensverlust entgegenzuwirken. Die Schaffung, der Austausch und der Transfer von Informationen finden bei KMU primär während interner Maßnahmen, wie in persönlichen Treffen, Besprechungen, Schulungen oder Seminaren, statt.

Zusammenfassend lässt sich feststellen, dass sich die Ansichten großer und mittelständischer Unternehmen bezüglich des Wissensmanagements stark voneinander unterscheiden. Da viele Versuche, ein Wissensmanagement bei KMU einzuführen, vor allem in der Umsetzungsphase scheitern (Finke 2009), werden im nächsten Abschnitt die zentralen Faktoren abgeleitet, die den oben genannten Problemen entgegenwirken können.

3.4.4 Theoriegeleitete Anforderungserhebung

Da im Bereich des Wissensmanagements bei global verteilter Softwareentwicklung in KMSU bisher kaum geforscht wurde, findet die Anforderungserhebung unter Berücksichtigung von Erkenntnissen aus folgenden Forschungsrichtungen statt: Wissensmanagement in der Softwareentwicklung, Wissensmanagement in global verteilter Softwareentwicklung sowie Wissensmanagement im Mittelstand. Als Ergebnis der durchgeführten Literaturanalyse lassen sich die in Tabelle 3.6 aufgelisteten Aspekte konkretisieren, die zu einer effektiven Umsetzung des Wissensmanagements bei global verteilten Softwareprojekten in KMSU beitragen können.

Tabelle 3.6.: Theoriegeleitete Anforderungserhebung an die Umsetzung des Wissensmanagements bei KMSU

Bezeichnung	Anforderung	Quellen
WM_TGA1	Ermöglichung des kollaborativen Wissensmanagements.	Damian und Zowghi (2003); Oshri et al. (2008); Voigt et al. (2009); Jiménez et al. (2010); Nidhra et al. (2013);
WM_TGA2	Transparenz im Projektverlauf und Klarheit über Zuständigkeiten einzelner Aufgaben und Softwareartefakte.	Rus und Lindvall (2002); Boden et al. (2009a); Voigt et al. (2009);
WM_TGA3	Bereitstellung einheitlicher Vorlagen für unterschiedliche Dokumententypen.	Jiménez et al. (2010);
WM_TGA4	Systematische Sicherung von Projekterfahrungen und Projekthistorie.	Voigt et al. (2009); Herbsleb (2007); Nidhra et al. (2013);
WM_TGA5	Wissensgenerierung und Realisierung des dafür notwendigen Zugangs sowohl für interne und externe Projektbeteiligte als auch für Kunden.	Rus und Lindvall (2002); Oshri et al. (2008);
WM_TGA6	Verstärkte Formalisierung des impliziten und expliziten Wissens sowie der Kommunikationsvorgänge.	Voigt et al. (2009); Noll et al. (2010); Nidhra et al. (2013);
WM_TGA7	Sicherstellung des Wissenstransfers zwischen internen und externen Entwicklerteams.	da Silva et al. (2010); Klimpke et al. (2011);
WM_TGA8	Minimierung des personellen, zeitlichen und finanziellen Aufwands für die Einführung und Aufrechterhaltung des Wissensmanagements.	Holsapple und Joshi (2000); Wong und Aspinwall (2005);
WM_TGA9	Erkennbarkeit von Vorteilen der Wissenserfassung und -nutzung für alle Projektbeteiligten.	Wong und Aspinwall (2005);

Um eine erfolgreiche Umsetzung des Wissensmanagements bei KMSU zu gewährleisten, ist es von großer Wichtigkeit, dass das Wissensmanagement nicht als ein zusätzliches Konzept oder ein neues Werkzeug eingeführt wird, sondern dass es inkrementell in bestehende Prozesse integriert und als Querschnittsaufgabe, begleitend zur Anforderungsanalyse und zum Traceability-Management, angeboten wird, ohne dabei einen hohen Aufwand an Zeit und Kosten zu verursachen.

3.5 Zusammenfassung

Dieses Kapitel widmete sich einer umfassenden Untersuchung und Bewertung des Forschungsstandes im Bereich global verteilter Softwareentwicklung. Neben der Klärung begrifflicher Grundlagen wurden die Gestaltung einzelner Softwareentwicklungsaktivitäten in global verteilter Umgebung analysiert und die damit verbundenen Herausforderungen bei KMSU aufgezeigt.

Es konnte eine Reihe an methodischen und softwaretechnischen Defiziten im Kontext von KMSU festgestellt werden, die die Gestaltung und Umsetzung sowohl der Anforderungsanalyse als auch des Traceability- und Wissensmanagements betreffen. Des Weiteren wurden erhebliche Forschungslücken hinsichtlich der Berücksichtigung und entsprechender Adressierung von spezifischen Eigenschaften und Bedürfnissen mittelständischer Softwareindustrie identifiziert.

Die gewonnen Erkenntnisse dienten dann als Grundlage für die Ableitung theoriebezogener Anforderungen, die in einem Ansatz zur Optimierung global verteilter Softwareentwicklungsprozesse bei KMSU erfüllt werden sollen. Zusammen mit den Ergebnissen der Praxisstudie aus nachfolgendem Kapitel werden diese Anforderungen im weiteren Verlauf der vorliegenden Arbeit in einen solchen Lösungsansatz überführt.

4. Fallstudienuntersuchung zu global verteilter Softwareentwicklung bei KMSU

Die Ergebnisse des vorangegangenen Kapitels zeigen, dass der gegenwärtige Stand der Forschung im Bereich global verteilter Softwareentwicklung erhebliche Lücken im Hinblick auf die Berücksichtigung der KMSU-Problematik aufweist. Um eine fundierte Grundlage für die Entwicklung eines neuen Ansatzes zu schaffen und eine möglichst breite Anwendungsakzeptanz bei KMSU zu erzielen, sind tiefere Erkenntnisse über deren spezifische Bedürfnisse entlang des gesamten Softwarelebenszyklus erforderlich. Hierfür ist zunächst ein genaueres Verständnis darüber zu erlangen, wie sich global verteilte Softwareentwicklung bei KMSU tatsächlich gestaltet, welche Methoden und Werkzeuge in den einzelnen Phasen des Softwareentwicklungsprozesses zum Einsatz kommen und an welchen Stellen KMSU den größten Bedarf für Verbesserungen sehen. Weiterhin ist zu klären, woran die Auslagerung ihrer Softwareprojekte scheitert und mit welchen Problemen sie sich in der Praxis am häufigsten auseinandersetzen.

Um die vorhandene Forschungslücke zu schließen, wurde im Rahmen der vorliegenden Arbeit eine umfassende Fallstudie zu global verteilter Softwareentwicklung bei KMSU durchgeführt. Die Erörterung der Fallstudie bildet den Kern dieses Kapitels. Nach einer kurzen Einführung in die Methodik und in den Aufbau der Studie erfolgen die Auswertung und Zusammenfassung der gewonnenen Ergebnisse. Basierend darauf findet eine praxisgeleitete Anforderungserhebung zur Verbesserung global verteilter Softwareentwicklungsprozesse bei KMSU statt. Zusammen mit den theoriebezogenen Anforderungen aus Kapitel 3 stellen sie die Grundlage für die Entwicklung eines auf die Belange von KMSU ausgerichteten Ansatzes dar (siehe Kapitel 5).

4.1 Auswahl und Begründung der Methodik

Als Forschungsmethodik zur qualitativen Untersuchung von KMSU-spezifischen Aspekten und Herausforderungen bei global verteilter Softwareentwicklung wurde der *Fallstudienansatz* gewählt. Der Grundgedanke dieses Ansatzes besteht darin, bestimmte, bisher nicht ausreichend untersuchte Phänomene oder Sachverhalte tiefgehend unter realitätsnahen Bedingungen zu erforschen, um Fragen nach dem „Wie" und „Warum" zu beantworten (Eisenhardt 1989; Yin 2009). Fallstudien finden vor allem dann Anwendung, wenn andere Untersuchungsarten, wie Experimente oder rein quantitative Methoden, kaum durchführbar oder nicht zielführend sind.

Jede Fallstudie beginnt mit der Ermittlung und Definition des Untersuchungsgegenstandes, der als Personen, Gruppen, Unternehmen oder Regionen begriffen werden kann (Patton 2002). Dabei kann sich eine Fallstudie nicht nur auf einen einzelnen Fall beschränken, sondern auch gleichzeitig mehrere Gegenstände erforschen. In diesem Zusammenhang spricht Yin (2009) von Einzel- bzw. Mehrfachfallstudien. In Bezug auf Forschungsziele unterscheidet der Autor darüber hinaus zwischen beschreibenden, erklärenden und erforschenden Studien. Für die Fallstudiendurchführung lassen sich verschiedene Arten der Datenerhebung, wie Umfragen, Interviews oder Beobachtungen, einzeln oder miteinander kombiniert einsetzen (Eisenhardt 1989; Patton 2002).

Im Rahmen der vorliegenden Arbeit wurde eine *Mehrfachfallstudie* durchgeführt, die darauf abzielte, bislang unzureichend untersuchte Aspekte global verteilter Softwareentwicklung speziell bei KMSU zu erforschen und zentrale Spannungsfelder auf diesem Gebiet zu identifizieren. Sie erstreckte sich über acht kleine und mittlere Softwareunternehmen aus Baden-Württemberg. Für die Datenerhebung wurde der sogenannte *Tiefeninterview-Ansatz* angewandt (Homburg 2012). Bei diesem Ansatz erfolgt die Befragung meist halbstrukturiert und orientiert sich an einem Gesprächsleitfaden mit vordefinierten Fragestellungen. Dies bringt den entscheidenden Vorteil, dass die Vergleichbarkeit und Auswertbarkeit der Daten gewährleistet werden, da alle Befragten die gleichen Fragen erhalten. Gleichzeitig bietet eine derartige Form der Datenerhebung eine gewisse Flexibilität und veranlasst die Interviewten, eigene Ansichten, Erfahrungen und Ideen einzubringen, um neue, im Leitfaden noch nicht betrachtete Aspekte zu beleuchten. Dem Interviewer erlaubt dieser Ansatz, weitere detaillierte Fragen zu stellen, um das Gespräch in die gewünschte Richtung zu lenken.

Die Auswertung von Interviewergebnissen erfolgt in Abschnitt 4.3 nach dem *Grounded-Theory-Ansatz* von Corbin und Strauss (1998). Die darauf basierende Anforderungserhebung wird unter Einhaltung der Richtlinien „Design als Suchprozess" und „Methodische Stringenz in den Forschungsmethoden" aus der Designwissenschaft durchgeführt (Hevner et al. 2004).

4.2 Aufbau der Fallstudie

Der Interviewleitfaden beinhaltete dreißig Fragestellungen zu verschiedenen Aspekten global verteilter Softwareentwicklung. Die einzelnen Fragen wurden dabei anhand thematischer Schwerpunkte in folgende fünf Kategorien unterteilt: *Allgemeine Unternehmensdaten, Outsourcing-Erfahrungen, Identifikation der für das Outsourcing geeigneten Softwareentwicklungsaktivitäten, Auswahlkriterien für Outsourcing-Partner* und *Risiken in global verteilten Softwareentwicklungsprozessen.* Der vollständige Interviewleitfaden ist in Anhang A einzusehen.

An der Befragung nahmen acht KMSU aus der Softwareentwicklungsbranche teil, die zuvor anhand der Merkmale wie Unternehmensgröße, Outsourcing-Erfahrungen und Art der Unternehmenssoftware ausgewählt wurden. Um die Repräsentativität der Daten sicherzustellen und die gewonnenen Ergebnisse später auf global agierende KMSU generell übertragen zu können, richtete sich die Untersuchung auf Unternehmen mit möglichst unterschiedlichen Ausprägungen der oben genannten Merkmale. So wurden KMSU mit einer Unternehmensgröße zwischen 10 und 190 Beschäftigten befragt, die verschiedene Arten von Softwareprodukten herstellten und Outsourcing-Erfahrungen zwischen 1 und 17 Jahren aufweisen konnten. Tabelle 4.1 gibt einen detaillierten Überblick über befragte KMSU, wobei deren Betriebsnamen aus Anonymitätsgründen mit den Buchstaben A bis H bezeichnet werden.

Die Interviews fanden in persönlichen Gesprächen statt, die zwischen 45 und 90 Minuten dauerten. Als Interviewpartner wurden Personen ausgewählt, die im jeweiligen KMSU über Expertenwissen auf dem Gebiet global verteilter Softwareentwicklung verfügten und bereits Outsourcing-Erfahrungen durch mehrere Projekte sammeln konnten. Alle Interviews wurden mit einem Diktiergerät aufgenommen und anschließend transkribiert. Die erstellten Transkripte wurden zur Überprüfung und Bestätigung der Korrektheit an die Interviewpartner geschickt.

Tabelle 4.1.: Befragte Unternehmen

KMSU	Position des Interviewpartners	MA	Softwareart	Outsourcing-Erfahrung
A	Technischer Berater	70	Angepasste Standardsoftware	9 Jahre
B	Beratungsleiter	120	Standardsoftware	10 Jahre
C	Leiter der SE	190	Standard- und Individualsoftware	1 Jahr
D	Geschäftsführer	23	Individualsoftware	2 Jahre
E	Projektleiter	130	Individualsoftware	17 Jahre
F	Geschäftsführer	10	Individualsoftware	2 Jahre
G	Leiter der SE	160	Angepasste Standardsoftware	2 Jahre
H	Abteilungsleiter	80	Angepasste Standardsoftware	6 Jahre

An dieser Stelle ist anzumerken, dass Interviewbefragungen im Rahmen des GlobaliSE-Projektes in Zusammenarbeit mit Wissenschaftlern der Universität Mannheim und des Karlsruher Institutes für Technologie erfolgten. Ein Teil der

Ergebnisse, der die Auslagerungsgründe und die Standortauswahl des externen Partners betrifft, wurde bereits in der Arbeit von Klimpke et al. (2011) publiziert. Diese Publikation gibt auch einen kurzen Überblick über Herausforderungen bei global verteilten Softwareprojekten. Die in Abschnitt 4.3 durchgeführte Auswertung der Interviews erfolgt erstmals im Rahmen der vorliegenden Arbeit und wurde in dieser Form bisher noch nicht veröffentlicht.

4.3 Auswertung der Ergebnisse

4.3.1 Grounded-Theory-Ansatz

Die Auswertung der im Rahmen der Fallstudie gesammelten Daten erfolgt unter Verwendung des *Grounded-Theory-Ansatzes* von Corbin und Strauss (1998), der die Generierung neuer Theorien auf der Grundlage von empirischen Daten ermöglicht. Im Vergleich zu anderen qualitativen Methoden erfordert dieser Ansatz ex ante keine Theorien- bzw. Hypothesenbildung, die ex post zu bestätigen oder abzulehnen sind. Im Gegenteil werden dabei neue Theorien basierend auf empirischen Daten aufgestellt oder Erklärungen, Interpretationen und Vorhersagen über bestimmte Sachverhalte geschlussfolgert (de Souza 2005). So können Untersuchungen durchgeführt werden, ohne genaue Annahmen über den Problembereich oder über das Forschungsergebnis von vornherein zu treffen.

Aus diesem Grund eignet sich die Auswertung der Interviews nach dem Grounded-Theory-Ansatz besonders gut für die praxisgeleitete Herleitung von Anforderungen an den Einsatz global verteilter Softwareentwicklung bei KMSU, da dabei bislang unerforschte Aspekte aufgedeckt und berücksichtigt werden können (siehe Abschnitt 4.5). Eine derartige Verwendung dieses Ansatzes im Bereich der Softwareentwicklung findet auch in de Souza (2005), Hansen und Kautz (2005) oder Hildenbrand (2008) statt.

Um aus empirischen Daten wissenschaftlich fundierte Erkenntnisse zu gewinnen, wird bei der Datenauswertung die Methode des sogenannten ständigen Vergleiches angewendet, die grundsätzlich aus drei folgenden Schritten besteht (Corbin und Strauss 1998; Glaser und Strauss 2010):

- *Offenes Kodieren* bezeichnet den analytischen Prozess, in dem Konzepte samt ihren innenwohnenden Eigenschaften und Zusammenhängen durch eine detaillierte „Line-by-line"-Analyse identifiziert werden. Zunächst entsteht dabei eine Vielzahl an Kategorien, die im weiteren Verlauf zu abstrakteren Kategorien oder zu theoretischen Konzepten zusammengefasst werden. Diese geben eine erste Übersicht über den Erklärungswert des untersuchten Sachverhaltes (Corbin und Strauss 1998).

- *Axiales Kodieren* erfolgt parallel zum ersten Schritt und beschäftigt sich mit der Aufdeckung und Definition von Beziehungen und Zusammenhängen zwischen verschiedenen Kategorien. Während dieses Prozesses entsteht ein Gesamtbild über den Untersuchungsgegenstand (Corbin und Strauss 2008).

- *Selektives Kodieren* schränkt die Auswahl der zu erarbeitenden Konzepte insofern ein, als dass nur solche betrachtet werden, die bezüglich des Untersuchungsgegenstands wichtigste theoretische Erkenntnisse liefern und als Grundlage zur Entwicklung neuer Theorien oder — wie im vorliegenden Fall — zur Anforderungserhebung dienen (Glaser und Strauss 2010).

Die Ausführung dieser drei Schritte und die daraus gewonnenen Resultate werden im folgenden Abschnitt detailliert beschrieben und diskutiert.

4.3.2 Datenanalyse und Kategorienbildung

Für die Analyse und Auswertung von Interviews wird das Werkzeug ATLAS.ti[13] zu Hilfe genommen, das an dem Grounded-Theory-Ansatz ausgerichtet ist und sich für eine computergestützte qualitative Datenanalyse besonders gut eignet.

Die Auswertung startet mit dem offenen Kodieren von Interviews, indem zunächst die Antworten eines jeden Interviewpartners sorgfältig analysiert werden, sodass eine initiale Kategorienbildung entsteht. Hierbei handelt sich um einen iterativen Prozess, bei dem Textpassagen immer wieder durchgelesen sowie die entsprechenden Kategorien und deren Bezeichnungen angepasst werden. Sobald ein Zusammenhang zwischen zwei Kategorien aufgedeckt wird, erfolgt dessen weitere Erfassung im Rahmen des axialen Kodierens.

So lassen sich nach der Auswertung von Interviews insgesamt 304 Kategorien mit 218 Beziehungen bilden, die im Rahmen des selektiven Kodierens zu folgenden sieben Kernkategorien zusammengefasst werden: *Gründe für global verteilte Softwareentwicklung, Auslagerungsentscheidung, Aufteilung der Projektaufgaben, Risikofaktoren, Spezifikationsphase, Wissenstransfer* und *Werkzeugunterstützung.*

4.4 Darstellung der Ergebnisse

Entsprechend der oben dargelegten methodischen Vorgehensweise werden in diesem Abschnitt die Ergebnisse der Fallstudienauswertung vorgestellt und darauf basierend die Verbesserungspotenziale für global verteilte Softwareentwicklung bei KMSU erarbeitet. Diese werden dann als praxisgeleitete Anforderungen aufgefasst und anschließend in tabellarischer Form dargestellt. Zentrale Kategorien

---

13 http://atlasti.com/de/

und ihre Wechselwirkungen werden dabei außerdem grafisch veranschaulicht oder auch durch Zitate aus Interviews ergänzt, was zum besseren Verständnis der Ausführungen dient.

4.4.1 Gründe für global verteilte Softwareentwicklung

Durch eine systematische Analyse der wissenschaftlichen Literatur im Bereich global verteilter Softwareentwicklung sind in Abschnitt 3.1.2 mehrere Gründe für die Auslagerung von IT-Aufgaben ins Ausland aufgezeigt worden. Demnach gehören finanzielle Vorteile, Konzentration auf Kernkompetenzen und der Zugang zum Fachwissen des Partnerunternehmens zu den drei am häufigsten genannten Vorteilen des IT-Outsourcings. In dieser Hinsicht lassen sich bei der durchgeführten Fallstudie sowohl Übereinstimmungen als auch Unterschiede auffinden. Abbildung 4.1 fasst die aufgeführten Beweggründe für die Auslagerung von Projektaufgaben bei KMSU zusammen.

Abb. 4.1.: Beweggründe für global verteilte Softwareentwicklung bei KMSU

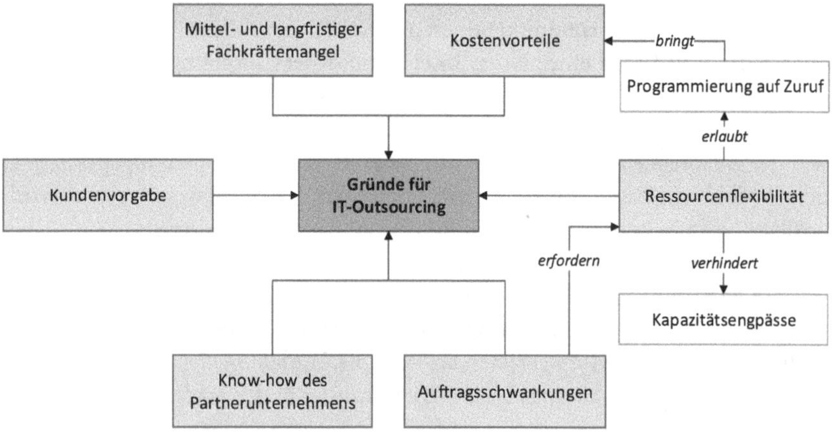

Die Interviewauswertung zeigt, dass bei KMSU die Ressourcenflexibilität — als Entscheidungsgrund für das Outsourcing — deutlich über finanziellen Vorteilen dominiert. Mehr als die Hälfte der Befragten bestätigt, dass Kostenvorteile, die sich durch Niedriglöhne im Ausland erzielen lassen, bei der Auslagerungsentscheidung immer weniger ins Gewicht fallen. Wesentlich signifikanter ist dagegen die Flexibilität in Bezug auf die projektabhängige Anpassung des personellen Ressourcenbedarfs. Für 85% der befragten KMSU spielt dieser Faktor die größte Rolle bei der Entscheidung für den Einsatz global verteilter Softwareentwicklung:

„Der erste Ansatz war tatsächlich die Frage der Ressourcenknappheit. Wir haben prinzipiell
auch die Frage der Kosten, das ist aber eher das mittelfristige Argument.“ (Interviewpartner C)

Neben Ressourcenflexibilität und Kostenvorteilen tritt der Fachkräftemangel in
Deutschland immer stärker in den Vordergrund, sodass aus langfristiger Sicht
viele KMSU diesem Faktor eine besondere Bedeutung beimessen:

„Wir werden mittel- und langfristig das Fachpersonal in Deutschland nicht mehr vollstän-
dig kriegen. Das ist uns schon klar, da müssen wir aufgestellt sein.“ (Interviewpartner G)

Aus der Interviewbefragung lässt sich erkennen, dass global verteilte Softwareentwicklung keinen kurzfristigen Trend bei KMSU darstellt, sondern sich zunehmend zu einer strategischen Entscheidung entwickelt. Um Wettbewerbsvorteile
oder gar die Fortführung des Unternehmens zu sichern, sind KMSU wie nie zuvor auf global verteilte Softwareentwicklung angewiesen, wodurch sich unter
anderem Vorteile bezüglich Ressourcenflexibilität, Kosten und Bewältigung des
Fachkräftemangels eröffnen. All dies bestätigt die praktische Relevanz der formulierten Forschungsziele und untermauert somit die übergeordnete Zielsetzung
der Arbeit (siehe Abschnitt 1.2).

4.4.2 Auslagerungsentscheidung

Die Auslagerungsentscheidung bei global verteilten Softwareprojekten wird
im Folgenden aus Sicht der KMSU genauer untersucht. Im Vordergrund steht
dabei die Identifikation von Faktoren, die die Eignung von Softwareprojekten
bzw. deren Bestandteile für die Vergabe an externe Anbieter besonders stark beeinflussen. Hiermit werden Erkenntnisse darüber gewonnen, wie die Auslagerungsfähigkeit von Softwareprojekten erhöht werden kann, sodass KMSU das
Outsourcing nutzbringend ausüben und zunehmend beanspruchen können.

Laut Umfrage entscheiden KMSU am Anfang eines jeden Softwareprojektes
darüber, welche Aktivitäten oder Aufgaben für die Übernahme durch externe
Partnerunternehmen am besten geeignet sind. Bereits bei diesem Schritt sehen
sich KMSU vor einer großen Herausforderung stehen und sind auf eigene Erfahrungen aus früheren Projekten angewiesen. Keines der befragten Unternehmen
setzt eine standardisierte Methode oder ein Werkzeug ein, um die Auslagerungsfähigkeit eines Softwareprojektes zu beurteilen: „Wir haben keine Checkliste, was
alles erfüllt sein muss, damit das Outsourcing funktioniert", so der Interviewpartner E. Vielmehr versuchen KMSU, die Auslagerungsfähigkeit anhand von
verschiedenen individuellen Faktoren zu bewerten, und treffen in der Regel die
Entscheidung auf der Führungs- oder Projektleitungsebene.

Um die fehlende methodische Unterstützung zur Bewertung der Auslagerungsfähigkeit von Softwareprojekten zu kompensieren, werden Faktoren und

Zusammenhänge im Rahmen der durchgeführten Fallstudie systematisch erforscht und erstmalig umfassend wissenschaftlich aufgezeigt. Abbildung 4.2 veranschaulicht die gewonnenen Ergebnisse.

Abb. 4.2.: Einflussfaktoren für die Auslagerungsentscheidung bei KMSU

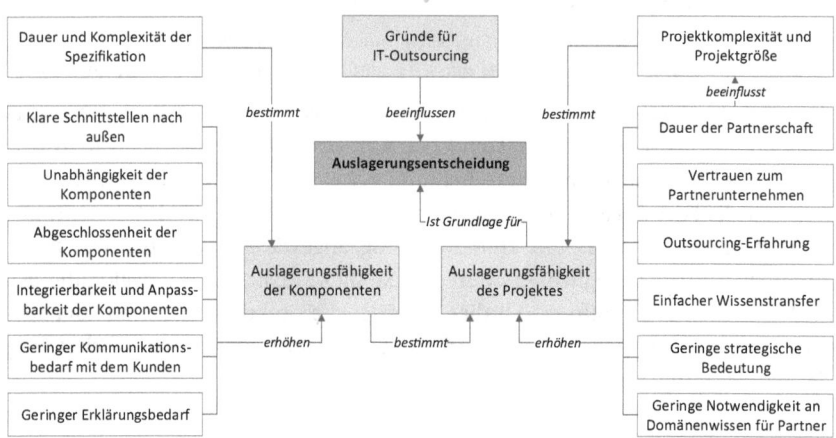

Als häufigster Grund für die Auslagerungsentscheidung werden Kapazitätsengpässe genannt. Die Mehrheit der Befragten gibt an, vom Outsourcing vor allem dann zu profitieren, wenn dieses als eine Maßnahme bei Kapazitäts- oder Kostenengpässen optional eingesetzt werden kann, wodurch ein bedarfsabhängiger Zugriff auf Leistungen externer Anbieter ermöglicht wird:

> *„Man hat [die externen, K. N.] Teams aufgebaut, die auch teilautark leben. [...] Das ist auch für uns praktisch: Wenn wir kurzfristig zu viele oder zu wenig Aufträge haben, dann können wir das mit den [externen, K. N.] Entwicklern abprüfen, die ansonsten nicht bei uns auf der Payload stehen."* (Interviewpartner B)

Laut der befragten KMSU bedarf es einer entsprechenden praktikablen Unterstützung ihrer Softwareentwicklungsprozesse, welche eine derartige Flexibilität bei der Auslagerung gewährleisten kann. Die Möglichkeit, sich ad hoc für das Outsourcing zu entscheiden, ohne dabei interne Softwareentwicklungsprozesse umstellen zu müssen, würde viele Vorteile für KMSU schaffen und sie somit zu global verteilter Softwareentwicklung motivieren. Aus diesem Grund lässt sich die Gewährleistung bedarfsabhängiger Auslagerung als eine der zentralen Anforderungen für den Einsatz global verteilter Softwareentwicklung bei KMSU aufnehmen (siehe Anforderung GSE_PGA1 in Tabelle 4.2).

Darüber hinaus wird die Auslagerungsfähigkeit eines Softwareprojektes durch dessen Komplexität maßgeblich beeinflusst. Die Befragten definieren die

Projektkomplexität vor allem über den Erklärungsbedarf der System- und Softwarespezifikation:

„Komplexität ist ein Kriterium. Bevor man alles so genau spezifiziert, dass man es eigentlich selber machen könnte, lagert man es am besten nicht aus." (Interviewpartner A)

Die Interviewauswertung zeigt besonders deutlich, dass die Verständlichkeit und Nachvollziehbarkeit von Spezifikationsdokumenten einen hohen Einfluss auf die Auslagerungsfähigkeit der Softwareprojekte hat. Denn je weniger Kosten und Ressourcen für die Erstellung einer verständlichen Anforderungsspezifikation zu investieren sind und je genauer diese an externe Partner übermittelt werden kann, desto mehr sehen sich KMSU in der Lage, die Option des Outsourcings auszuüben:

„Wenn wir selber merken, dass unsere Leute Schwierigkeiten haben, zu verstehen, was der Kunde genau will. Wenn sie Dokumente lesen und sagen, dass sie das auf die Schnelle nicht hinkriegen, oder wenn sie ein Dokument fünfmal lesen und mehrere Fragen dazu stellen müssen, dann denkt niemand daran, das Projekt offshore zu vergeben." (Interviewpartner E)

Auch die Eigenschaften der einzelnen Projektaufgaben, die für eine Fremdvergabe an externe Entwicklerteams bestimmt werden, beeinflussen unmittelbar die Auslagerungsfähigkeit des gesamten Softwareprojektes. In diesem Zusammenhang äußert sich der Interviewpartner D folgendermaßen:

„Sie sollten ein begrenztes Maß an Komplexität haben. Sie sollten relativ klar strukturiert sein. Sie sollten von der Spezifikation so sein, dass es wenig Raum für Missverständnisse und Interpretationen gibt. Das ist nicht immer ganz einfach. Aber ich denke, da hat man den größten Erfolg."

Somit lässt sich die Notwendigkeit einer einheitlichen, gut strukturierten und vor allem verständlichen Beschreibung von Kundenanforderungen, Systemarchitektur und Softwarekomponenten konstatieren, da nur dadurch eine erfolgreiche Auslagerung von Projektaufgaben gewährleistet werden kann. Darauf basierend wird eine weitere wichtige Anforderung an globale Softwareentwicklung bei KMSU aufgestellt, die die Bereitstellung einheitlicher Vorlagen zur Beschreibung von für den Projekterfolg notwendigen Informationen wie Software- und Systemanforderungen, Geschäftsprozesse oder Softwarekomponenten bezweckt (siehe Anforderung WM_PGA2 in Tabelle 4.2).

4.4.3 Aufteilung der Projektaufgaben

Die Auslagerungsfähigkeit von Softwarekomponenten steht im unmittelbaren Zusammenhang mit der Gestaltung global verteilter Softwareentwicklungsprozesse. Daher findet im nächsten Schritt zunächst die Analyse der Aufgabenaufteilung zwischen internen und externen Entwicklerteams statt, indem untersucht wird, welche Softwareentwicklungsaktivitäten am häufigsten ausgelagert werden und welche davon sich für den gesamten Projekterfolg als besonders kritisch erweisen.

Laut der durchgeführten Umfrage beschränkt sich die Auslagerung vorwiegend auf die reinen Entwicklungsaktivitäten, wobei deren Umfang abhängig von Projektzielen, Erfahrungen und Ressourcenkapazitäten stark variieren kann. So reichen externe Aufgaben bei den befragten KMSU von der Implementierung einzelner Softwaremodule über die Realisierung der gesamten Implementierungsphase bis hin zur kompletten Softwareentwicklung einschließlich Systemdesign und Testen. Abbildung 4.3 gibt eine zusammenfassende Übersicht über die Aufteilung der Projektaufgaben zwischen internen und externen Entwicklerteams.

Abb. 4.3.: Aufteilung der Projektaufgaben zwischen internen und externen Entwicklerteams

Kontrolle der Abläufe | Koordination | Geschäftsprozessanalyse | Anforderungsmanagement | Entwicklung von Algorithmen | Systemtests | Abnahmetests

Projektmanagement | Kundenabstimmung | Spezifikation | Geschäftslogik | Testen | Wartung

Intern

Aufteilung der Projektaufgaben

Extern

Design | Implementierung | Testen

GUI | Systemarchitektur | GUI | Softwarekomponenten | Schnittstellen | Unit-Tests | Integrationstests

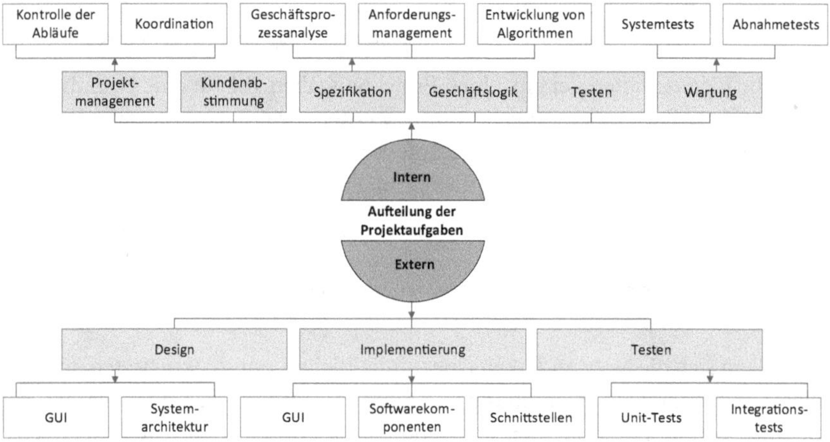

Die Entscheidung über die Fremdvergabe einzelner Softwareentwicklungsaktivitäten findet in der Regel noch vor dem Projektbeginn statt. Befragte KMSU heben jedoch hervor, dass öfters externe Aufgaben während des Projektes zurückgeholt oder auch umgekehrt interne Maßnahmen an Partnerunternehmen zusätzlich vergeben werden. In diesem Zusammenhang wünschen sich KMSU eine werkzeugbasierte Unterstützung, die eine bedarfsabhängige Anpassung der Zuständigkeiten zwischen internen und externen Projektbeteiligten ermöglicht:

> *„Die Verträge sehen oft vor, dass Tests beim Kunden gemacht werden, um Geld zu sparen. Im Verlauf gehen bei 40–50% der Fälle die Aufgaben wieder an uns. [...] Wenn es gut machbar wäre, dann könnten wir das auch auslagern."* (Interviewpartner E)

Während die Art und der Umfang ausgelagerter Aufgaben unternehmensintern stark variieren können, sind sich die Befragten bei der Definition von für das Outsourcing wenig geeigneten Aufgaben einig. Die Durchführung von wertschöpfungsintensiven Aktivitäten, die ein spezifisches Fachwissen voraussetzen oder auch das IT-Know-how in sich tragen, obliegt stets den hiesigen Unternehmen. Dazu gehört in erster Linie die Phase der Anforderungsanalyse, die sich aus der Anforderungsermittlung und -dokumentation zusammensetzt:

„Spezifikation, denke ich eher nicht. Sonst müsste ich, wenn ich die Spezifikationen extern machen lasse, erst mal alle Ziele transferieren. Dann habe ich schon wieder Probleme, dass beim Wissenstransfer Missverständnisse entstehen. Von daher kann man die Entwicklung und teilweise auch das Testen auslagern." (Interviewpartner F)

Knapp 38% der befragten KMSU sehen außerdem das Systemdesign als Aufgabe, die durch interne Entwicklerteams zu übernehmen ist. Für sie stellt der Entwurf der Softwarearchitektur eine anspruchsvolle und wertschöpfende Aufgabe im Softwareentwicklungsprozess dar, die die System- und Softwarequalität maßgeblich beeinflussen kann und daher nicht ausgelagert wird. Über 62% der Unternehmen geben dagegen auch diese Aktivität komplett oder teilweise an externe Entwickler weiter. Der Interviewpartner G begründet diese Entscheidung folgendermaßen:

„Heute vergeben wir eher Projekte, bei denen wir die Expertise nicht haben [...]. Wir wissen, was wir wollen, aber wir wissen nicht, wie es geht. [...] Das heißt, wir machen eine gemeinsame Analyse, vergeben das Design, die Entwicklung und den Test. Bei uns machen wir nur noch einen Integrationstest."

Die Testphase wird bei KMSU nur teilweise an externe Partnerunternehmen ausgelagert. Während sich Tests auf Codebasis und Integrationstests besonders gut für die Übernahme durch externe Partner eignen, liegt die Überprüfung, ob die extern entwickelten Systemkomponenten der vorgelegten Spezifikation entsprechen und alle funktionalen Anforderungen erfüllen, stets in der Verantwortung interner Entwicklerteams. Der Auslagerung der kompletten Testphase stehen die Befragten skeptisch gegenüber:

„Wenn ich die Auslagerung als eine Beauftragung betrachte, dann kann ich natürlich die Kontrolle, ob der Auftragnehmer korrekt arbeitet, nicht dem Auftragnehmer überlassen. [...] Insofern müsste eigentlich das Testen hier laufen. [...] Es gibt beim Testen verschiedene Aspekte. Es gibt einmal diesen Aspekt: Ich klicke mal überall drauf und es poppt kein Fehler hoch. Das sollte man ganz klar auch auslagern können. Und dann gibt es auch Tauglichkeitstests. Entspricht das, was da gebaut wurde, der Spezifikation? Das muss auf jeden Fall jemand anderes prüfen als der, der es entwickelt hat, weil der, der es entwickelt hat, natürlich glaubt, dass es dem entspricht." (Interviewpartner C)

Zusammenfassend bestätigt die Umfrage, dass sich die reine Implementierung einzelner Softwarekomponenten und -module am besten für die Vergabe an Partnerunternehmen eignet. Als Voraussetzung dafür ist es jedoch erforderlich, dass eine gut strukturierte, eindeutige und vor allem verständliche Spezifikation dieser Komponenten erstellt und effektiv an externe Entwicklerteams übermittelt wird.

Bedingt durch den unterschiedlichen Umfang an Softwareentwicklungsaktivitäten, die KMSU auslagern, stellt die Ermöglichung einer flexiblen, projektabhängigen und bedarfsbezogenen Aufteilung der Projektaufgaben zwischen internen und externen Entwicklerteams eine weitere zentrale Anforderung an global verteilte Softwareentwicklung dar (siehe Anforderung GSE_PGA2 in Tabelle 4.2). Da KMSU auch den Architekturentwurf häufig an externe Partner weitergeben, ist es außerdem erforderlich, dessen Gestaltung in global verteilten Umgebungen zu optimieren sowie dessen entsprechende Integration in global verteilte Softwareentwicklungsprozesse zu ermöglichen (siehe Anforderungen AE_PGA1 und AE_PGA2 in Tabelle 4.2).

4.4.4 Risikofaktoren

Um weitere Verbesserungspotenziale in global verteilten Softwareentwicklungsprozessen bei KMSU zu identifizieren, bedarf es auch einer detaillierten Auseinandersetzung mit vorhandenen Risiken und Herausforderungen auf diesem Gebiet. Hierzu werden einerseits Ursachen für misslungene Softwareprojekte ermittelt und in Bezug auf ihre Relevanz für den Gesamterfolg global verteilter Softwareentwicklung analysiert. Andererseits werden hier auch die am häufigsten genannten Risikofaktoren aufgeführt und diskutiert.

Obwohl bei über der Hälfte der Befragten der erste Versuch einer Auslagerung von Projektaufgaben an externe Unternehmen scheitert, unternehmen sie alle einen zweiten Anlauf mit dem Argument, dass sie durch die gewonnene Erfahrung auf vorhandene Probleme besser eingestellt sind. Die Interviewten bestätigen rückblickend, dass sich die meisten Fehler in diesem Zusammenhang vermeiden lassen. Als wichtigste Ursachen für Misserfolge global verteilter Softwareprojekte werden die ineffektiv durchgeführte Spezifikationsphase und das unzureichende Wissensmanagement angegeben. Ungeachtet dessen, dass eine vollständige, detaillierte und formal gut strukturierte Spezifikation die Erfolgschancen bei global verteilten Softwareprojekten ausschlaggebend erhöht, sind KMSU und ihre Kunden meistens nicht bereit, die dafür notwendigen zusätzlichen Ressourcen an Personal und Finanzmitteln zu investieren. Der Interviewpartner D begründet die gescheiterte Zusammenarbeit mit einem externen Partnerunternehmen wie folgt:

„Die Spezifikationen, die wir liefern konnten, hatten dort nicht ausgereicht. Wir haben Kunden, die sehr oft marketinggetrieben sind, also etwa eine touristische Webseite. Da gibt es relativ häufig kurzfristige Änderungen, die man nicht immer in den Abstimmungs- bzw. Spezifikationsprozess packen kann. Unsere Kunden sind nicht bereit, das zu bezahlen. Der verursachte Projektoverhead war viel zu enorm."

Es lassen sich auch weitere Faktoren identifizieren, die den Spezifikationsaufwand hauptsächlich durch die Erfahrungen von internen und externen Projektbeteiligten sowie durch deren häufige Zusammenarbeit reduzieren können. Diese sind in Abbildung 4.4 zusammengefasst.

Abb. 4.4.: Risikofaktoren global verteilter Softwareentwicklung bei KMSU

So führen oft geografische, kulturelle und sprachliche Unterschiede zu Verständnis- und Kommunikationsproblemen, die einen höheren Detaillierungsgrad der Spezifikationsdokumente und dementsprechend einen intensiveren Wissenstransfer erfordern. Das finanzielle Risiko bei global verteilten Softwareprojekten wird heutzutage einerseits durch Preisgarantien gegenüber Kunden und andererseits durch steigende Löhne in Outsourcing-Ländern erhöht. Darüber hinaus lassen sich der Mangel an Vertrauen zu Partnerunternehmen, der Kontrollverlust und eine ineffektive Zusammenarbeit zwischen externen und internen Projektbeteiligten als relevante Risikofaktoren global verteilter Softwareentwicklung bei KMSU feststellen.

Um den wirtschaftlichen Erfolg global verteilter Softwareprojekte zu gewährleisten, ist es daher erforderlich, dass der Aufwand für die Spezifikationsphase und der für die Umsetzungsphase in einem ausgewogenen Verhältnis zueinander stehen. Die Interviewauswertung zeigt, dass dies vor allem durch die entsprechenden Optimierungs- bzw. Neugestaltungsmaßnahmen bei der Anforderungsermittlung sowie durch die Vereinfachung des Abstimmungsprozesses innerhalb der Spezifikationsphase erreicht werden kann. Zu diesem Zweck wird weiter in Abschnitten 4.4.5 und 4.4.6 untersucht, durch welche Faktoren sich die Spezifikationsphase und der Wissenstransfer optimieren lassen und welche davon bei dem zu entwickelnden Lösungsansatz zu berücksichtigen sind.

4.4.5 Spezifikationsphase

Um die Verbesserungspotenziale in der Spezifikationsphase bei global verteilten Softwareprojekten zu identifizieren, werden Faktoren und Zusammenhänge im Rahmen der durchgeführten Fallstudie wissenschaftlich umfassend untersucht. Abbildung 4.5 gibt eine zusammenfassende Übersicht über die gewonnenen Erkenntnisse, die im Weiteren näher beschrieben werden.

Abb. 4.5.: Faktoren und Zusammenhänge der Spezifikationsphase in global verteilten Softwareprojekten bei KMSU

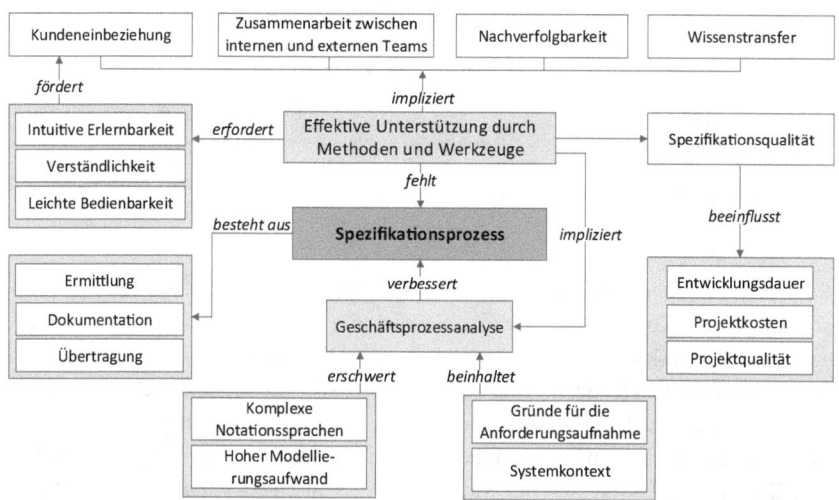

Hinsichtlich der in Abschnitt 3.2.1 aufgeführten Strukturierung der Anforderungsanalyse gelten für befragte KMSU die Anforderungsermittlung, -dokumentation
und -übertragung als Kernpunkte dieses Prozesses. Dabei werden sie in der Praxis
nicht separat, sondern vielmehr als eine einzelne Aktivität betrachtet, welche die
Interviewten oft als *Spezifikationsphase* bzw. *Spezifikationsprozess* bezeichnen.

Obwohl KMSU bereits seit über fünfzehn Jahren an der Optimierung ihrer
Spezifikationsprozesse interessiert sind (siehe Abschnitt 3.2.6), lassen sich in
dieser Hinsicht immer noch keine wesentlichen praxisrelevanten Veränderun-
gen erkennen. Die Interviews zeigen, dass nach wie vor eine starke Heterogenität
bezüglich der verwendeten Methoden und Werkzeuge in der Spezifikationsphase zu verzeichnen ist (siehe Abschnitt 4.4.7). Jedes befragte Unternehmen verfolgt seinen eigenen Spezifikationsprozess, der sich vor allem an individuellen
Erfahrungen orientiert. Vorrangig werden hierfür Standard-Büroanwendungen
der Textverarbeitung, Tabellenkalkulation und Visualisierung genutzt, viel sel-
tener kommen hingegen spezialisierte Werkzeuge oder selbst entwickelte Lösungen zum Einsatz (siehe Abschnitt 3.2.4).

Trotz der gegebenen Gestaltungsvielfalt weist die Spezifikationsphase eine
Reihe an KMSU-spezifischen Gemeinsamkeiten auf. So steht bei allen Befragten eine enge Kooperation mit dem Kunden während des gesamten Spezifikationsprozesses im Vordergrund. Diese Phase besteht unternehmensübergreifend
aus zwei Schritten: Zuerst werden Problembereiche und Geschäftsziele des
Kunden analysiert und darauf aufbauend Anforderungen an das zu entwickelnde System auf einem zunächst hohen Abstraktionsniveau festgelegt. Anschließend erstellen die Experten eine detaillierte Beschreibung der funktionalen
und nicht-funktionalen Anforderungen, die dem Kunden zwecks Überprüfung
und Bestätigung vorgelegt werden.

In beiden Schritten sehen sich die Befragten gleichzeitig mit mehreren Herausforderungen konfrontiert. Sie berichten über eine mangelnde oder gar fehlende
Kundenerfahrung mit existierenden Methoden und Werkzeugen aus dem Bereich
der Anforderungsanalyse, wodurch eine intensive Kundeneinbeziehung in den
Spezifikationsprozess kaum möglich ist. Aus diesem Grund wird die Aufbereitung kundenbezogener Informationen, wie die Untersuchung der bestehenden
Systemlandschaften, die Ermittlung der zu unterstützenden Geschäftsprozesse
oder die Ableitung der daraus resultierenden Systemanforderungen, durch KMSU
übernommen. Dies erhöht den Aufwand in der Spezifikationsphase erheblich und
wirkt sich negativ auf die Entwicklungsdauer und Projektkosten aus:

*„Die Anforderungen, die unsere Kunden an uns stellen, sind ziemlich chaotisch. Wir versu-
chen das, sofern möglich, schriftlich zu fixieren, aber nicht standardisiert. Ergänzend dazu*

ist es bei uns so, dass diese Anforderungen sich dann auch oft weiterentwickeln [...]. Wir haben mit recht vielen Kunden zu tun, die relativ unsicher sind in dem, was sie eigentlich wollen." (Interviewpartner D)

Den Interviewpartnern zufolge kann die Optimierung der Spezifikationsphase vor allem durch die Bereitstellung von Methoden und Werkzeugen erreicht werden, die eine effektive Anforderungsermittlung in Zusammenarbeit mit den Kunden ermöglichen. Als Voraussetzung hierfür gilt zum einen, dass diese für Nicht-Experten intuitiv erlernbar, gut verständlich und leicht bedienbar sind. Hier kann insbesondere die Verwendung bereits bekannter Technologien die Akzeptanz bei den Kunden erhöhen:

„Alles, was wir mit dem ersten Tool versucht haben, hat sich als zu kompliziert dargestellt, auch für die Kunden. [...] Das zweite Tool, was wir einsetzen, ist Google Docs, das übrigens sehr intensiv genutzt wird und vor allem von den Kunden sehr akzeptiert wird. [...] Da es dieser Office-Logik folgt, kann jeder sofort damit umgehen und [...] da gibt es die wenigsten Verwirrungen und Rückfragen oder Probleme." (Interviewpartner D)

Zum anderen sollen solche Werkzeuge auch eine hohe Flexibilität und Mächtigkeit aufweisen, sodass IT-Experten eine tiefgehende Analyse der Kundenziele und eine konstruktive Spezifikation der Kundenanforderungen durchführen können. Dabei ist es von entscheidender Bedeutung, dass der Systemkontext und die Gründe für die Aufnahme der Anforderungen systematisch erfasst werden:

„Mit den Systemen, die ich gesehen habe, ist das Administrieren der Anforderungen schwierig. Es ist schwer zu sagen, was das Atom der Anforderung ist. Das ist immer etwas zusammenhängendes, etwas strukturiertes. Wir schreiben keine Pflichtenhefte mehr, in denen vorne kein Abschnitt steht, warum das Produkt entwickelt wird oder warum der Kunde das Produkt haben will. Es ist wichtig, zu verstehen, was da hinten dran steht. Das kann ich nicht voneinander trennen." (Interviewpartner C)

Obwohl die Notwendigkeit der Erfassung des Anforderungskontextes bereits im Rahmen der durchgeführten Literaturanalyse festgestellt wurde (siehe Abschnitt 3.2), lässt sich daraus nicht konkretisieren, welche Art der Umsetzung für KMSU am besten geeignet ist. Diesbezüglich geben die Befragten an, dass der Spezifikationsprozess vor allem durch eine mit dem Kunden gemeinsame, partnerschaftliche Durchführung der Geschäftsprozessanalyse qualitativ verbessert werden kann. Denn aus Sicht von Interviewpartner H „treibt eigentlich der Geschäftsprozess beim Kunden die Anforderungen, die sich stellen". In diesem Zusammenhang zeigt die Fallstudie auf, dass Geschäftsprozesse zwar während der Treffen mit Kunden untersucht werden, deren explizite Formalisierung und Erfassung in der Regel aber nicht stattfinden. Somit werden Geschäftsprozesse nicht mit den daraus resultierenden Anforderungen in Verbindung gebracht, wodurch der

Anforderungskontext verloren geht. Folglich bleiben derart wichtige Erkenntnisse und Zusammenhänge den externen Projektbeteiligten weitgehend verborgen. Als wesentliche Gründe für die mangelnde Formalisierung von Geschäftsprozessen während der Spezifikationsphase nennen die Interviewpartner den zu hohen damit verbundenen Modellierungsaufwand und die Komplexität der zugrunde liegenden Modellierungssprachen, weshalb es nur bedingt möglich ist, Kunden oder Fachabteilungen in diesen Prozess einzubinden:

„Was wir für Spezifikationen verwenden, ist neben Word und Excel noch [...] ein Skizzierungstool, wo es so aussieht, als sei es mit Hand skizziert. Bei kleineren Projekten, wo der Kunde nicht gewohnt ist, Entwicklungsprojekte durchzuführen, können wir nicht mit UML-Diagrammen kommen. Das werden sie nicht prüfen können." (Interviewpartner C)

Somit lässt sich die geschäftsprozessorientierte Gestaltung der Spezifikationsphase — unterstützt durch geeignete Methoden und leichtgewichtige Werkzeuge — als die zentrale praxisbezogene Anforderung zur Verbesserung global verteilter Softwareentwicklung bei KMSU aufnehmen (siehe Anforderungen AA_PGA1 und AA_PGA2 in Tabelle 4.2). Die hierfür erforderliche Dokumentation der Geschäftsprozesse ist durch den Einsatz einfacher und verständlicher Notationen zu unterstützen (siehe Anforderung AA_PGA3 in Tabelle 4.2). Als weiterer wichtiger Aspekt zur Optimierung der Anforderungsanalyse lässt sich eine effektive Kundeneinbeziehung in den Spezifikationsprozess schlussfolgern, die vor allem durch die Verwendung bekannter Konzepte und Technologien erzielt werden kann (siehe Anforderung AA_PGA6 in Tabelle 4.2).

Unzulängliche Kommunikation von Änderungen und Entscheidungen sowie die fehlende Nachverfolgbarkeit zwischen Anforderungen und anderen Softwareartefakten sehen die Befragten als einen weiteren Faktor, der sich negativ auf die Spezifikationsphase und daher auf den gesamten Softwareentwicklungszyklus auswirkt. Ein methodisches Problem entsteht dabei dadurch, dass zur Anforderungsdokumentation überwiegend Standard-Büroanwendungen eingesetzt werden:

„Wir arbeiten in der Anforderungsdefinition im Wesentlichen Office-lastig. [...] Das ist sicherlich auch eine große Herausforderung, weil wie dadurch bedingt natürlich die üblichen Medienbrüche, die man zwischen der Modellierung, wenn man es so nennen kann, oder zwischen Anforderungsanalyse, Design und Code, haben. Also da gibt es keine Traceability heute, weil es rein Office-lastig ist." (Interviewpartner G)

Dies wirkt sich außerdem negativ auf das Änderungsmanagement aus: „Es gibt am Anfang Dokumente, die die Anforderungen festhalten. Leider ist es oft so, dass in diesen Dokumenten die Änderungen nicht fortgeschrieben werden", so der Interviewpartner A. In einer globalen Umgebung werden die Erfassung und das Aufrechterhalten von Softwareartefakten und deren Beziehungen durch den Einsatz von heterogenen, über verschiedene Standorte verteilten Werkzeugen zusätzlich erschwert.

Daraus ergibt sich, dass sowohl die Sicherstellung der Aktualität und Konsistenz von Spezifikationsdokumenten sowie auch die Realisierung der Nachverfolgbarkeit von Anforderungen als weitere relevante Punkte zur Verbesserung global verteilter Softwareentwicklungsprozesse bei KMSU hinzuzunehmen sind (siehe Anforderung AA_PGA4 in Tabelle 4.2). Dies wird nur durch die Integration entsprechender Softwareartefakte ermöglicht, indem der Kontext von Systemanforderungen in Form von Prozessmodellen erfasst und deren tatsächliche Umsetzung in der Systemarchitektur festgehalten werden (siehe Anforderung TM_PGA2 in Tabelle 4.2). Ausschlaggebend ist dabei, dass der Aufwand für die Realisierung der Nachverfolgbarkeit ihren Nutzen nicht übersteigt (siehe Anforderungen TM_PGA3 und TM_PGA4 in Tabelle 4.2).

Als weiteres wichtiges Ergebnis der Fallstudie lässt sich festhalten, dass der Spezifikationsaufwand durch die fehlende direkte Kommunikation zwischen internen und externen Entwicklerteams erheblich erhöht wird:

> *„Ein klassisches Problem ist, dass ich nicht diese Face-To-Face-Kommunikation habe, [...] das heißt, es ist extrem wichtig, dass die Anforderungen sehr detailliert spezifiziert werden. Dass das von einem Entwicklerteam, egal wo es sitzt, umgesetzt werden kann, funktioniert natürlich über ein Telefonat nicht so gut, als wenn ich das sauber dokumentiert habe."*
> (Interviewpartner G)

Laut den Interviewpartnern kommen die Kommunikation und der Wissensaustausch zwischen internen und externen Projektbeteiligten überwiegend asynchron zustande. Viele der Befragten heben in dieser Hinsicht hervor, dass, je spontaner und informeller Projektbeteiligte miteinander ins Gespräch kommen, desto häufiger die Kommunikation stattfindet und desto schneller das Vertrauen zwischen ihnen aufgebaut wird.

Aufgrund der geografischen Distanz ist das Vertrauen zwischen externen und internen Entwicklerteams ein wesentlicher Aspekt für eine langfristig erfolgreiche Zusammenarbeit. Folglich stellt die Bereitstellung von Techniken, die eine synchrone Kommunikation zwischen Projektbeteiligten und eine synchrone Bearbeitung gemeinsamer Projektinhalte ermöglichen, eine weitere Anforderung an global verteilte Softwareentwicklung bei KMSU dar (siehe Anforderung WU_PGA2 in Tabelle 4.2).

Zusammenfassend lassen sich durch die Fallstudie mehrere Faktoren identifizieren, die die Effizienz der Spezifikationsphase steigern bzw. den Spezifikationsaufwand in Softwareprojekten bei KMSU reduzieren können. Sie liefern richtungsweisende Anhaltspunkte für die Ableitung entsprechender Verbesserungsvorschläge in Form von konkreten praxisgeleiteten Anforderungen an global verteilte Softwareentwicklung.

4.4.6 Wissenstransfer

Die Übertragung von Kundenanforderungen an externe Partnerunternehmen erfolgt bei allen befragten KMSU anhand der in der Spezifikationsphase erstellten Dokumentationen. Für 75% der Befragten ist der Wissenstransfer stets mit großen Herausforderungen verbunden:

> *„Das größte Problem war der Transport des Wissens sowohl technischer als auch nichttechnischer Natur, etwa über die Systeme, mit denen [externe Teams, K. N.] arbeiten sollen, [...] die Aufgabenstellung, die Prozesse und das Problem des Kunden. Die technischen Probleme würden sich auf Dauer lösen, wenn man dieselben Leute mehrfach beauftragt. [...] Das war aber schon ein großes Problem, wenn man bestimmte technische Sachen nicht mit erklärt, dann hat man halt meistens Lösungen, die nur für 5 Anwender funktionieren und für 5000 Anwender dann nicht mehr.“* (Interviewpartner C)

Den Interviewpartnern zufolge wird insbesondere der Transfer von nicht-technischem Wissen in der Praxis herausgefordert. Wie Abbildung 4.6 zeigt, handelt es sich hierbei primär um die Übermittlung von Wissen, das mit dem Kontext des zu entwickelnden Softwaresystems im direkten Zusammenhang steht.

Abb. 4.6.: Wissenstransfer in global verteilten Softwareprojekten bei KMSU

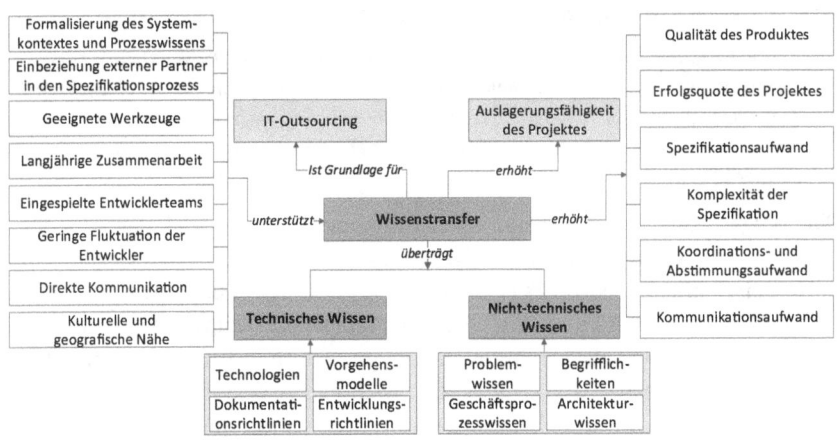

Im Gegensatz zu technischen Aspekten, die durch identische, sich wiederholende Aufgaben und Abläufe erlernt und trainiert werden, variiert der Problembereich des Kunden von Projekt zu Projekt und wird daher immer aufs Neue an externe Partner übermittelt. Darüber hinaus, wenn die Software die Berücksichtigung landesspezifischer bzw. fachrichtungsbezogener Rahmenbedingungen wie Schulsystem, Medizin, Tourismus oder Finanzmarkt vorsieht, mit denen externe Entwicklerteams nicht vertraut sind, erfordert laut Interviewpartner B der damit verbundene Wissenstransfer einen deutlich höheren Erklärungsbedarf:

> *„Wenn ich hier entwickle, dann gehe ich mit dem Entwickler zusammen über den Bildschirm, solange bis er verstanden hat, was ich meine oder umgekehrt. Das ist schwieriger, wenn man im Ausland entwickelt [...]: Wenn ich vom Bankautomaten rede, dann weiß hier jeder, was ein Bankautomat ist. In China weiß der Entwickler das eventuell nicht, einfach vom kulturellen Hintergrund her. Konzepte zu transportieren ist öfter mal anders.“*

Die Interviewten geben außerdem an, dass, je weniger externe Teams mit dem Problembereich des Kunden vertraut sind, desto detaillierter Spezifikationsdokumente zu erstellen sind und desto sorgfältiger der Wissenstransfer vorbereitet werden soll. In diesem Zusammenhang beklagen die Befragten, dass die aktuell eingesetzten Werkzeuge nicht auf die Unterstützung derartiger Vorgänge ausgerichtet sind.

Laut Umfrage tragen eine genaue und vollständige Definition projektbezogener Begrifflichkeiten und vor allem eine nachvollziehbare Dokumentation des Systemkontextes zum besseren Verständnis der Kundenanforderungen bei externen Projektbeteiligten bei. Zudem lässt sich die Wissensübertragung kontextbezogener Aspekte durch eine unmittelbare Einbeziehung externer Partner in den Prozess der Anforderungsanalyse positiv beeinflussen:

> *„Wir haben schon Projekte gehabt, bei denen wir unseren Offshore-Partner in der Anforderungsanalyse mit dazu geholt haben. Da ging es aber nicht darum, einen günstigeren Tagessatz zu haben, sondern darum, dass die Leute frühzeitig eingebunden sind und schon mitbekommen, was die Kunden erwarten. Das ist aber eher die Ausnahme.“* (Interviewpartner E)

Die obigen Ausführungen bekräftigen zum einen die Notwendigkeit einer Integration der Geschäftsprozessanalyse in den Spezifikationsprozess und einer allgemein stärkeren Formalisierung des Prozesswissens (siehe Anforderungen AA_PGA1, AA_PGA2 und WM_PGA1 in Tabelle 4.2). Zum anderen lässt sich hierbei die Möglichkeit der Einbeziehung von externen Partnern in die Phase der Anforderungsanalyse als ein weiterer wichtiger Aspekt für die Optimierung global verteilter Softwareprojekte bei KMSU konkretisieren (siehe Anforderung AA_PGA5 in Tabelle 4.2).

Neben der Übermittlung des Systemkontextes an externe Partner sehen die Befragten auch den Transfer des Architekturwissens als einen wichtigen Erfolgsfaktor global verteilter Softwareprojekte. Unabhängig davon, ob der Systementwurf intern oder extern erfolgt, ist die Übertragung der erstellten architektonischen Lösungen an die jeweils andere Partei unabdingbar (siehe Anforderung AE_PGA3 in Tabelle 4.2). Im Falle der Auslagerung des Systementwurfs begründet der Interviewpartner B die Notwendigkeit seines Rücktransfers mit der Flexibilität bei der Reaktion auf Kundenwünsche:

„Man muss ja auch hier, wenn Endkunden Anfragen haben, kurzfristig reagieren können, ohne jeweils die Entwicklung auseinanderreißen zu müssen, d. h. Architektur- und Detail-Know-how ist auch hier notwendig."

Beim Transfer von technischem Wissen handelt es sich vor allem um die Übertragung von Vorgehensmodellen, Entwicklungsrichtlinien, Werkzeugen und Technologien, die im Rahmen des gemeinsamen Projektes bei externen Teams neu eingeführt werden. Die Interviewpartner heben hervor, dass die Zusammenarbeit mit externen Partnern oft durch Anlaufschwierigkeiten und zum Teil durch erhebliche Mitnahmeeffekte geprägt ist. Ein wesentlicher Grund hierfür ist, dass implizites Wissen, das bei internen Projektbeteiligten bereits vorhanden ist, aufgrund fehlender Formalisierung den externen Entwicklerteams verborgen bleibt:

„Die Probleme, die sich typischerweise ergeben, sind, dass wir als Auftraggeber implizite Annahmen [...] über Inhalte, Werkzeuge und Prozesse treffen, die für die [externen, K. N.] Kollegen nicht klar sind. Dinge, die im Tagesgeschäft einfach laufen [...], gehen plötzlich schief. Ich meine sowohl Domänenwissen als auch Prozesswissen [...]. Da sind heute viele Sachen klarer. Es gibt inzwischen eine ganze Menge mehr Prozessbeschreibungen und Prozessdokumentation." (Interviewpartner G)

Unzureichend strukturierte Vorgehensmodelle und lückenhaft dokumentierte Prozessabläufe verhindern einen schnellen Anschluss externer Projektbeteiligter, beeinträchtigen die spätere Zusammenarbeit und fördern Konflikte. Somit sind sowohl die Formalisierung von nicht-technischem Wissen und Ermöglichung dessen geeigneter Übertragung an externe Partner als auch die Strukturierung und Dokumentation von technischem Wissen als Anforderungen an global verteilte Softwareentwicklung bei KMSU hinzuzunehmen (siehe Anforderungen WU_PGA1 und WM_PGA3 in Tabelle 4.2). Dies erfordert seinerseits eine zentrale Verwaltung der Wissensbasis und Bereitstellung des hierfür notwendigen Zugangs für alle Projektbeteiligten (siehe Anforderung WM_PGA4 in Tabelle 4.2).

4.4.7 Werkzeugunterstützung

Die letzte Kategorie, die im Rahmen der Fallstudienauswertung aufgezeigt wird, bildet die Werkzeugunterstützung global verteilter Softwareentwicklung bei

KMSU. Dabei wird der Handlungsbedarf identifiziert, der die vorhandenen Lücken in diesem Bereich adressiert.

Alle von den Interviewpartnern genannten Werkzeuge lassen sich den einzelnen Bereichen des Softwareentwicklungsprozesses zuordnen (siehe Abbildung 4.7). Dementsprechend werden die Ergebnisse in Bezug auf die Spezifikations- und Entwurfsphase, das Projekt- und Dokumentationsmanagement sowie auf die Nachverfolgbarkeit und Kommunikation dargestellt.

Abb. 4.7.: Werkzeugunterstützung global verteilter Softwareentwicklung bei KMSU

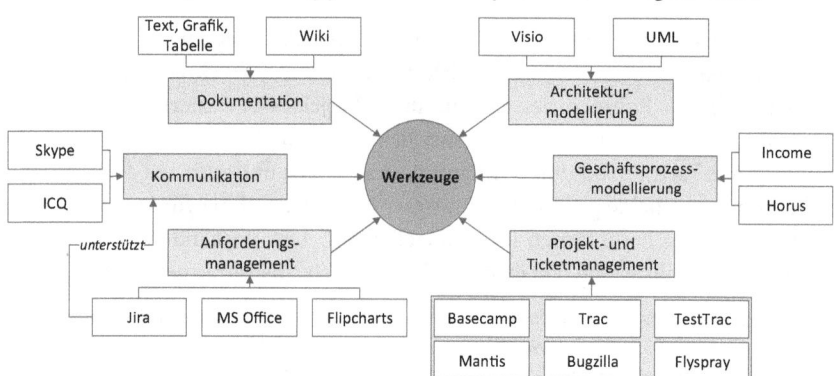

Obwohl die Analyse der Geschäftsprozesse den wesentlichen Baustein für den Projekterfolg bildet und alle Interviewpartner eine entsprechende Dokumentation für sehr wichtig halten, verzichten bisher 90% der Befragten auf den Einsatz der jeweiligen Modellierungstechniken. Laut Umfrage werden Geschäftsprozessmodelle nur selten systematisch formalisiert und, falls sie dennoch im Rahmen von Kundenworkshops entstehen, meistens in Form von textuellen und tabellarischen Beschreibungen oder anhand der einfachen Grafiken und Diagramme erfasst. „Wenn es gemacht wird, dann ist das viel Excel und Word", so der Interviewpartner C.

Diese Darstellungsformen stoßen schnell an ihre Grenzen (Schmelzer und Sesselmann 2010) und können nicht effektiv an externe Partnerunternehmen übermittelt werden. Ein weiterer Nachteil ist, dass dabei keine Verknüpfungen zwischen Anforderungen, Prozessmodellen und anderen Softwareartefakten bestehen, was den Nutzen der erstellten Geschäftsmodelle im weiteren Projektverlauf mindert.

Im Bereich der Anforderungsanalyse und -dokumentation sind Standard-Büroanwendungen der Textverarbeitung, Tabellenkalkulation und Visualisierung allen anderen Werkzeugen übergeordnet:

„In diesem Bereich haben wir eigentlich nichts. Wir haben ganz klassisch Excel-Listen und nennen es Tasks oder Teilaufgaben. Wir packen kleinere Päckchen, immer sehr kleine Aufgaben, die sukzessive abgearbeitet werden." (Interviewpartner D)

Die Dominanz der Büroanwendungen begründen KMSU vor allem durch eine einfache und gebräuchliche Handhabung von Microsoft-Office-Werkzeugen, die zusammen mit dem Kunden zur Erstellung oder auch zur Vervollständigung von Anforderungsdokumenten genutzt werden können. Diesen Vorgang beschreibt der Interviewpartner C wie folgt:

„Es hat sich eingebürgert, dass man dem Kunden ein Word-Dokument schreibt mit Screenshots. Der Kunde kommentiert das, verändert das im Word-Dokument, und dann findet eine Diskussion statt. [...] Ich habe bisher kein Werkzeug gefunden, das mir diesen Roundtrip erlaubt. Es gibt durchaus Werkzeuge, mit denen ich strukturiertes Anforderungsmanagement machen kann und die mir die Anforderungen in vernünftiger Form nach Word exportieren. Aber damit bekommt man den Roundtrip nicht hin."

Die Mehrheit der Befragten beklagt den Mangel an leichtgewichtigen Werkzeugen, mit denen sich ihre global verteilten Prozessabläufe effektiv organisieren, einzelne Projektschritte und Softwarekomponenten in Zusammenarbeit mit Kunden analysieren sowie die erstellten Dokumentationen mit externen Partnern teilen lassen. Dies stellt eines der zentralen Verbesserungspotenziale im Bereich der Werkzeugunterstützung bei global verteilten Softwareprojekten dar (siehe Anforderung WU_PGA1 in Tabelle 4.2). Die Fachexperten wünschen sich außerdem eine Minimierung des Kosten- und Schulungsaufwands bei der Einführung neuer Lösungen in diesem Bereich (siehe Anforderung WU_PGA3 in Tabelle 4.2). So begründet der Interviewpartner A den Verzicht auf ein passendes Werkzeug:

„Das System hält die Daten auf einem externen Server und ist kostenpflichtig. Es gestaltet sich ein bisschen schwierig, eine neue Software einzuführen. Wenn nur ein kleines Team es einsetzt, dann ist es kein Problem. Aber man müsste ja die ganze Firma auf die neue Software schulen, würde man es flächendeckend einsetzen wollen."

Zur Verwaltung von Anforderungsänderungen werden bei über 60% der befragten KMSU Fallbearbeitungsprogramme wie JIRA, Trac oder Bugzilla eingesetzt (siehe Abschnitt 3.2.4). Hier steht der kollaborative Aspekt im Vordergrund, der vor allem bei global verteilten Projekten geschätzt wird. Außerdem werden diese Werkzeuge gleichzeitig zum Projektmanagement und zur Aufgabenverwaltung verwendet. Ihre Eignung zur Kontrolle des Anforderungsverlaufes oder des Projektfortschrittes bewerten die Befragten jedoch als problematisch.

Laut Umfrage findet die Modellierung der Softwarearchitektur nur selten unter Zuhilfenahme standardisierter Werkzeuge statt. Bei über 35% der befragten KMSU wird sie ohne explizite Erfassung und Modellierung direkt implementiert.

Lediglich zwei von acht Interviewpartnern geben an, dass die Systemarchitektur zum Teil in Form von UML-Diagrammen dokumentiert wird. In dieser Hinsicht beklagen sie in erster Linie ein großes Ungleichgewicht zwischen dem Erstellungsaufwand und dem tatsächlichem Nutzen der UML-basierten Modellierung. Ähnlich wie bei Geschäftsprozessmodellen werden Änderungen an der Softwarearchitektur inkonsequent dokumentiert, sodass oft Unstimmigkeiten zwischen Modellen, Dokumentation und tatsächlichem Systemzustand entstehen.

Die Projektdokumentation findet bei den befragten KMSU überwiegend in Form von textuellen oder grafischen Beschreibungen statt, die entweder mit Hilfe von Standard-Büroanwendungen oder unter Einsatz von Wiki-Lösungen erfasst werden. Im Hinblick auf global verteilte Softwareentwicklung werden Wikis wegen intuitiver Bedienbarkeit und kollaborativer Eigenschaften besonders positiv bewertet:

> *„Wir hatten im Wiki die ganze Dokumentation. Somit konnten die [externen, K. N.] Entwickler innerhalb der Dokumentation relativ einfach Rückfragen stellen. Man hatte eine sehr schöne Historie und konnte alles nachvollziehen."* (Interviewpartner F)

Für die Kommunikation zwischen internen und externen Entwicklerteams werden bei den befragten KMSU die Chat-Dienste wie Skype oder ICQ eingesetzt, die sich für kurze Anfragen oder Absprachen relativ gut eignen. Falls die Kommunikation auf der Anforderungsebene stattzufinden hat, werden wiederum die oben genannten Fallbearbeitungssysteme verwendet.

Zusammenfassend zeigt die durchgeführte Fallstudie, dass eine breite Palette an meist einfachen Werkzeugen global verteilte Softwareentwicklungsprozesse bei KMSU begleiten. Als besonders problematisch stellt sich dabei heraus, dass gleichzeitig verwendete Werkzeuge kaum zueinander kompatibel sind. Zwar mögen sie in einigen Fällen bestimmte Aktivitäten des Softwareentwicklungsprozesses effektiv unterstützen, in ihrer Gesamtheit bringen sie dennoch eine Reihe von Nachteilen mit sich. Zum einen werden dabei die erforderlichen Projektinformationen über verschiedene Werkzeuge redundant verwaltet, was einen unnötigen Mehraufwand verursacht und zwangsläufig zu Informationsasymmetrien zwischen Projektbeteiligten oder zu Unstimmigkeiten zwischen Modellen, Dokumentationen und tatsächlichem Systemzustand führt. Zum anderen verhindern solche dezentral organisierten Prozessabläufe eine effektive Informations- und Wissensnutzung im weiteren Projektverlauf.

4.5 Praxisgeleitete Anforderungserhebung

Basierend auf der Auswertung der durchgeführten Fallstudienuntersuchung lassen sich sowohl einige der theoriebezogenen Anforderungen aus Kapitel 3 konkretisieren als auch neue praxisbezogene Aspekte zur Verbesserung global verteilter Softwareentwicklungsprozesse bei KMSU ableiten. Die wichtigsten praxisgeleiteten Anforderungen wurden bereits in vorangegangenen Abschnitten erläutert. In Tabelle 4.2 findet sich diesbezüglich eine zusammenfassende Übersicht.

Tabelle 4.2.: Praxisgeleitete Anforderungen an den Einsatz global verteilter Softwareentwicklung bei KMSU

Bereich	Bezeichnung	Anforderung
Global verteilte SE	GSE_PGA1	Möglichkeit einer bedarfsabhängigen Auslagerung.
	GSE_PGA2	Flexible Aufteilung von Projektaufgaben und anpassungsfähige Zuständigkeitszuordnung zwischen internen und externen Entwicklerteams.
Anforderungsanalyse	AA_PGA1	Erfassung des Anforderungskontextes durch die Integration der Geschäftsprozessanalyse in die Spezifikationsphase.
	AA_PGA2	Formalisierung der Geschäftsprozesse anhand leichtgewichtiger Prozessmodelle.
	AA_PGA3	Verwendung verständlicher und einfacher Notationssprachen.
	AA_PGA4	Sicherstellung der Aktualität und Konsistenz von Spezifikationsdokumenten.
	AA_PGA5	Möglichkeit der Einbeziehung externer Partner in den Prozess der Anforderungsanalyse.
	AA_PGA6	Effektive Einbeziehung von Nicht-Experten durch Verwendung bekannter Konzepte und Technologien.
Architekturentwurf	AE_PGA1	Integration des Architekturentwurfs in global verteilte Softwareentwicklungsprozesse.
	AE_PGA2	Formalisierung der Systemarchitektur anhand leichtgewichtiger Architekturmodelle.
	AE_PGA3	Sicherstellung des Transfers entstandener architektonischen Lösungen an die jeweils andere Partei.

Bereich	Bezeichnung	Anforderung
Traceability-Management	TM_PGA1	Vermeidung von Medienbrüchen durch geeignete Integration von Geschäftsprozessen, Anforderungen und Systemarchitektur.
	TM_PGA2	Erfassung der Geschäftsprozessmodelle als Anforderungsquellen und der Softwarearchitekturmodelle als deren Umsetzung.
	TM_PGA3	Benutzerfreundliche und gut verständliche Definition der Nachverfolgbarkeitsbeziehungen.
	TM_PGA4	Minimierung der zu erfassenden Nachverfolgbarkeitsinformationen.
Wissensmanagement	WM_PGA1	Sicherstellung der Formalisierung von nicht-technischem Wissen und Ermöglichung dessen geeigneten Übertragung an externe Teams.
	WM_PGA2	Bereitstellung einheitlicher Vorlagen für Geschäftsprozesse, Anforderungen, Systemarchitektur und Projektdokumentation.
	WM_PGA3	Strukturierte Dokumentation der Vorgehensmodelle.
	WM_PGA4	Zentrale Verwaltung von technischem und nicht-technischem Wissen und Bereitstellung des hierfür notwendigen Zugangs für alle Projektbeteiligten.
Werkzeugunterstützung	WU_PGA1	Integration wesentlicher Softwareartefakte in einer zentralen, für alle Projektbeteiligten zugänglichen Infrastruktur.
	WU_PGA2	Möglichkeit synchroner Kommunikation und Bearbeitung von Projektinhalten.
	WU_PGA3	Minimierung des Kosten- und Schulungsaufwands.

4.6 Zusammenfassung

Die in diesem Kapitel erörterte Fallstudie zeigt deutlich, dass sich global verteilte Softwareentwicklung immer mehr zu einem wichtigeren Erfolgsfaktor für KMSU entwickelt, und dass auf dem Weg zu einer effizienten Gestaltung ihrer Outsourcing-Strategien nach wie vor erhebliche Verbesserungspotenziale in der Praxis bestehen. Anhand der Fallstudienergebnisse lassen sich zudem einige gravierende Unterschiede zur Großindustrie aufzeigen, die die Notwendigkeit einer differenzierten Betrachtung der Softwareentwicklung bei mittelständischen und großen Softwareunternehmen untermauern.

Anders als in Studien von Köhler-Frost (2004), Lacity et al. (2010) und Schwarze und Müller (2005), in denen finanzielle Vorteile als einer der wichtigsten Gründe für die Auslagerung von Softwareentwicklungsaktivitäten angegeben werden, begründen die hiesigen KMSU ihre Auslagerungsentscheidung in erster Linie mit der Flexibilität, die mittelfristig eine projektabhängige Anpassung an die personellen Ressourcen und langfristig die Bewältigung des Fachkräftemangels erlaubt. Diese Eigenschaft wird in obigen Studien nur bei 2% der dort untersuchten Fälle als Auslagerungsgrund identifiziert und somit meistens als irrelevant betrachtet.

Auch in Bezug auf die methodische und werkzeugtechnische Unterstützung der Auslagerungsentscheidung konstatieren die Befragten erhebliche Defizite. Während für Großunternehmen in diesem Bereich Methoden und Werkzeuge bereits existieren, bleiben KMSU bei ihren Auslagerungsentscheidungen weitgehend auf sich alleine gestellt. Um dem entgegenzuwirken, wurden im Rahmen der vorliegenden Fallstudie gezielte Maßnahmen zur Identifikation von Faktoren durchgeführt, die KMSU zur Beurteilung der Auslagerungsfähigkeit ihrer Softwareprojekte heranziehen können.

Weiterhin wurde die Aufteilung der Projektaufgaben bei global verteilten Softwareprojekten aus der Perspektive interner und externer Projektbeteiligter analysiert. Diese kann von Unternehmen zu Unternehmen, aber auch innerhalb eines Unternehmens stark variieren, weshalb hierfür eine geeignete Unterstützung auf methodischer und softwaretechnischer Ebene erforderlich ist.

Aufbauend auf der Analyse der Risikofaktoren und Misserfolge bei Outsourcing-Projekten wurden vor allem die mangelnde Qualität der Spezifikationsdokumente sowie die ineffiziente Wissensübertragung als zentrale Verbesserungspotenziale global verteilter Softwareentwicklung bei KMSU identifiziert. So kann die Spezifikationsphase sowohl durch eine stärkere Formalisierung der Anforderungserhebung als auch durch eine geeignete Integration der Geschäftsprozessanalyse in ihre Abläufe optimiert werden.

Mit der durchgeführten Fallstudie wurde ein erster Schritt in Richtung einer umfassenden Untersuchung des Wissensmanagements in global verteilten Softwareprojekten bei KMSU unternommen. Nach der Identifikation von Prozessen der Wissenserfassung und -übertragung, die für KMSU stets mit größten Herausforderungen verbunden sind, erfolgte eine erste wissenschaftliche Aufstellung der Vorschläge zur Optimierung der Prozessabläufe in diesem Bereich.

Im letzten Teil der Fallstudie erfolgte die Auswertung der Werkzeuge, die KMSU bei ihren Softwareprojekten einsetzen. Auch hier wurden erhebliche Defizite festgestellt. Als besonders problematisch sehen die Interviewpartner, dass gleichzeitig mehrere und meist zueinander inkompatible Werkzeuge zum Einsatz kommen, was zwangsläufig zu einer redundanten Datenhaltung und somit zu einem unnötigen Mehraufwand führt. Darüber hinaus bleibt die Unterstützung synchroner und asynchroner Zusammenarbeit zwischen internen und externen Entwicklerteams — als unabdingbarer Erfolgsfaktor in verteilten Softwareprojekten — durch eingesetzte Werkzeuge nicht ausreichend abgedeckt.

Als Ergebnis wurde im Rahmen der durchgeführten Fallstudie eine Reihe an Optimierungsmöglichkeiten für global verteilte Softwareentwicklungsprozesse bei KMSU erarbeitet. Zusammen mit den theoriegeleiteten Anforderungen aus Kapitel 3 werden diese im nächsten Teil der Arbeit in einen neuen Lösungsansatz überführt.

5. Konzeptueller Entwurf

Im vorherigen Kapitel wurden verschiedene Aspekte global verteilter Softwareentwicklung im Rahmen einer praxisnahen Fallstudie untersucht. Basierend auf den gewonnenen Erkenntnissen findet in diesem Kapitel die konzeptionelle Darstellung des Lösungsansatzes statt, der sich der gegenwärtigen Problematik der mittelständischen Softwareindustrie stellt.

Zu Beginn erfolgt eine Kurzfassung der verfolgten Zielsetzung und der zentralen Merkmale, die der Ansatz für eine effektive Abwicklung global verteilter Softwareprojekte allgemein einfordert. Danach widmet sich das Kapitel der detaillierten Darstellung der wichtigsten Bestandteile und der charakteristischen Eigenschaften des Lösungsansatzes, die den inhaltlichen Forschungsbeitrag dieser Dissertationsarbeit bilden. Das Kapitel schließt mit einer kurzen Zusammenfassung der wesentlichen Vorteile, die die vorgestellte Lösung gegenüber bisherigen Ansätzen liefert.

5.1 Zielsetzung und zentrale Merkmale

Ausgehend von den in Kapitel 3 und 4 aufgezeigten Problemfeldern und Herausforderungen der mittelständischen Softwareindustrie, anhand deren Verbesserungspotenziale identifiziert und in Form von theorie- und praxisgeleiteten Anforderungen konkretisiert wurden, verfolgt die vorliegende Arbeit die primäre Zielsetzung, eine leichtgewichtige, auf die speziellen Bedürfnisse von KMSU angepasste, methodische und softwaretechnische Unterstützung global verteilter Softwareentwicklung zu erarbeiten. Im Vordergrund stehen dabei die Verbesserung der Anforderungsanalysephase, die Optimierung des Traceability- und Wissensmanagements sowie die Bereitstellung der dafür notwendigen Methoden und Werkzeuge.

Zur Erreichung der Zielsetzung werden die zuvor definierten Anforderungen in einen Lösungsansatz für global verteilte Softwareentwicklung überführt,

- der die Erfassung und Verwaltung aller projektbezogenen Informationen *in einer zentralen Wiki-basierten Plattform* vorsieht,
- der den Ordnungsrahmen zur *Abwicklung des Projektmanagements* unter Berücksichtigung neuer struktureller und prozessualer Aspekte überarbeitet,
- der die Phase der Anforderungsanalyse neugestaltet, indem die *Geschäftsprozessanalyse* in den Spezifikationsprozess integriert wird,

- der eine flexible *Formalisierung des Architekturentwurfs* durch dessen Modellierung auf verschiedenen Abstraktionsebenen ermöglicht,
- der das Traceability- und Wissensmanagement durch die Bereitstellung *eines neuen Nachverfolgbarkeitsmodells* verbessert
- und der den gesamten Softwarelebenszyklus durch geeignete *leichtgewichtige kollaborative Techniken* unterstützt.

5.2 Darstellung des Lösungsansatzes

Ein charakteristisches Merkmal und eine der tragenden Säulen des Lösungsansatzes ist, dass die *Durchführung des Projektmanagements* sowie die Erfassung und Verwaltung aller relevanten Projektinformationen *in einer zentralen Plattform* erfolgen, die auf dem SMW basiert (siehe Abschnitte 5.2.1 und 6.1.1). Der besondere Mehrwert liegt dabei in der Möglichkeit, eine bekannte und weit verbreitete Technologie zur Integration erfolgskritischer Softwareentwicklungsaktivitäten einzusetzen und dadurch ihre Abwicklung in einer verteilten Umgebung zu effektivieren. Die zentralisierte Informationsverarbeitung wirkt außerdem den vorhandenen Herausforderungen in Bezug auf die Wissensarchivierung und insbesondere auf den Wissenstransfer zwischen heterogenen, voneinander unabhängigen Infrastrukturen entgegen (siehe Abschnitte 3.1.2.4 und 3.1.2.5). Zudem wird die erforderliche Flexibilität bei der Aufteilung von Projektaufgaben zwischen internen und externen Entwicklerteams erst mit der Bereitstellung eines geeigneten webbasierten Werkzeuges realisierbar. Da die in einem Wiki abgelegten Informationen für Projektbeteiligte zeit- und ortsunabhängig zur Verfügung stehen, sind KMSU in der Lage, im Rahmen ihrer Softwareprojekte verschiedene Auslagerungsstrategien umzusetzen oder diese sogar bedarfsabhängig zu kombinieren (siehe Abschnitt 3.1.1).

Den Kernbeitrag des Ansatzes bildet die Konzeption einer *geschäftsprozessorientierten Herangehensweise* bei der Erhebung von Kundenanforderungen. Sie sieht eine bisher fehlende Formalisierung der Geschäftsprozessanalyse und ihre feste Verankerung in die Spezifikationsphase vor (siehe Abschnitt 5.2.3). Hierzu werden die Geschäftsziele des Kunden in konkrete Systemanforderungen überführt, indem die Ergebnisse der Geschäftsprozessanalyse in Form von textuellen Beschreibungen und leichtgewichtigen Modellen dokumentiert und ebenfalls im Wiki abgelegt werden. Zur Erfassung von Geschäftsprozessen wird ein webbasierter Modellierungseditor mit vereinfachten Notationsmöglichkeiten zur Verfügung gestellt, der auch Funktionalitäten zur synchronen und asynchronen Zusammenarbeit bietet (siehe Abschnitt 6.2.2). Die Einführung der geschäftsprozessorientierten Anforderungsanalyse ermöglicht, bereits im frühen Projektstadium — noch vor der

Erstellung der Spezifikation — Klarheit über die Zielvorstellungen des Kunden zu schaffen und somit die Entstehung von Unstimmigkeiten in den Anforderungen zu minimieren. Des Weiteren wird dadurch der Kontext der Anforderungen an einer zentralen Stelle dokumentiert, sodass er externen Projektbeteiligten jederzeit zur Verfügung steht. Dies gewährleistet die Übertragung des nicht-technischen Wissens und trägt auch zum besseren Verständnis der Spezifikation bei.

Wie aus der Abbildung 5.1 ersichtlich ist, münden die Ergebnisse der geschäfts-prozessorientierten Anforderungsanalyse direkt in die weiteren Phasen des Softwareentwicklungsprozesses. Im einem nächsten Schritt wird die Definition der Systemarchitektur vorgenommen, die die zuvor festgelegten Anforderungen auf die einzelnen Architekturkomponenten abbildet. Da KMSU auch den Architekturentwurf häufig an externe Partnerunternehmen auslagern (siehe Abschnitt 4.4.3), sieht der Lösungsansatz *eine explizite Erfassung von Architekturmodellen* mit Hilfe vereinfachter UML-Notation auf drei Abstraktionsebenen vor (siehe Abschnitt 5.2.4). Die Modellierung wird um die *Techniken zur synchronen Kommunikation und Kooperation* erweitert und ebenfalls in das Wiki integriert, sodass interne und externe Entwicklerteams den gesamten Architekturentwurf zusammen effizient realisieren können (siehe Abschnitt 6.2.4). Nach dem Architekturdesign wird der Softwarelebenszyklus wie gewohnt in den Phasen Implementierung, Test, Bereitstellung und Wartung fortgeführt, wobei die gewonnenen Erkenntnisse aus der Geschäftsprozessanalyse und dem formalisierten Systementwurf auf eine einfache Weise weitergegeben und in dem jeweils nachfolgenden Schritt berücksichtigt werden können.

Abb. 5.1.: Integration der geschäftsprozessorientierten Anforderungsanalyse in den global verteilten Softwarelebenszyklus

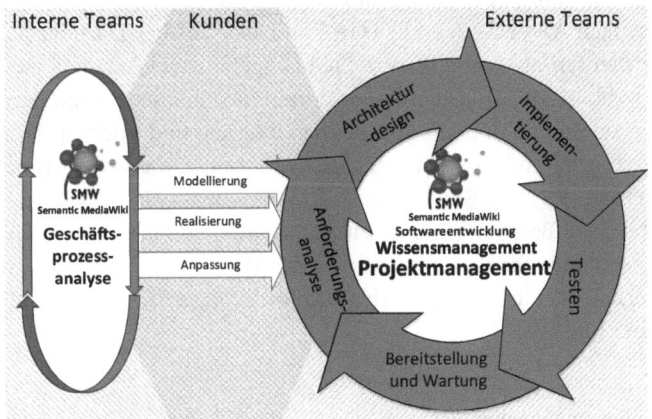

In Bezug auf eine effiziente Umsetzung des Traceability- und Wissensmanagements bei global verteilten Softwareprojekten werden die bestehenden methodischen Defizite durch *ein neues Nachverfolgbarkeitsmodell* behoben (siehe Abschnitt 5.2.5). Dieses integriert alle im Projektverlauf entstehenden Softwareartefakte mit Hilfe struktureller und semantischer Abhängigkeiten und dient als Basis zur Erfassung und Verwaltung projektbezogener Informationen in einer Wiki-basierten Plattform (siehe Abschnitte 6.1.2 und 6.2.5). Durch die zweckmäßige Umsetzung der Nachverfolgbarkeit wird nicht nur der Wissenstransfer auf eine einfache und gleichzeitig effektive Weise unterstützt, sondern vor allem die vorhandene Lücke zwischen der Geschäfts- und der Softwaresicht geschlossen.

5.2.1 Semantic MediaWiki als zentrale Infrastruktur

Im Rahmen des hier konzipierten Lösungsansatzes wird das Semantic Media-Wiki[14], das von Krötzsch et al. (2007) eingeführt wurde, umfangreich erweitert und als tragendes Element zur strukturellen und prozessualen Unterstützung global verteilter Softwareprojekte bei KMSU herangezogen (siehe Abschnitt 6.1.1). Die getroffene Auswahlentscheidung lässt sich dadurch begründen, dass Wikis als zentrale Plattformen bei der Zusammenarbeit in Projekten, der Diskussion von Problemlösungen, dem Wissensaustausch oder auch als Koordinationsraum für das Projektmanagement immer häufiger zum Einsatz kommen. Dies reflektiert gleichzeitig viele der aus Theorie und Praxis abgeleiteten Anforderungen (siehe Kapitel 3 und 4), deren Erfüllung im Folgenden näher erläutert wird.

Die Leichtgewichtigkeit und intuitive Bedienbarkeit von Wikis ermöglichen vor allem eine effiziente, KMSU-spezifische Neugestaltung der Softwareentwicklungsprozesse. Diese Eigenschaften erfüllen somit die wichtigsten Voraussetzungen, die KMSU an neue Methoden und Werkzeuge formulieren (siehe Anforderungen AA_TGA7, GSE_TGA3 und TM_TGA1). Darüber hinaus sind Wikis für den Einsatz in global verteilten Umgebungen besonders gut geeignet, da sie als webbasierte Lösungen eine wirkungsvolle Interaktion mit dem Kunden und eine produktive Kooperation zwischen internen und externen Projektbeteiligten durch zeit- und ortsunabhängige Prozessabläufe erlauben (siehe Anforderungen GSE_TGA1, GSE_TGA2, GSE_TGA5 und TM_TGA2). In Bezug auf die kollaborative Bearbeitung von Projektinhalten kombinieren Wikis die Vorteile von vertrauten Standard-Büroanwendungen mit vielfältigen Möglichkeiten der modernen Webtechnologie (siehe Anforderungen AA_PGA6, AA_TGA3, WM_TGA3 und WU_PGA2).

---

14 https://semantic-mediawiki.org

Die heutzutage weit verbreitete Nutzung von Wikipedia[15] hat zur Folge, dass viele Internetnutzer über ein grundlegendes Verständnis des Wiki-Konzeptes verfügen und im Umgang mit Wiki-basierten Werkzeugen bereits vertraut sind (siehe Anforderung AA_PGA6). Als Open-Source-Produkte stehen Wikis in der Regel kostenlos zur Verfügung und können in allen Webbrowsern ohne zusätzliche Installation von Software oder Plug-ins aufgerufen werden. Infolgedessen verursacht die Einführung von Wiki-basierten Lösungen bei externen Partnerunternehmen im Gegensatz zu den spezialisierten Werkzeugen einen deutlich geringeren Zeit- und Kostenaufwand (siehe Anforderungen und GSE_TGA8, WU_PGA3 und WM_TGA9).

Die Bereitstellung von WYSIWYG-Editoren ermöglicht die Verarbeitung von textuellen Inhalten in Wiki-basierten Werkzeugen ähnlich wie in einem gängigen Textverarbeitungsprogramm, was die Kundeneinbeziehung in die Spezifikationsphase erleichtert und generell die praktische Akzeptanz des gesamten Lösungsansatzes maximiert (siehe Anforderungen AA_PGA6 und GSE_TGA7). Durch die zentralisierte und gut strukturierte Informationsverwaltung werden die Aktualität und vor allem die Konsistenz der abgelegten Wiki-Inhalte stets gewährleistet, wodurch die Zusammenarbeit in global verteilten Softwareprojekten an Transparenz und Effizienz gewinnt (siehe Anforderungen AA_PGA4 und WM_TGA3). Die zum Wiki-Prinzip gehörende Änderungsprotokollierung, die auch als Seitenhistorie bekannt ist, sorgt außerdem für die bisher oft fehlende systematische Sicherung von Projektinformationen und realisiert somit die häufig vernachlässigte Systemdokumentation (siehe Anforderungen AA_TGA6 und WM_TGA5).

Obwohl das Wiki-Konzept eine Reihe der an den vorliegenden Lösungsansatz gestellten Anforderungen bereits erfüllt, sind Wikis weder für das Management von Softwareprojekten noch zur Unterstützung des gesamten Softwarelebenszyklus konzipiert und lassen sich daher nicht direkt für diese Zwecke verwenden. Die Verbindungen zwischen Wiki-Seiten können zwar über Hyperlinks hergestellt werden, sie reichen jedoch nicht aus, um komplexe Sachverhalte und Beziehungen zwischen Softwareartefakten, insbesondere in global verteilten Projekten erfassen und verwalten zu können. Abhilfe schafft hier das SMW, das eine technologische Weiterentwicklung des traditionellen Wikis darstellt (siehe Abschnitt 6.1.1). Das Wesensmerkmal von SMW besteht darin, dass Inhalte mit semantischen Annotationen explizit gekennzeichnet und somit maschinell lesbar gemacht werden können (Krötzsch et al. 2007). So ist es im vorliegenden Lösungsansatz möglich, die Softwareartefakte — wie Projekte, Geschäftsprozesse, Anforderungen oder

---

15 https://de.wikipedia.org

Architekturkomponenten — als strukturierte Wiki-Seiten abzubilden und deren semantische Beziehungen zueinander zu realisieren (siehe Anforderungen AA_TGA1, GSE_TGA3, TM_TGA3 und WM_TGA4).

Erst, wenn Projektinhalte und ihre Beziehungen in einen derartigen, maschinell auslesbaren Zustand gebracht werden, verbreiten sie die notwendige Grundlage, um eine effektive Durchführung des Projektmanagements, eine geeignete Realisierung der geschäftsprozessorientierten Anforderungsanalyse und eine zweckmäßige Integration des Traceability- und des Wissensmanagements in global verteilten Softwareprojekten zu gewährleisten (Nordheimer et al. 2012).

5.2.2 Projektmanagement

Zu Beginn eines jeden Softwareprojektes führt das hiesige, als Auftraggeber agierende KMSU eine sorgfältige Planung des gesamten Projektablaufs durch und legt die Zuständigkeitsbereiche aller Beteiligten fest. Der vorliegende Lösungsansatz sieht vor, dass ein Softwareprojekt mit dem Anlegen einer neuen Projektseite im Wiki startet, auf der sich alle projektbezogenen Informationen zentral erfassen und verwalten lassen.

Die als Vorlage dienende Projektseite ist so konzipiert, dass sie ein einfaches, wenig aufwendiges und dennoch effizientes Projektmanagement ermöglicht. Dies liegt vor allem darin begründet, dass entsprechende Inhalte im Laufe des Projektes sowohl manuell als auch automatisch hinzugefügt werden. Die Erfassung rein deskriptiver Informationen, wie Projektbeschreibung und Bedarfsermittlung, Zuständigkeitszuordnung und Aufgabenaufteilung oder auch die Festlegung der Projekttermine, erfolgt vornehmlich manuell durch die dafür verantwortlichen Personen. Andere, für ein effizientes Projektmanagement viel wichtigere Inhalte, die sich bei bisherigen Vorgehensweisen in global verteilter Softwareentwicklung nur mit einem hohen Zeit- und Organisationsaufwand erstellen ließen, werden hier systemtechnisch generiert und automatisch zur Projektseite hinzugefügt. Hierzu zählen vor allem das Systematisieren, das In-Verbindung-Setzen und Aufrechterhalten der zugrunde liegenden Geschäftsprozesse, Anforderungen und Architekturentwürfe. Auch bei einer Änderung von Projektinhalten oder Systemstrukturen werden Informationen bei den betroffenen Softwareartefakten auf der Projektseite automatisch aktualisiert, wodurch sich die Vollständigkeit und Konsistenz zwischen Informationen, Modellen und Systemzustand stets gewährleisten lässt (siehe Anforderungen AA_PGA4, TM_PGA1, TM_TGA10 und WM_TGA6).

Die zentrale Verwaltung und automatische Verarbeitung der Projektinformationen zusammen mit deren übersichtlichem Aufbau und intuitiver

Bedienbarkeit auf der Projektseite hat gegenüber den herkömmlichen Methoden in global verteilter Softwareentwicklung den entscheidenden Vorteil, dass nicht nur Projektbeteiligte zu erforderlichen Inhalten schnell navigieren und diese bequem bearbeiten können, sondern auch, dass Kunden und externe Partner frühzeitig in den Softwareentwicklungsprozess mit einbezogen werden (siehe Anforderungen AA_PGA5 und WM_PGA4). Eine detaillierte Beschreibung der Projektseite findet in Abschnitt 6.2.1 statt.

5.2.3 Geschäftsprozessorientierte Anforderungsanalyse

Im Rahmen der Spezifikationsphase ist eine tiefgehende Analyse der Geschäftsprozesse des Kunden, die durch das zu entwickelnde Softwaresystem angepasst, optimiert oder neu gestaltet werden sollen, unumgänglich. Geschäftsprozesse bilden bestehende betriebliche Vorgänge oder angestrebte Unternehmensziele in Form von strukturierten Prozessmodellen ab (Schmelzer und Sesselmann 2010) und stellen somit die wichtigste Grundlage zur Ableitung von untergeordneten Systemanforderungen dar (siehe Abschnitt 4.4.5). Da sie durch Kunden oder Fachabteilungen, die in der Regel keine IT-Expertise aufweisen, definiert und an KMSU, die die unternehmensspezifischen Fachkonzepte des Kunden nicht im Detail kennen, weitergegeben werden, ist eine effiziente und nutzbringende Unterstützung dieses Prozesses von essentieller Bedeutung. Die Ergebnisse der Geschäftsprozessanalyse sind nicht nur für die Qualität der Spezifikationsphase maßgebend, sondern prägen auch den gesamten Projektverlauf.

In der bisherigen Praxis von KMSU findet die Geschäftsprozessanalyse meist nur implizit statt. Die Geschäftsprozessmodellierung wird dabei als ein eigenständiger Aufgabenbereich angesehen und in Softwareentwicklungsprozessen weitgehend vernachlässigt (siehe Abschnitte 4.4.5 und 4.4.7). Genau diese Gegebenheit erweist sich als ein erhebliches methodologisches Defizit der Spezifikationsphase in global verteilter Softwareentwicklung bei KMSU. Obwohl die Ergebnisse der Geschäftsprozessanalyse in die Spezifikationsdokumente aufgenommen werden, stehen sie aufgrund mangelnder Formalisierung weder in weiteren Softwareentwicklungsphasen noch für externe Projektbeteiligte zur Verfügung, wodurch nützliches Prozesswissen teilweise oder ganz verloren geht.

Diese methodische Lücke greift der hier erarbeitete Lösungsansatz auf, indem die Geschäftsprozess- und Anforderungsanalyse zu einer Einheit verzahnt werden. Das im Rahmen von Workshops oder Diskussionsrunden mit dem Kunden gewonnene Prozesswissen wird zunächst im Wiki erfasst. Dabei werden die zugrunde liegenden Geschäftsprozesse grafisch modelliert und textuell ergänzt, wofür die in dieser Arbeit realisierte Erweiterung des SMW geeignete Funktionalitäten bereitstellt (siehe Anforderung AA_TGA1). Ausgehend von den modellierten Geschäftsprozessen findet im nächsten Schritt die Definition der Systemanforderungen statt, die anhand einer einheitlichen Vorlage ebenfalls im Wiki erfasst werden (siehe Anforderung WM_TGA4). Gleichzeitig erfolgt die Festlegung ihrer Beziehungen zu den entsprechenden Geschäftsprozessschritten (siehe Anforderung AA_TGA2). Dies bewirkt zum einen, dass die Geschäftsprozessanalyse und -modellierung zum festen Bestandteil der Spezifikationsphase wird, ohne dafür einen großen Aufwand zu betreiben (siehe Anforderungen AA_PGA2, TM_PGA1 und WM_PGA1). Zum anderen wird Prozesswissen im Wiki aufbewahrt und allen Projektbeteiligten zur Verfügung gestellt, sodass externe Partner oder auch Kunden jederzeit nachvollziehen können, durch welche Systemaktivitäten einzelne Anforderungen ausgelöst werden (siehe Anforderungen AA_PGA1, AA_PGA5, WM_PGA4 und WM_TGA6).

Im Kontext global verteilter Softwareentwicklung bringt die Einführung solch eines Zwischenschrittes in den Prozess der Anforderungsanalyse einen entscheidenden Mehrwert sowohl für KMSU als auch für ihre Kunden und Partner. Im Rahmen der gemeinsamen Geschäftsprozessanalyse setzen sich Kunden oft zum ersten Mal mit ihren eigenen Unternehmensprozessen auseinander und gelangen erst hierbei zur Klarheit über ihre Ziele und Forderungen. Somit lassen sich alle wichtigen Details in dieser frühen Phase erkennen und rechtzeitig in die Anforderungsanalyse aufnehmen. Die Integration der Geschäftsprozess- und Anforderungsanalyse trägt außerdem dazu bei, dass Unstimmigkeiten in Anforderungen frühzeitig entdeckt und ohne signifikante Kostensteigerungen beseitigt werden. Dies spiegelt sich weiterhin in einer erheblich höheren Qualität der Spezifikationsphase wider.

Das bisher nicht oder nur unzureichend dokumentierte Prozesswissen wird direkt im Wiki formalisiert. Zu diesem Zweck steht ein geeigneter Modellierungseditor zur Verfügung, der sich durch die Einfachheit und Merkbarkeit verwendeter Notationen, die Verständlichkeit der Ergebnisse sowie durch die Ermöglichung synchroner und asynchroner Kollaboration auszeichnet (siehe Abschnitt 6.2.2.2). Die überschaubare Anzahl von Notationselementen unterstützt die schnelle Erlernbarkeit der zugrunde liegenden Modellierungssprache durch Nicht-Experten, was als eine der wichtigsten Voraussetzungen für die notwendige Kundenmitwirkung in den frühen Projektphasen angesehen wird (siehe Anforderungen AA_PGA3, AA_PGA6 und AA_TGA7). Wenn sich Nicht-Experten bei der anfänglichen Bearbeitung der Geschäftsmodelle auch gehemmt fühlen können, sind sie gleich zu Beginn in der Lage, Inkonsistenzen und Fehler in den Modellinformationen zu entdecken.

Ein weiterer, auschlaggebender Vorteil der geschäftsprozessorientierten Anforderungserhebung liegt darin, dass dadurch die Wissenserfassung und -übertragung bei global verteilten Softwareprojekten unterstützt wird. Von der expliziten Erfassung der Geschäftsprozesse profitieren vor allem externe Projektbeteiligte, die in der Regel während der Spezifikationsphase nicht mitwirken. Anders als in der bisherigen Praxis erhalten sie den Zugang zum im Wiki erfassten Systemkontext und bekommen dort auch die Möglichkeit, sich über die Gründe zu Anforderungsaufnahmen zu informieren (siehe Anforderungen WM_PGA1, WM_PGA4 und WM_TGA8). Dadurch werden Missinterpretationen vermieden, was sich in einem geringeren Aufwand für den Wissenstransfer und die Kommunikation im weiteren Projektverlauf niederschlägt (siehe Anforderungen WM_TGA9 und WM_TGA10). Die Bereitstellung von synchronen Kommunikations- und Kollaborationsmöglichkeiten trägt zusätzlich zur Kooperation zwischen internen und externen Entwicklerteams bei, wodurch sich die Qualität des Wissenstransfers, insbesondere in Bezug auf die Übertragung des impliziten Wissens deutlich erhöht (siehe Anforderungen WM_TGA7 und WU_PGA2).

Auf die technische Umsetzung der hier vorgestellten geschäftsprozessorientierten Anforderungsanalyse wird näher in Abschnitt 6.2.2 eingegangen, in dem die Wahl der Modellierungssprache und des Modellierungseditors zur Erfassung der Geschäftsprozesse begründet, deren Unterteilung in einzelne Prozessschritte und die Realisierung derer Beziehungen zu entsprechenden Anforderungen erläutert sowie die praktische Implementierung im Wiki beschrieben werden.

5.2.4 Architekturentwurf

Heutzutage existieren zahlreiche Methoden und Werkzeuge, die KMSU zur Modellierung der Systemarchitektur einsetzen können. Sie reichen von einfachen Papierskizzen bis hin zu komplexen Architekturmodellen, in denen sich die konzeptuelle, logische oder physische Systemsicht auf unterschiedlichen Abstraktionsebenen abbilden lässt. Auch die durchgeführte Fallstudie zeigt deutlich, dass die Entwurfsphase von Unternehmen zu Unternehmen, aber auch von Projekt zu Projekt in Art, Zweck und Umfang stark variiert (siehe Abschnitt 4.4.3). Die Gestaltungsvielfalt des Architekturentwurfs macht es unmöglich, diesen unternehmensübergreifend zu vereinheitlichen. Dennoch lassen sich einige charakteristische Aspekte in der Architekturentwurfsphase bei KMSU erkennen, die im vorliegenden Lösungsansatz berücksichtigt werden.

An erster Stelle ist der fehlenden Formalisierung des Entwurfsprozesses entgegenzuwirken, indem die bisherigen, meist informalen Dokumentationsmethoden durch die explizit modellierten Architekturentwürfe aufgrund ihres deutlich überlegenen Nutzens ersetzt werden. Als Grundlage hierfür dienen vorher festgelegte Kundenanforderungen, die während des Entwurfsprozesses auf einzelne Systemkomponenten abgebildet werden. Die Modellierung der Systemarchitektur erfolgt, wie die der Geschäftsprozesse, in einem leichtgewichtigen, webbasierten Editor direkt im Wiki. Mit Hilfe vereinfachter UML-Notation werden dabei wesentliche Systeminhalte in Form von Klassen- und Objektdiagrammen grafisch dargestellt und ihre logischen Zusammenhänge aufgezeigt (siehe Anforderungen AE_PGA1 und AE_PGA2). Der bewusste Verzicht auf die Integration eines mächtigen Modellierungswerkzeuges und auf die Einführung vollständiger UML-Notation reduziert das durch KMSU häufig kritisierte Ungleichgewicht zwischen dem Erstellungsaufwand und dem tatsächlichen Nutzen von UML-Modellen (siehe Abschnitt 4.4.7). Außerdem sorgt die softwaretechnische Umsetzung des entwickelten Ansatzes dafür, dass nachträgliche Änderungen bezüglich der Systemarchitektur oder Anforderungen automatisch im Wiki registriert werden und dass keine Inkonsistenz zwischen Anforderungen, Modellen und Systemzustand entsteht (siehe Anforderung TM_PGA1).

Die Flexibilität und Anpassungsfähigkeit von Softwareentwicklungsprozessen sind die wichtigsten KMSU-spezifischen Rahmenbedingungen (siehe Anforderung GSE_TGA7). Diese Eigenschaften greift das vorliegende Konzept ebenfalls auf und ermöglicht, sowohl den Formalisierungsgrad der Entwurfsphase frei zu bestimmen, als auch unterschiedliche Rahmenwerke zur Softwareentwicklung, wie objektorientierte, komponentenbasierte und sogar individuell entwickelte Ansätze, zu modellieren. Hierfür stehen *Architekturmodell, Architekturkomponente* und *Softwarekomponente* als Hauptabstraktionen beim Systementwurf zur Verfügung (siehe Abschnitt 6.2.4).

Im Rahmen des objektorientierten Architekturentwurfs erlauben sie, die statische Systemstruktur in Form von Objektklassen und ihren Beziehungen auf drei Detaillierungsebenen zu modellieren. Dabei bildet das *Architekturmodell* die höchste Abstraktionsebene des Systementwurfs und ist für die allgemeine Darstellung einzelner Subsysteme gedacht. Im engeren Sinne handelt es sich hier um unabhängige *Architekturkomponenten,* die die Systemstruktur und das Verhalten von Subsystemen auf der nächsten Abstraktionsebene in Form von vereinfachten UML-Klassendiagrammen detaillierter spezifizieren (siehe Abschnitt 6.2.4.2). Die letzte Ebene des objektorientierten Architekturentwurfs dient der Definition von *Softwarekomponenten,* die die einzelnen Diagrammelemente wie Klassen oder Interfaces abbilden und deren Attribute und Methoden näher beschreiben (siehe Abschnitt 6.2.4.3). Bei der komponentenbasierten Softwareentwicklung definieren Softwarekomponenten voneinander unabhängige, lose gekoppelte Systemeinheiten mit eindeutig festgelegten Schnittstellen, die durch Kompositionsregeln miteinander kombiniert und zu Architekturkomponenten zusammengefasst werden (Sommerville 2012). Ihre weitere Systemintegration erfolgt auf der höchsten Abstraktionsebene und steht als übergeordnetes Architekturmodell zur Verfügung. Auf ähnliche Weise lassen sich auch andere Systemarten wie die, die den Ansätzen der service- oder aspektorientierten Softwareentwicklung folgen, durch dieses einfache Konzept abbilden.

Im Hinblick auf die Übertragung und Nutzung des Architekturwissens in global verteilten Softwareprojekten bringt bereits ein niedriger Grad der Formalisierung einen großen Nutzen für KMSU. Denn explizit erfasste Architekturmodelle können als Grundlagen für die Diskussionsrunden mit dem Kunden verwendet oder auch im Rahmen der Zusammenarbeit zwischen internen und externen Entwicklerteams herangezogen werden, um die Erfüllung von Anforderungen zu überprüfen. Ganz unabhängig davon, ob interne oder externe Projektbeteiligte den Architekturentwurf durchführen, trägt die auf diese Weise erstellte Spezifikation der Architekturmodelle dazu bei, dass die jeweils andere Partei das System als Ganzes und dessen Zusammenhänge besser versteht (siehe Anforderungen AE_PGA3 und WM_TGA8). Ferner ermöglicht die Formalisierung der Systemarchitektur, die im Wiki erfassten Architekturkomponenten im XMI-Format zu exportieren, sodass der Programmcode für unterschiedliche Programmiersprachen durch Codegeneratoren weitgehend automatisch erzeugt werden kann.

Die vorgesehene Aufteilung des Architekturentwurfs in drei Abstraktionsebenen erlaubt nicht nur, verschiedene Entwurfsmethoden umzusetzen, sondern erleichtert auch ihre prozessuale Abwicklung, insbesondere wenn eine Fremdvergabe von Softwareentwicklungsaktivitäten an externe Partnerunternehmen basierend auf der integrierten Auslagerungsstrategie stattfindet (siehe Abschnitt 3.1.1). So können Architekturmodelle, Architekturkomponenten und Softwarekomponenten nach ihrer Wertschöpfung beurteilt und entsprechend den internen oder externen Projektbeteiligten zugeordnet werden (siehe Anforderungen GSE_PGA1 und GSE_PGA2).

Die methodische Umsetzung, wie die Zusammenhänge zwischen den einzelnen Artefakten aus den Phasen der geschäftsprozessorientierten Anforderungsanalyse und des Architekturentwurfs realisiert und wie diese in einem Projekt im Wiki angeordnet werden, bildet den Gegenstand des nächsten Abschnittes.

5.2.5 Nachverfolgbarkeitsmodell

Neben der oben beschriebenen Neugestaltung einzelner Softwareentwicklungsaktivitäten widmet sich der hier konzipierte Ansatz auch der Entwicklung eines Nachverfolgbarkeitsmodells, das als Grundlage zur softwaretechnischen Realisierung eines effektiven Traceability-Managements in global verteilten Softwareprojekten bei KMSU dient. Die Ausgangsmotivation dazu liefern die in der Praxis bestehenden Defizite hinsichtlich nutzbringender Erfassung und Verwaltung von Nachverfolgbarkeitsinformationen, die in erster Linie auf die Komplexität vorhandener Ansätze und die Heterogenität eingesetzter Werkzeuge zurückzuführen sind (siehe Abschnitte 3.3.6 und 4.4.7). Infolgedessen geht der erwiesene Nutzen des Traceability-Managements in der bisherigen Praxis von KMSU weitgehend verloren (siehe Abschnitt 3.3.4). Um dieses Defizit auszugleichen, werden die entsprechenden Anforderungen aus Abschnitten 3.3.8 und 4.5, basierend auf den Ansätzen von Ramesh und Jarke (2001) und Seedorf et al. (2009), in ein neues leichtgewichtiges Nachverfolgbarkeitsmodell überführt.

Die übergeordnete Zielsetzung des hier entwickelten Lösungsansatzes und die speziell an das Traceability-Management bei KMSU gestellten Anforderungen berücksichtigend, entsteht für das funktionelle Nachverfolgbarkeitsmodell in Kurzfassung folgendes Bild, das sich aus zwei konzeptuellen Bestandteilen ergibt: Zum einen sind alle wesentlichen Aktivitäten und Artefakte, die den Geschäftsprozess- und Softwareentwicklungslebenszyklus passieren, an einer zentralen Stelle zu erfassen. Zum anderen sind sie zugleich miteinander zu integrieren, indem grundsätzlich ihre strukturellen und semantischen Zusammenhänge definiert werden. Dies betrifft in erster Linie Geschäftsprozesse, Anforderungen und Architekturmodelle mit dazugehörigen Architektur- und Softwarekomponenten. Die genaue inhaltliche, prozessuale und strukturelle Formalisierung des Nachverfolgbarkeitsmodells ist in Abbildung 5.2 wiedergegeben.

Abb. 5.2.: Nachverfolgbarkeitsmodell zur Unterstützung global verteilter Softwareentwicklung bei KMSU

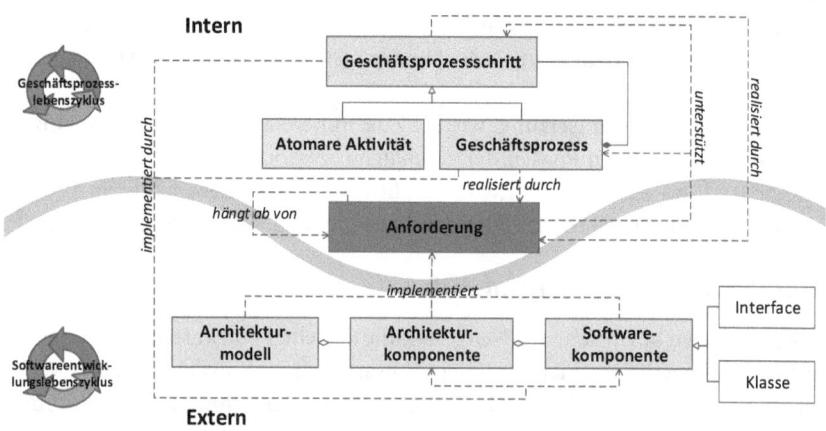

Als Modellelemente weisen *Geschäftsprozesse* und *Architekturmodelle* einen ähnlichen strukturellen Aufbau auf. So besteht ein Geschäftsprozess aus einzelnen Geschäftsprozessschritten, die wiederum als ein zusammengesetzter Prozess oder eine atomare Aktivität modelliert werden können. Ein derartiger Aufbau erlaubt einerseits die Unterteilung komplexer Sachverhalte in kleinere separate Teilprozesse, die sich in der Regel leichter darstellen lassen. Andererseits wird es durch die Erfassung der Abhängigkeiten zwischen den einzelnen Teilprozessen möglich, alle Inhalte zu finden, die von einer Änderung — sei es in Bezug auf Geschäftsprozesse, Anforderungen oder Systementwurf — direkt oder indirekt betroffen sind. Dieser Sachverhalt trifft auch auf die Modellierung des Architekturentwurfs zu (siehe Abschnitt 5.2.4).

Die geschäftsprozessorientierte Anforderungsanalyse überträgt Unternehmensziele des Kunden in konkrete System- und Softwareanforderungen, die im Nachverfolgbarkeitsmodell durch bidirektionale semantische Verknüpfungen erfasst werden. Eine *Anforderung* kann dabei sowohl einzelne Prozessschritte als auch den gesamten Geschäftsprozess unterstützen (siehe Abbildung 5.2). Falls eine Anforderung konkretisiert oder geändert wird, können deren Quellen und Zusammenhänge schnell ermittelt werden, wodurch sich mögliche Folgen besser abschätzen und steuern lassen. Der Fall kann auch umgekehrt liegen: Bei der Umgestaltung eines Geschäftsprozesses lassen sich durch semantische Beziehungen alle dazugehörigen Anforderungen problemlos identifizieren und bei Bedarf entsprechend anpassen. Auch die Abhängigkeiten zwischen den einzelnen Anforderungen werden im Modell semantisch erfasst, was bei einer Anforderungsänderung die Ermittlung anderer davon betroffener Anforderungen erleichtert. Somit ermöglicht das Nachverfolgbarkeitsmodell, alle notwendigen Fragen im Rahmen der Auswirkungs- und Herkunftsanalyse der Anforderungen zu beantworten (siehe Abschnitt 3.3.4).

Im nächsten Schritt erfolgt die Abbildung der Anforderungen auf die Systemarchitektur, die die Grundlage für deren softwaretechnische Realisierung bildet. Dieser Zusammenhang wird im Nachverfolgbarkeitsmodell ebenfalls durch bidirektionale semantischen Beziehungen umgesetzt (siehe Abbildung 5.2). Dabei kann eine Systemanforderung sowohl durch das übergeordnete Architekturmodell als auch durch seine einzelnen Architektur- und Softwarekomponenten implementiert werden. Im Rahmen der System- und Überdeckungsanalyse lässt sich somit die Umsetzung einer jeden Anforderung überprüfen und nachverfolgbar bestimmen (siehe Abschnitt 3.3.4).

Als Resultat derartiger Modellierung von Nachverfolgbarkeitsbeziehungen entsteht eine Nachverfolgbarkeitskette, die die Änderungen in frühen Softwareentwicklungsphasen — angefangen von den Geschäftsprozessen über die

Anforderungen bis hin zur Systemarchitektur — permanent festhält und alle von diesen Änderungen betroffenen Artefakte zuverlässig auffinden und anpassen lässt.

Um die Wirksamkeit des vorgeschlagenen Nachverfolgbarkeitsmodells zu überprüfen, werden nun seine Eigenschaften hinsichtlich der in Abschnitt 3.3.2 aufgelisteten Aspekte eines effizienten Traceability-Managements analysiert. Die *Anforderungsnachverfolgbarkeit* wird dadurch gewährleistet, dass sich sowohl die Aufnahmegründe für Anforderungen, wie z. B. Geschäftsprozess oder sein Prozessschritt, als auch deren Umsetzung in der Softwarearchitektur jederzeit nachvollziehen lassen. Die *Pre- und Post-Traceability*, welche allgemein die Artefakte und Zusammenhänge erfasst, die sowohl vor als auch nach der Anforderungsaufnahme entstehen, wird hier ebenso umgesetzt. So wird jede Anforderung sowohl mit dem Geschäftsprozess, aus dem sie hervorgeht, als auch mit den Architekturmodellen und -komponenten, die erst nach der Anforderungserstellung entwickelt werden, stets durch semantische Annotationen in Verbindung gebracht. Ferner ermöglicht dieses Modell die Realisierung von Beziehungen sowohl zwischen typgleichen Softwareartefakten, wie Anforderung zu Anforderung, als auch zwischen verschiedenen Typen von Artefakten, wie Geschäftsprozess zu Anforderung. Somit werden auch die *vertikale* und *horizontale Nachverfolgbarkeit* gewährleistet.

Die Beschreibung der prototypischen Umsetzung des hier vorgestellten Nachverfolgbarkeitsmodells zusammen mit der Darstellung, wie sich die Beziehungen zwischen jeweiligen Artefakten softwaretechnisch erstellen und bearbeiten lassen, sowie einige exemplarische Abfragen zur Informationsgewinnung finden sich in Kapitel 6.

5.3 Zusammenfassung

In diesem Kapitel steht die Erarbeitung eines leichtgewichtigen Lösungsansatzes zur Unterstützung global verteilter Softwareentwicklung bei KMSU im Mittelpunkt, die den inhaltlichen Forschungsbeitrag dieser Arbeit bildet. Um seine Nützlichkeit und praktische Akzeptanz zu maximieren, wurden bei der Konzeption sowohl die Erkenntnisse aus relevanten Forschungsbereichen als auch die praxisnahen Anforderungen berücksichtigt, die zuvor im Rahmen einer Fallstudie mit KMSU erhoben wurden.

Den Kernbeitrag des hier konzipierten Lösungsansatzes bildet die Einführung der geschäftsprozessorientierten Anforderungsanalyse, bei der die Untersuchung und Modellierung von Geschäftsprozessen durch leichtgewichtige Techniken konsequent in den Spezifikationsprozess integriert werden. Diese

Betrachtungsweise hebt sich deutlich von der bisherigen Praxis in der mittelständischen Softwareindustrie ab, da sie eine formalisierte Verbindung zwischen der Software- und Geschäftsprozesssicht herstellt.

Die Integration der Geschäftsprozessanalyse und die neuartige Formalisierung des Architekturentwurfs zusammen mit der zentralen Verwaltung dieser Informationen in einer Wiki-basierten Plattform beseitigen viele Aspekte der gegenwärtigen Problematik in Bezug auf das Wissensmanagement. Die während dieser Prozesse aufgebaute Wissensbasis steht allen Projektbeteiligten jederzeit zur Verfügung. So können externe Entwicklerteams, die in der Spezifikationsphase nur selten mitwirken, eine Brücke zum Anforderungskontext schlagen, um Missverständnisse und Fehlinterpretationen bei Kundenanforderungen zu vermeiden.

Bei einer Fremdvergabe des Architekturdesigns an externe Partnerunternehmen sorgt seine explizite Erfassung im Wiki für den Rücktransfer der entstandenen architektonischen Lösungen, die in der bisherigen Praxis bei KMSU oft verloren gehen. Daher bringt die vorgeschlagene Formalisierung der Architekturentwurfs einen großen Nutzen, insbesondere im Hinblick auf die Übertragung und Verwendung des Architekturwissens in global verteilten Softwareprojekten. Die Formalisierung von Architekturmodellen und die Flexibilität des Entwurfsprozesses sind generell zwei miteinander im Konflikt stehende Aspekte, die der vorgestellte Lösungsansatz mit Hilfe einer einfachen und dennoch effizienten Modellierungsmethode ins Gleichgewicht bringt.

Um eine praxistaugliche Unterstützung für die bisher oft fehlende Realisierung des Traceability-Managements in global verteilter Softwareentwicklung zur Verfügung zu stellen, wurde ein entsprechendes Nachverfolgbarkeitsmodell als Teil des Lösungsansatzes konzipiert. Es dient als Grundlage zur Beschreibung von Nachverfolgbarkeitsinformationen, die für den Erfolg und die Effizienz global verteilter Softwareprojekte bei KMSU maßgebend und daher zu erheben sind. Durch die zusätzliche Anreicherung von Nachverfolgbarkeitsbeziehungen mit semantischen Annotationen erreicht der Lösungsansatz die notwendige Mächtigkeit, um die Integration aller relevanten Artefakte entlang des Softwarelebenszyklus in verteilten Umgebungen zu ermöglichen und den Prozess der Informationsgewinnung zu effektivieren.

6. Prototypische Implementierung

Nachdem im vorherigen Kapitel die konzeptuelle Darstellung des Lösungsansatzes zur Unterstützung global verteilter Softwareentwicklung bei KMSU erfolgte, wird im Folgenden seine prototypische Realisierung vorgestellt. Zuerst findet eine kurze Einführung ins SMW statt, das als Basistechnologie für die Implementierung fungiert. Danach wird die in Anlehnung an Nordheimer et al. (2012) entwickelte Ontologie dargestellt, die als Datenmodell im SMW zur Anwendung kommt. Es folgt die Erläuterung einzelner Wiki-Bestandteile und -Funktionalitäten, die für die Umsetzung des Projektmanagements, der geschäftsprozessorientierten Anforderungserhebung, der Formalisierung der Systemarchitektur und des zugrunde liegenden Nachverfolgbarkeitsmodells konstitutiv sind. Anschließend werden einige speziell entwickelte Zusatzfunktionen beschrieben, die auf die Verbesserung der Benutzerfreundlichkeit und Bedienbarkeit der implementierten Webanwendung sowie auf die Erhöhung der Praktikabilität und Wirksamkeit des gesamten Konzeptes abzielen.

6.1 CLEoS-Wiki als zentrale Infrastruktur

Der in Kapitel 5 vorgestellte Lösungsansatz wurde als eine umfangreiche Erweiterung des SMW realisiert, die seitdem den Namen *Collaborative Lightweight Extension of Software Engineering* (CLEoS) trägt. Die prototypische Umsetzung fand im Rahmen eines einjährigen Softwareentwicklungsprojektes am Lehrstuhl für Wirtschaftsinformatik III an der Universität Mannheim statt. Das Projekt wurde durch die Autorin der vorliegenden Dissertationsarbeit ins Leben gerufen und zwei Semester lang fachlich betreut und geleitet. Daran nahmen folgende Masterstudenten teil: Nikolaj Lampe, Markus Hartmann, Konstantin Lautenschläger, Erman Süner, Michael Münzing und Florian Krämer.

6.1.1 Semantic MediaWiki

Eingeführt von Krötzsch et al. (2007) kombiniert das SMW das erfolgreiche Konzept traditioneller Wikis mit zahlreichen Vorteilen der Semantic-Web-Technologien. In klassischen Wikis werden Informationen in Form von themenspezifischen Wiki-Artikeln dargestellt, die in der Regel über Hyperlinks mit anderen Inhalten verknüpft werden. Über eine derartige Verlinkung und vorgegebene Struktur lassen sich die Wiki-Seiten hierarchisch anordnen, sodass semi-formales Wissen aus vernetzten Informationen entsteht. Dies eröffnet die Möglichkeit einer einfachen unidirektionalen Volltextsuche, mit der sich bestimmte Informationen aus dem gesamten Wiki-Inhalt von jeder Seite aus finden lassen. Das SMW erlaubt darüber hinaus, anhand von semantischen Annotationen logische Relationen zwischen Wiki-Inhalten herzustellen. Hierfür wird die vorhandene Wissensbasis durch zusätzliche Informationen erweitert, indem die Verknüpfungen typisiert und Seiteneigenschaften konkretisiert werden. Diese semantische Ausdruckskraft stellt die notwendige Grundlage für eine präzise Strukturierung und eine effektive Durchsuchbarkeit von Wiki-Inhalten bereit. Ein weiterer wichtiger Vorteil des SMW gegenüber klassischen Wikis liegt darin, dass Inhalte in eine maschinenlesbare Form transformiert werden können. Die Voraussetzung für maschinelle Repräsentation und Weiterverarbeitung von Wissen bilden semantische Modelle — sogenannte Ontologien.

6.1.1.1 Ontologische Struktur

Im Rahmen einer Ontologie werden Wiki-Inhalte formal beschrieben, sodass sich komplexes Wissen abbilden lässt. Hierfür wird in der Regel eine ontologische Struktur definiert, die die wesentlichen im Wiki abzubildenden Konzepte samt den erforderlichen Eigenschaften festlegt sowie deren semantische Zusammenhänge bestimmt. Je nach verfolgter Zielsetzung kann sie zum einen a priori vorgegeben werden, um Wiki-Nutzer bei der Informationserfassung und -gewinnung zu unterstützen. Zum anderen kann der Aufbau der ontologischen Struktur inkrementell aufgrund der im Wiki bereits vorhandenen Wissensbasis erfolgen, indem Zusammenhänge und Gesetzmäßigkeiten einer spezifischen Domäne automatisch abgeleitet und formalisiert werden (Schaffert et al. 2007).

Die Erfassung semantischer Modelle erfolgt mit Hilfe von Ontologiesprachen wie RDF oder OWL, in denen Sachverhalte explizit in standardisierter Syntax und Semantik formuliert werden. Dies erlaubt, logische Verknüpfungen der Wissens- und Informationsobjekte in eine maschinenlesbare Form zu übertragen und so deren effiziente Aufbereitung und Weiterverarbeitung zu ermöglichen (Bechhofer et al. 2004). Außerdem können formalisierte Informationen mit anderen externen Anwendungen über entsprechende Schnittstellen leicht ausgetauscht werden.

6.1.1.2 Semantische Annotationen und Suche

Für die Erfassung von semantischen Informationen stellt das SMW unter anderem die Konstrukte *Kategorie, Attribut* und *Datentyp* zur Verfügung. *Kategorien* sind Instrumentarien, die bereits zum Funktionsumfang des MediaWikis gehören und zur Klassifizierung von Wiki-Artikeln verwendet werden. Die Zuordnung zu einer Kategorie erfolgt durch eine einfache Anweisung wie zum Beispiel

`[[Category:Requirement]]`, die innerhalb der entsprechenden Wiki-Seite festgelegt wird. Mit *Attributen* bietet das SMW eine effektive Möglichkeit, die Verknüpfungen zwischen Wiki-Inhalten mit semantischen Bedeutungen anzureichern. Hierfür werden Eigenschaften der Wiki-Seiten anhand der Syntaxregel `[[Property name::property value]]` definiert und mit entsprechenden Werten versehen. Die Festlegung von *Datentypen* erfolgt über das vordefinierte Spezialattribut `Property:has type`, wodurch die Ausführung der entsprechenden Operationen in Bezug auf die korrekte Darstellung der gesuchten Inhalte sichergestellt wird.

Für den Zugriff auf semantische Informationen im SMW steht eine einfache und intuitiv erlernbare Abfragesprache zur Verfügung, die über eine identische Syntax wie bei Annotationen verfügt. Eine semantische Abfrage gibt grundsätzlich vor, welche Wiki-Seiten ausgewählt und welche ihrer Attribute bei den Suchergebnissen anzuzeigen sind (siehe Abbildung 6.1).

Abb. 6.1.: Semantische Suche im SMW

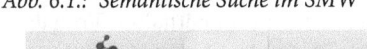

Special page				Q

CLE◉S Semantic search

	Query	Additional data to display (add one property name per line)		

Navigation	`[[Category:Requirement]]` `[[belongs to project::ATM Project]]` `[[implementation status::Implemented]]`	`?Implementation status` `?Priority` `?Is responsible`

Main page

Quick Access

[Add sorting condition]

Projects

[Find results] Hide query | Show embed code | Querying help

Business Processes		Previous **Results 1– 4** Next	(20 | 50 | 100 | 250 | 500)	
Activities	▶|	▶| Implementation status	▶| Priority	▶| Is responsible
Architectural Components	Block Debit Card	Implemented	2	User A
Software Components	Client Login	Implemented	1	User B
Requirements	Client Logout	Implemented	1	User B
	Print Receipt	Implemented	3	User C
TOOLBOXX		Previous **Results 1– 4** Next	(20 | 50 | 100 | 250 | 500)	

Wie aus Abbildung 6.1 ersichtlich, werden semantische Abfragen in der Regel anhand eines im SMW bereitgestellten Suchformulars ausgeführt. Ferner können Suchanfragen in Wiki-Seiten — für den Benutzer unsichtbar — integriert werden, um spezielle Informationen dynamisch zu generieren und als Seiteninhalte automatisch anzuzeigen. Mit solchen vordefinierten Abfragen ermöglicht das SMW, die Erfassung von Wiki-Inhalten benutzerfreundlicher zu gestalten sowie diese übersichtlicher darzustellen. So können auch Informationen automatisch generiert werden, um die Vollständigkeit und Konsistenz bei der Bearbeitung und Repräsentation von Wiki-Inhalten zu überprüfen.

6.1.1.3 Semantische Vorlagen und Formulare

Obwohl semantische Annotationen und darauf basierende Suchanfragen eine relativ einfache Syntax aufweisen, kann sich deren Handhabung für den ungeübten Nutzer als problematisch gestalten. Ein weiterer Nachteil des SMW besteht darin, dass mit steigender Anzahl festzulegender semantischer Annotationen auch die ontologische Struktur komplexer wird, was meistens zur Unübersichtlichkeit und einer unkontrollierten Ausbreitung der Informationen führt. Dabei steigt auch der Bearbeitungsaufwand für den Nutzer, wodurch die einfache Bedienbarkeit des SMW beeinträchtigt wird. Darüber hinaus erschwert der steigende Umfang von Wiki-Inhalten den Zugriff auf die vorhandene Wissensbasis. Eine wirksame Abhilfe zur Vermeidung dieser Problematik bietet die MediaWiki-Erweiterung *SemanticForms*[16], die eine benutzerfreundliche Erstellung und Bearbeitung von Wiki-Artikeln anhand von semantischen Vorlagen und Formularen ermöglicht.

Semantische Vorlagen sind wiederverwendbare Bausteine, die die Struktur der Wiki-Seiten und ihrer Bestandteile global festlegen. Sie können an beliebigen Stellen im SWM mehrfach eingebunden werden und enthalten Vorgaben darüber, welche Informationen und in welcher Form dort bereitzustellen sind. Dabei können in einer semantischen Vorlage verschiedene Parameter definiert werden, die später durch Eingaben von Wiki-Nutzern mit entsprechenden Werten belegt werden. Der entscheidende Vorteil liegt aber darin begründet, dass die Darstellung und Formatierung auf allen Wiki-Seiten einheitlich sind, in denen ein und dieselbe Vorlage eingebunden ist.

In Bezug auf die Erfassung von semantischen Daten erlauben Vorlagen, die in mancher Hinsicht komplexe Annotationssyntax vor Wiki-Nutzern zu verbergen. Vorlagen fassen die Attribute zusammen, durch welche eine Seite oder ihre Abschnitte beschrieben werden, und nehmen die semantische Annotation übergebener Werte automatisch vor. Ein weiterer Nutzen besteht darin, dass eine semantische Vorlage direkt einer Kategorie zugeordnet werden kann, wodurch alle Wiki-Seiten, in denen diese integriert ist, automatisch kategorisiert werden. Außerdem lassen sich semantische Abfragen auf eine einfache Weise in die Vorlagen einbinden, sodass auch komplexere Sachverhalte durch sie abgebildet werden können, ohne dass dabei das SMW an Bedienbarkeit und Benutzbarkeit einbüßt.

Eine derartige, über vordefinierte Vorlagen getriebene Verarbeitung semantischer Informationen stellt eine präzise Strukturierung der Wiki-Inhalte gemäß einem vorgegebenen Datenmodell sicher und sorgt gleichzeitig für Konsistenz in Bezug auf die Anwendung der Annotationen sowie für eine einheitliche Erfassung

---

16 https://www.mediawiki.org/wiki/Extension:Semantic_Forms

und Darstellung semantisch annotierter Wiki-Seiten. Darüber hinaus tragen Vorlagen dazu bei, dass sich nachträgliche Änderungen in der Datenstruktur oder Semantik mit einem deutlich geringeren Aufwand umsetzen lassen. Denn Änderungen in einer Vorlage wirken sich automatisch auf alle Seiten aus, in denen sie integriert ist.

Die Datenerfassung im SMW erfolgt über benutzerfreundliche Eingabemasken. Dabei handelt es sich um vordefinierte, mit Vorlagen verknüpfte HTML-Formulare, die die Eingabe und Bearbeitung von Daten für den Wiki-Nutzer erleichtern. Die Vollständigkeit der Eingaben lässt sich hierbei durch die Festlegung von Pflichtfeldern erreichen und ihre Plausibilität durch die Definition gültiger Wertebereiche sicherstellen.

Mit der Bereitstellung von semantischen Vorlagen und Formularen eröffnet die MediaWiki-Erweiterung SemanticForms die bisher fehlende Möglichkeit, eine Strukturierung von Wiki-Inhalten nach dem Datenbankprinzip umzusetzen sowie eine effiziente Nutzerführung auf Wiki-Seiten zu realisieren. Dies wird daher zur Abbildung verschiedener Softwareartefakte im CLEoS-Wiki aufgegriffen, indem die Definition eines Softwareprojektes samt allen dazugehörigen Geschäftsprozessen, Anforderungen und Systemkomponenten ausschließlich über vordefinierte Vorlagen erfolgt. Für die Erstellung und Bearbeitung dieser Artefakte stehen benutzerfreundliche Formulare zur Verfügung.

6.1.2 CLEoS-Ontologie

Das Grundgerüst zur Verarbeitung aller projektbezogenen Informationen im CLEoS-Wiki wird durch die in Abbildung 6.2 dargestellte ontologische Struktur vorgegeben. Diese orientiert sich nach dem in Abschnitt 5.2.5 erarbeiteten Nachverfolgbarkeitsmodell und bildet die dort definierten Softwareartefakte als kategorisierte Wiki-Seiten ab. Während ihre semantischen Beziehungen zueinander nahezu unverändert als Attribute entsprechender Wiki-Seiten umgesetzt werden, wird der strukturelle Aufbau von Softwareartefakten durch die Kombination mehrerer semantischer Annotationen realisiert.

Wie aus Abbildung 6.2 hervorgeht, stehen acht kategorisierte Seitentypen im CLEoS-Wiki zur Verfügung. Bis auf die Slimpage-Seiten, die die grafische Modellierung der Geschäftsprozesse und der Systemarchitektur technisch umsetzen (siehe Abschnitt 6.2.2.2), werden die CLEoS-Seiten zur Abbildung einzelner Softwareartefakte verwendet. Hierzu werden entsprechende Vorlagen entwickelt und in Wiki-Seiten eingebunden, die ihre inhaltliche Struktur festlegen. Gleichzeitig erfolgt die Bereitstellung zugehöriger Formulare, die ein benutzerfreundliches Anlegen und Editieren von diesen Seiten ermöglichen.

Abb. 6.2.: Ontologische Struktur des CLEoS-Wikis

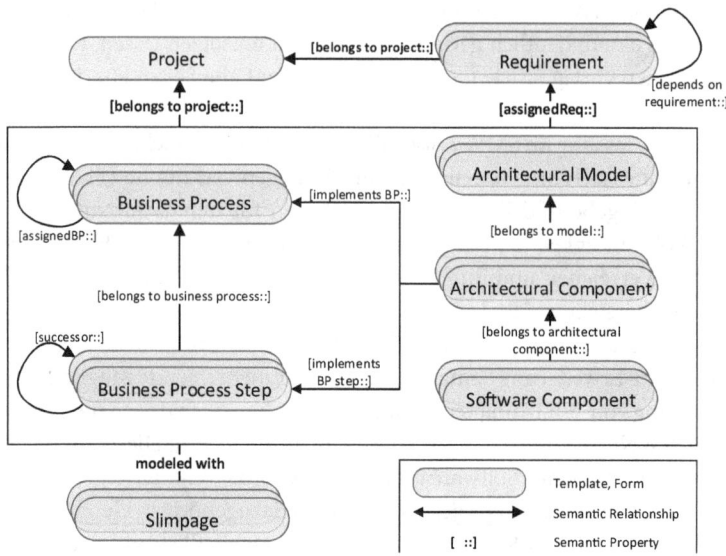

Semantische Beziehungen werden im CLEoS-Wiki so erfasst, dass die angestrebte Integration aller Artefakte entlang des global verteilten Softwareentwicklungsprozesses erreicht werden kann. Gezielte semantische Abfragen ermöglichen weiterhin den notwendigen Informationsgewinnungsprozess, um die Nachverfolgbarkeit der Softwareartefakte durchgängig zu gewährleisten (siehe Abschnitt 6.2.5).

Die CLEoS-Ontologie stellt grundsätzlich die notwendige Basis bereit, um eine effiziente Durchführung erfolgskritischer Softwareentwicklungsphasen in global verteilten Projekten bei KMSU zu realisieren. Bei Bedarf kann sie jedoch auch angepasst und beliebig erweitert werden. Gemäß geltender Rahmenbedingungen und vorgegebener Dokumentationsrichtlinien eines Unternehmens können neue Kategorien hinzugefügt oder bereits bestehende Elemente um weitere Attribute und Beziehungen ergänzt werden. Unter Verwendung semantischer Vorlagen und Formulare sind derartige Anpassungen schnell durchzuführen und lassen sich sogar während eines laufenden Projektes umsetzen. Gleichzeitig gewährleistet die durchdachte Definition semantischer Annotationen die Konsistenz und Übersichtlichkeit von CLEoS-Inhalten. Somit erfüllt die vorgeschlagene Konzeptumsetzung die wichtigsten Anforderungen bezüglich der Datenkonsistenz, Flexibilität und Leichtgewichtigkeit, die KMSU an die Werkzeugunterstützung ihrer global verteilten Softwareentwicklung stellen (siehe Abschnitte 3.1.4 und 4.5).

6.1.3 Hauptseite

Bereits die Hauptseite im CLEoS-Wiki hebt sich von dem gewohnten Erscheinungsbild eines traditionellen Wikis deutlich ab, indem sie einen optisch ansprechenden Überblick über dessen zentrale Bestandteile vermittelt (siehe Abbildung 6.3). Mithilfe einer interaktiven Symbolleiste können Projektbeteiligte zwischen einzelnen Softwareartefakten bequem navigieren und schnell auf notwendige Informationen zugreifen. Über horizontal angeordnete Symbole, die jeweils eine semantische Kategorie visualisieren, lassen sich alle dazugehörigen CLEoS-Seiten entweder nach Änderungsdatum sortiert oder in alphabetischer Reihenfolge anzeigen. Außerdem ist hier die Erstellung eines neuen Artefaktes direkt über die eingebaute Schaltfläche *Add New* möglich.

Abb. 6.3.: CLEoS-Hauptseite

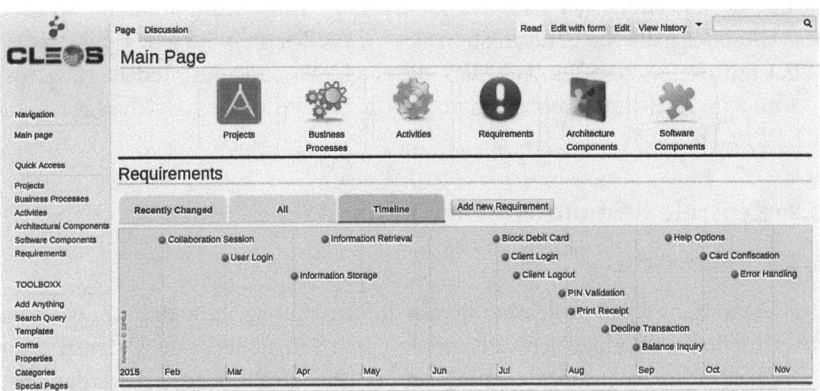

Durch die links platzierte Navigationsleiste wird zusätzlich ein übersichtlicher Zugang zu den wichtigsten Elementen und Funktionen des CLEoS-Wikis ermöglicht. So können Nutzer direkt zu bestehenden Projekten, Geschäftsprozessen oder Anforderungen gelangen, sich vordefinierte Vorlagen, Formulare oder Attribute anzeigen lassen sowie die Spezialseiten aufrufen.

6.1.4 Spezialseiten und Tags

Die Funktionen, die Kerneigenschaften des Lösungsansatzes im CLEoS-Wiki implementieren und daher technisch besonders umfangreich sind, werden grundsätzlich unter Verwendung von sogenannten Spezialseiten[17] realisiert. Sie besitzen

---

17 http://www.mediawiki.org/wiki/Manual:Special_pages

ihren eigenen Namensraum und können im Vergleich zu den anderen Seiten nicht standardmäßig durch den Nutzer geändert werden. Insgesamt stehen im CLEoS-Wiki die folgenden vier Spezialseiten zur Verfügung: *Slimpage, Traceability Matrix, User Group Management* und *Setup*. Zum einen werden dadurch die Integration eines leichtgewichtigen webbasierten Modellierungseditors sowie die Erfassung und Bearbeitung von Nachverfolgbarkeitsinformationen ermöglicht (siehe Abschnitte 6.2.2.2 und 6.2.5). Zum anderen stellen Spezialseiten die Hilfsfunktionen zur Verwaltung von Benutzergruppen und zur Unterstützung der CLEoS-Installationen bereit. So können über die Spezialseite *User Group Management* verschiedene Autorisierungsgruppen angelegt, verwaltet und mit relevanten Rechten versehen werden. Die Spezialseite *Setup* übernimmt die Aufgabe, bei einer Neuinstallation des CLEoS-Wikis alle notwendigen Vorlagen, Formulare und Attribute automatisch zu erstellen.

Zur Ermöglichung der zum Teil komplexen Formatierung und zur Ausgabe von CLEoS-spezifischen Informationen wird die Markup-Sprache[18] des Media-Wikis um zwei weitere Tags erweitert, die zur Einbindung des Modellierungseditors und der Nachverfolgbarkeitsmatrix ins CLEoS-Wiki dienen (siehe Abschnitte 6.2.2.2 und 6.2.5).

6.2 Zentrale Bestandteile im CLEoS-Wiki

6.2.1 Projektseite

Zur Verwaltung aller projektbezogenen Informationen stellt das CLEoS-Wiki die vordefinierte Vorlage der Kategorie *Project* bereit, über die die Datenstruktur und die visuelle Datenrepräsentation auf der Projektseite festgelegt werden. Der Aufbau der Projektseite und die zugrunde liegende Implementierung werden im Folgenden detailliert erläutert. An dieser Stelle ist anzumerken, dass auch andere CLEoS-Seiten, die Softwareartefakte abbilden, nach dem ähnlichen Prinzip umgesetzt werden.

6.2.1.1 Aufbau

Jede Projektseite besteht aus folgenden vier Abschnitten: *Header, Description, Time Tracking* und *Overview*. Beim ersten Abschnitt handelt es sich um eine Informationsleiste, die drei Elemente enthält und oben auf allen dazugehörigen Artefaktseiten erscheint (siehe Abbildung 6.4).

---

18 http://www.mediawiki.org/wiki/Help:Formatting

Abb. 6.4.: Projektseite im CLEoS-Wiki

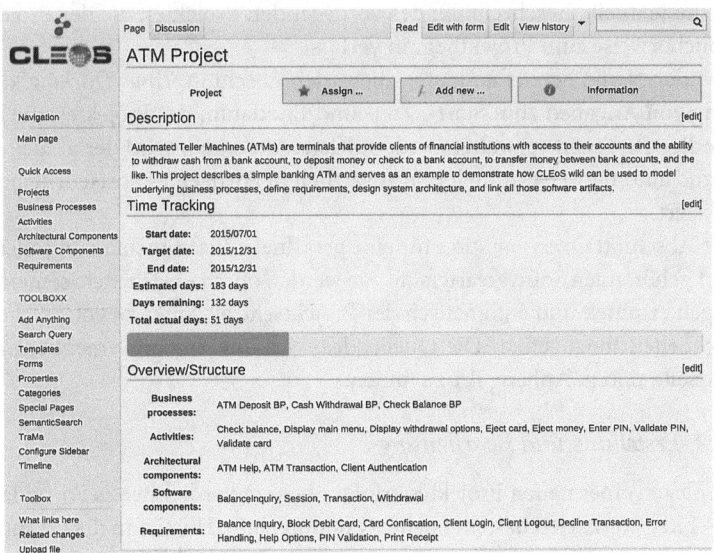

Das Steuerelement *Add new* ermöglicht die Erstellung neuer Softwareartefakte direkt von der Projektseite aus, indem der CLEoS-Nutzer mithilfe einer Drop-down-Liste zum entsprechenden Formulartyp weitergeleitet wird. Durch die Schaltfläche *Assign* lassen sich Geschäftsprozesse, Anforderungen, Architektur- und Softwarekomponenten einem Projekt zuweisen. Hierzu wird ein Dialogfens-ter eingeblendet, in dem alle im CLEoS-Wiki vorhandenen Softwareartefakte des ausgewählten Typs in Tabellenform aufgelistet werden. Für jedes Artefakt wird ein Kontrollkästchen angezeigt, das bei seiner Aktivierung entsprechende semantische Abhängigkeiten im Hintergrund speichert. Bei der Schaltfläche *In-formation* handelt es sich um eine generische Vorlage, die in Seiten eingebunden ist und abhängig von der jeweiligen Kategorie spezielle Daten aufsammelt. Es werden vor allem solche kontextbezogenen Informationen abgefragt, die zwecks Übersichtlichkeit nicht auf CLEoS-Seiten erscheinen. Bei der Projektseite zählen dazu in erster Linie die Angaben über Bearbeitungsstand, Priorität oder prozen-tuale Fertigstellung des Projektes (siehe Tabelle 6.1). In dieser Vorlage werden außerdem Informationen über Projektbeteiligte oder über im Projekt angelegte Benutzergruppen zusammengefasst, die als Links zu den entsprechenden Seiten erfasst werden. Somit stellt der Abschnitt *Header* eines der zentralen Elemente auf den CLEoS-Seiten dar, dessen Funktionalitäten die Projektteilnehmer bei ih-ren Arbeitsabläufen effektiv unterstützen.

Beim Abschnitt *Description* handelt es sich um einen Platzhalter für eine ausführliche textuelle Beschreibung des vorliegenden Projektes, die der Projektleiter üblicherweise zum Projektbeginn verfasst.

Wie der Name bereits andeutet, dient der Abschnitt *Time Tracking* zur Erfassung von Angaben zum Start-, Ziel- und Enddatum des Projektes, die durch zuständige Personen verwaltet werden. Basierend darauf wird der aktuelle Projektstand automatisch ermittelt und zusätzlich in Form eines Fortschrittsbalkens visualisiert.

Der Abschnitt *Overview* sorgt für eine geordnete Zusammenfassung aller zum Projekt gehörenden Softwareartefakte. Sie werden durch eingebettete semantische Abfragen ermittelt und automatisch der Projektseite als Links zu entsprechenden CLEoS-Seiten hinzugefügt. Die Quellcodeausschnitte zur Implementierung der Projektseite sind in Anhang B.1 zu finden.

6.2.1.2 Erstellung und Bearbeitung

Das Anlegen eines neuen Projektes erfolgt über ein vordefiniertes Formular, das aus drei Registerkarten besteht (siehe Abbildung 6.5). Hier kann die verantwortliche Person projektbezogene Informationen wie Projektname und Beschreibung erfassen sowie Termine und Zuständigkeiten festlegen. Beim Erstellen eines neuen Projektes werden gleichzeitig alle angegeben Werte über die zugrunde liegende Vorlage semantisch annotiert. Den Quellcode zur Einbindung der Projektvorlage in das Formular zeigt Anhang B.2.

Abb. 6.5.: Formular zur Erstellung und Bearbeitung von CLEoS-Projektseiten

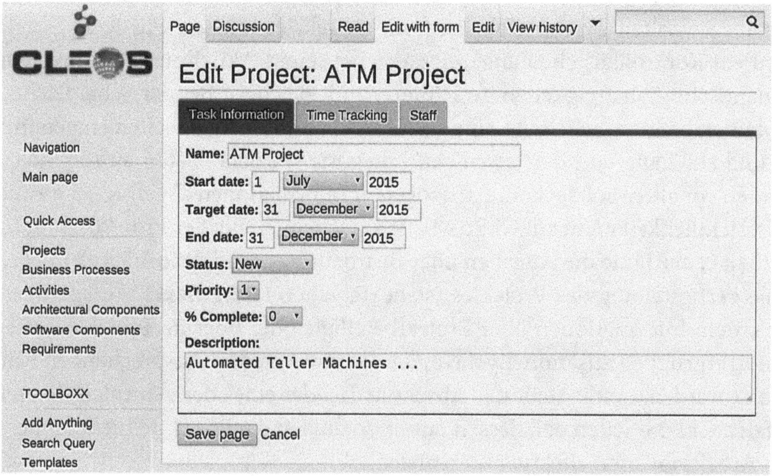

Die Änderungen an Projektinhalten können sowohl interne als auch externe Projektbeteiligte über die gleiche Eingabemaske vornehmen. Die Dateneingabe wird zusätzlich durch Textfelder mit Autovervollständigungsfunktion (AV) und durch vordefinierte Dropdown-Listen erleichtert. Außerdem ist eine Datenvalidierung im Formular integriert, sodass inkorrekte oder unvollständige Eingaben abgefangen und durch entsprechende Fehlermeldungen ausgewiesen werden.

Alle vordefinierten semantischen Attribute, die zur Beschreibung eines Projektes im CLEoS-Wiki dienen, sind in Tabelle 6.1 zusammengefasst. Es werden dabei auch ihre Datentypen und Wertebereiche sowie die jeweiligen Bedienelemente im Formular angegeben.

Tabelle 6.1.: Beschreibungsschema für die CLEoS-Projektseite

Attribut	Erläuterung	Wertebereich	Bedienelement
`[[name::]]`	Projektbezeichnung	String	Textfeld
`[[start date::]]`	Startdatum	Datum	Textfeld, Dropdown-Liste
`[[target date::]]`	Zieldatum der Fertigstellung	Datum	Textfeld, Dropdown-Liste
`[[end date::]]`	Tatsächliches Enddatum	Datum	Textfeld, Dropdown-Liste
`[[status::]]`	Bearbeitungsstand	New, In progress, Planned, Finished	Dropdown-Liste
`[[priority::]]`	Priorität des Projektes	1 ≡ hoch 2 ≡ mittel 3 ≡ niedrig	Dropdown-Liste
`[[completeness::]]`	Prozentuale Fertigstellung	0 – 100 in 10er Schritten	Dropdown-Liste
`[[desc::]]`	Projektbeschreibung	String	Textarea
`[[owner::User::]]`	Projektleiter	String	Textfeld mit AV
`[[staff::User]]`	Zuständige Person	String	Textfeld mit AV
`[[related user group::]]`	Benutzergruppe	String	Textfeld mit AV
`[[actual days::]]`	Anzahl der verstrichenen Tage bis zum heutigen Datum	Zahl	Automatische Berechnung
`[[days to complete::]]`	Anzahl der verbleibenden Tage bis zum Zieldatum	Zahl	Automatische Berechnung
`[[estimated days::]]`	Anzahl der Tage vom Start- bis zum Zieldatum	Zahl	Automatische Berechnung

6.2.2 Geschäftsprozessorientierte Anforderungsanalyse

Die Realisierung der geschäftsprozessorientierten Anforderungsanalyse erfolgt im CLEoS-Wiki durch die Bereitstellung und semantische Verknüpfung von Seiten der Kategorie *Business process* und *Requirement*. Außerdem wird dabei jeder einzelne Schritt eines Geschäftsprozesses als eine eigenständige Seite der Kategorie *Activity* abgebildet und entsprechend spezifiziert (siehe Abschnitt 6.2.2.4).

6.2.2.1 Geschäftsprozessseite

Geschäftsprozesse werden über Wiki-Seiten abgebildet, die sowohl eine textuelle als auch modellbasierte Dokumentation ermöglichen. Hierzu greift das CLEoS-Wiki wieder auf die Erweiterung SemanticForms zurück und legt eine Vorlage mit dem dazugehörigen Formular für die Erfassung von Geschäftsprozessen auf CLEoS-Seiten fest. Als Kopfzeile erscheint auf jeder Seite der Abschnitt *Header*, der in seinem Aufbau und seinen Funktionen dem auf der Projektseite entspricht (siehe Abschnitt 6.2.1.1). Das zentrale Element stellt dabei aber das etwaige Geschäftsprozessmodell dar, das über ein eingebundenes Diagramm visualisiert wird. Im unteren Teil der Seite befindet sich ein Platzhalter für die textuelle Beschreibung des Geschäftsprozesses. Abbildung B.1 im Anhang zeigt den inhaltlichen und visuellen Aufbau der Geschäftsprozessseite.

Die vordefinierte Vorlage, die das Beschreibungsschema von Geschäftsprozessseiten bestimmt, wird der Kategorie *Business process* zugeordnet. Ihre semantischen Attribute sind in Tabelle 6.2 zusammengefasst. Über die dazugehörende

Tabelle 6.2.: Beschreibungsschema für die Geschäftsprozessseite.

Attribut	Erläuterung	Wertebereich	Bedienelement
`[[name::]]`	Bezeichnung	String	Textfeld
`[[belongs to project::]]`	Projektzugehörigkeit	Vorhandene Projekte	Auswahlliste
`[[is responsible::User]]`	Zuständige Person	String	Textfeld mit AV
`[[status::]]`	Bearbeitungsstand	New, In progress, Planned, Finished	Dropdown-Liste
`[[related user group::]]`	Benutzergruppe	String	Textfeld mit AV
`[[assignedReq::]]`	Zugehörige Anforderungen	–	–
`[[assigned to BP::]]`	Übergeordnete Geschäftsprozesse	–	–

Eingabemaske können Attributwerte aus dem angegebenen Wertebereich festgelegt werden (siehe Abbildung B.2 im Anhang). Für mehr Benutzerfreundlichkeit sorgen dabei Hilfestellungen wie die Ausgabe vorhandener Projekte in Form einer Auswahlliste oder auch die Autovervollständigungsoptionen für ausgewählte Bedienelemente.

Die semantischen Annotationen [[assigned to BP::]] und [[assignedReq::]] sind bei der Erstellung und Bearbeitung der Geschäftsprozessseite für den Nutzer nicht sichtbar. Sie dienen zur Definition von Abhängigkeiten und werden über die Nachverfolgbarkeitsmatrix erfasst (siehe Abschnitt 6.2.5). Das Attribut [assigned to BP::] hält die Verbindung zu übergeordneten Geschäftsprozessen fest, wodurch sich die strukturelle Zerlegung komplexer Prozesse in einfachere, leichter darstellbare Teilprozesse realisieren lässt (siehe Abschnitt 5.2.5). Entsprechende Anforderungen werden über das Attribut [[assignedReq::]] mit dem Geschäftsprozess verlinkt. Alle zu einem Geschäftsprozess gehörenden Artefakte können durch das Aktivieren der Schaltfläche *Information* angezeigt werden.

Nachdem ein neuer Geschäftsprozess mit allen relevanten Informationen angelegt wurde, kann mit seiner modellbasierten Erfassung begonnen werden. Hierzu klickt der CLEoS-Nutzer auf ein zunächst leeres Diagramm, das sich in der Mitte der Geschäftsprozessseite befindet (siehe Abbildung B.1 im Anhang). Daraufhin wird die Spezialseite der Kategorie *Slimpage* aufgerufen, die über einen integrierten Modellierungseditor verfügt (siehe Abschnitt 6.2.2.2). Durch die im Editor bereitgestellten Funktionalitäten zu synchroner und asynchroner Zusammenarbeit können Kunden, interne und externe Projektbeteiligte zusammen Geschäftsprozessdiagramme direkt im CLEoS-Wiki modellieren und diese sogar in Echtzeit kollaborativ bearbeiten. Während der Modellierung definieren sie einzelne Geschäftsprozessschritte und legen ihre logische Reihenfolge mithilfe einer intuitiven, schnell erlernbaren Modellierungssprache fest (siehe Abschnitt 6.2.2.3). Als Ergebnis entsteht ein Geschäftsprozessmodell, das das angestrebte Systemverhalten visualisiert und der Ableitung von Kundenanforderungen dient. Ein Beispiel eines solchen Modells zeigt Abbildung 6.6.

Die Anpassung und Integration des kollaborativen Editors, der die Modellierung und visuelle Darstellung von Geschäftsprozessen im CLEoS-Wiki ermöglicht, wird im nächsten Abschnitt behandelt. Außerdem folgt nachstehend die Begründung der Auswahl der verwendeten Modellierungssprache und die Kurzbeschreibung ihrer einzelnen Notationselemente.

6.2.2.2 Modellierungseditor

Bei *Synchronous Lightweight Modeling Tool* (SLiM) handelt es sich um einen leichtgewichtigen webbasierten Editor zur synchronen kollaborativen Modellierung, der ursprünglich für die Erstellung von UML-Diagrammen entwickelt wurde (Thum et al. 2009). Das primäre Ziel des SLiM-Editors besteht darin, mehreren Nutzern eine einfache gemeinsame Erstellung und Bearbeitung von Diagrammen in Echtzeit zu ermöglichen. Er basiert ausschließlich auf Standard-Webtechnologien, sodass für seinen Einsatz keine zusätzlichen Installationen von Software oder Browser-Plug-ins beim Anwender erforderlich sind. Durch seine Leichtgewichtigkeit und Integrierbarkeit sowie durch die Möglichkeit einfacher Echtzeit-Kollaboration erfüllt der SLiM-Editor die zentralen Anforderungen, die KMSU an die Werkzeugunterstützung bei global verteilter Softwareentwicklung stellen (siehe Abschnitt 4.4.7).

Als Java-basierte Webanwendung benötigt der SLiM-Editor einen Webserver, der die Servlet-Technologie unterstützt (siehe z. B. Apache Tomcat[19] oder

---

19 http://tomcat.apache.org/

Jetty[20]). Der Zugriff auf seine Funktionalitäten erfolgt im CLEoS-Wiki über die bereitgestellte Schnittstelle, die mittels geeigneter Konnektoren mit Media-Wiki-API[21] und SMW Ask-API[22] kommuniziert und die aufbereiteten Daten im für den SLiM-Editor verständlichen Format zur Verfügung stellt (siehe Abbildung 6.7).

Abb. 6.7.: Architektur der CLEoS-Schnittstelle

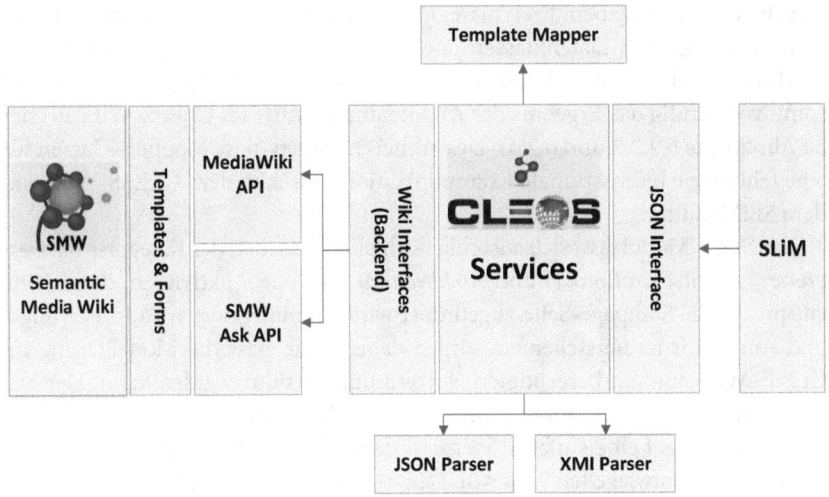

Die CLEoS-Schnittstelle besteht im Wesentlichen aus folgenden Komponenten: `CleosModelingService`, `CleosTraceabilityService` und `CleosInterfaceHandler`. Dabei übernehmen die Service-Klassen die Aufbereitung und die Handler-Klasse die Ermittlung der notwendigen Informationen. Die Kommunikation mit dem SLiM-Editor erfolgt über die Klasse `CleosModelingService`, die die Funktionen zum Laden und Speichern von Geschäftsprozessmodellen, Architekturmodellen und Architekturkomponenten sowie zum Erstellen von dazugehörigen Diagrammen bereitstellt. Als Gegenstück im CLEoS-Wiki stehen die Slimpage-Seiten, die als Datencontainer für SLiM-Modelle dienen und Informationen über Positionierung,

---

20 http://www.eclipse.org/jetty/
21 http://www.mediawiki.org/wiki/API:Main_page
22 http://www.mediawiki.org/wiki/Extension:SMWAskAPI

Typisierung, Eigenschaften und Zusammenhänge von Modellelementen beinhalten.

Bei Geschäftsprozessmodellen liegen modellbezogene Daten im JSON-Format und bei Architekturkomponenten im XMI-Format vor. Um diese Metadaten in eine für die Verwendung im CLEoS-Wiki geeignete Form zu überführen, werden zwei entsprechende Mapper-Klassen bereitgestellt. Während der JSON-Mapper die Umwandlung von Notationselementen der Geschäftsprozessmodellierungssprache — wie Aufgaben, Ereignisse oder Steuerobjekte — in die Instanzen entsprechender CLEoS-Datenklassen übernimmt, übersetzt der XMI-Mapper die UML-Modellelemente — wie Klassen, Interfaces oder Packages — und bildet somit vollständig das Ergebnis des Architekturentwurfs im CLEoS-Wiki ab (siehe Abschnitte 6.2.2.3 und 6.2.4). Des Weiteren sorgen diese Mapper-Klassen für eine fehlerfreie bidirektionale Kommunikation zwischen dem CLEoS-Wiki und dem SLiM-Editor.

Das SLiM-Modul lässt sich ausschließlich über die Seiten der Kategorie *Business process*, *Architectural model* und *Architectural component* aktivieren, denen eine entsprechende Slimpage-Seite zugeordnet wird. Die integrierten Autorisierungs- und Authentifizierungsschemata sorgen dabei dafür, dass die Modellierung im CLEoS-Wiki nur von berechtigten Nutzern durchgeführt werden kann. Der Zugang zum Modellierungsmodus und die Modelldarstellung auf einzelnen CLEoS-Seiten werden auf eine einfache Weise — durch die Verwendung des speziell für diesen Zweck entwickelten Tags `<SLIM/>` — realisiert. Das SLiM-Tag überprüft zunächst, ob für die jeweilige Seite bereits ein Modell existiert. Falls dies der Fall ist, wird ein statisches Diagramm für das Modell generiert und in die CLEoS-Seite integriert. Ansonsten erscheint ein Bild mit dem Hinweis, dass auf der Stelle noch kein Modell vorhanden ist. Durch Anklicken der Diagrammfläche wird der interaktive Modellierungsmodus aufgerufen, sodass der Nutzer mit der Erstellung oder Bearbeitung des entsprechenden Modells beginnen kann. Abhängig davon, ob die Aktivierung des SLiM-Editors mit der Anweisung `<SLIM type = "BP"/>`, `<SLIM type = "ArcMod"/>` oder `<SLIM type = "ArcCo"/>` erfolgt, wird entweder der Modus für die Geschäftsprozessmodellierung oder der für die Modellierung der Systemarchitektur mit einem entsprechenden Set an Notationselementen freigeschaltet (siehe Abschnitte 6.2.2.3 und 6.2.4).

Da KMSU die Änderungsprotokollierung als unentbehrliche Anforderung an die Werkzeugunterstützung ihrer Softwareentwicklungsprozesse hervorheben (siehe Abschnitte 3.2.7, 3.4.4 und 4.4.7), wird diese Funktionalität im CLEoS-Wiki auch auf der Modellierungsebene zur Verfügung gestellt. Hierfür wurde der SLiM-Editor um entsprechende Eigenschaften erweitert und mit der zusätzlichen

Schaltfläche *History* ausgestattet. Über diese Schaltfläche lassen sich alle im CLEoS-Wiki erstellten und automatisch gespeicherten Modelle des jeweiligen Typs anzeigen und so in Bezug auf den Änderungsverlauf bequem begutachten.

Um den Modellierungsprozess mit interaktiven Komponenten auszustatten und dabei eine direkte Kommunikation und Echtzeit-Kollaboration zwischen mehreren Nutzern zu ermöglichen, greift das CLEoS-Wiki wieder auf die Eigenschaften und Funktionen des SLiM-Editors zurück. Für eine ausführliche Beschreibung des SLiM-Kollaborationsmechanismus wird hier auf Thum et al. (2009) verwiesen. Wie sich aber die Modellierung im Einzelbenutzer- und Mehrbenutzermodus durchführen lässt, zeigt Abschnitt 6.2.3 anhand eines Beispielszenarios für Geschäftsprozesse.

6.2.2.3 Modellierungssprache

Gemäß den praxisgeleiteten Anforderungen in Abschnitt 4.5 wurde bei der Auswahl der Geschäftsprozessmodellierungssprache besonders darauf geachtet, dass die verwendete Notation intuitiv und leicht erlernbar ist und dass der investierte Modellierungsaufwand in einem ausgewogenen Verhältnis zum erbrachten Nutzen steht. Die heute am häufigsten verwendeten Geschäftsprozessmodellierungssprachen wie BPMN oder EPK erweisen sich für den Nicht-Experten wegen ihrer hohen Komplexität, ihrer umfangreichen Sprachspezifikationen sowie wegen der großen Anzahl an Notationselementen als ungeeignet. Da der hier vorgeschlagene Lösungsansatz in erster Linie die Verbesserung der Spezifikationsphase durch die effektive Einbindung von Kunden und externen Partnern anstrebt, ist ein solch hoher Aufwand für die Erstellung von Geschäftsprozessmodellen mit derartig komplexen Modellierungssprachen nicht vertretbar.

Aus diesem Grund wird im CLEoS-Wiki auf eine intuitive und leicht erlernbare Modellierungssprache zugegriffen, die im Rahmen des GlobaliSE-Projektes durch enge Zusammenarbeit mit assoziierten Praxispartnern entstand (siehe Abschnitt 1.4). Die während der Interviewbefragungen gesammelten praxisrelevanten Erkenntnisse im Bereich der Geschäftsprozessmodellierung setzte Koch (2009) in der Notationssprache *iAM* um. Dabei ist die Anzahl ihrer Notationselemente auf das notwendigste Minimum reduziert. Aus Komplexitätsgründen bietet *iAM* außerdem keine Möglichkeit zur Beschreibung ausführbarer Geschäftsprozesse (van Lessen et al. 2011). Da *iAM* als Schnittmenge bestehender Geschäftsprozessmodellierungssprachen konzipiert ist und auf weit verbreiteten Workflow-Mustern basiert, ist eine indirekte Transformation von *iAM*-Modellen in ausführbare Geschäftsprozessmodelle wie die von BPMN gegeben. Die Einbindung der Notationssprache *iAM* in den SLiM-Editor wird durch eine

Stencil-Erweiterung von Bayer (2011) realisiert, die die in Tabelle 6.3 beschriebenen Diagrammelemente zur Verfügung stellt.

Tabelle 6.3.: Notationselemente der Modellierungssprache iAM

Element	Erläuterung
Aufgabe	Eine Aufgabe entspricht einem atomaren Prozessschritt in der Definition des Geschäftsprozesses. Aufgaben sind aktive Elemente der *iAM*-Notation und werden immer im Zusammenhang mit einem Ereignis ausgeführt. Am Ende der Ausführung einer Aufgabe wird ein Endzustand erreicht, der wiederum ein auslösendes Ereignis für eine der darauf folgenden Aufgaben sein kann. In *iAM*-Modellen sind Aufgaben und Ereignisse abwechselnd zu verwenden. Im CLEoS-Wiki wird jeder Geschäftsprozessschritt durch eine eigene automatisch angelegte CLEoS-Seite spezifiziert (siehe Abschnitt 6.2.2.4).
Ereignis	In Anlehnung an die EPK-Definition bezeichnet ein Ereignis das Eingetretensein eines zuvor definierten Zustandes, der eine Folge von Aktivitäten bewirkt (Keller et al. 1992). Im Gegensatz zu EPK erlaubt die *iAM*-Notation die Verwendung von Verzweigungen nach einem Ereignis, wodurch weniger Regeln befolgt werden müssen.
Steuerobjekt	Steuerobjekte werden in *iAM* zur Verknüpfung von Aufgaben und Ereignissen eingesetzt und sind somit für die Steuerung des Kontrollflusses verantwortlich. Ähnlich wie in den meisten Geschäftsprozessmodellierungssprachen unterscheidet *iAM* zwischen den folgenden Junktoren: Konjunktion, exklusive Disjunktion und inklusive Disjunktion. Diese werden in der *iAM*-Notation als *Nebenläufigkeit* (Und-Verzweigung), *Einzelentscheidung* (Entweder-Oder-Verzweigung) und *Mehrfachentscheidung* (Und-Oder-Verzweigung) bezeichnet. Durch die Kombination mehrerer Steuerobjekte können auch komplexe Regeln zur Fortführung des Kontrollflusses modelliert werden. Falls ein Ereignis mit einer Aufgabe direkt verknüpft wird, handelt es sich in *iAM* um ein direktes Steuerelement, das lediglich zur Fortführung des bestehenden Kontrollflusses verantwortlich ist.
Anmerkung	Eine Anmerkung erlaubt das Hinzufügen zusätzlicher textueller Information wie Kommentare oder Erklärungen.

Trotz einer überschaubaren Anzahl an Notationselementen und Regeln verfügt *iAM* über einen relativ hohen Grad an Ausdrucksfähigkeit, sodass sich damit alle Aspekte eines Geschäftsprozesses modellieren lassen. Bei Bedarf kann die *iAM*-Modellierungssprache erweitert werden, indem bestehende Notationselemente um weitere Eigenschaften ergänzt oder zusätzliche Sprachkonstrukte hinzugefügt werden (Bayer 2011).

6.2.2.4 Geschäftsprozessschrittseite

Wie bereits erwähnt, wird bei der Geschäftsprozessmodellierung für jeden einzelnen Prozessschritt automatisch eine eigene CLEoS-Seite der Kategorie *Activity* angelegt, die zur Erfassung weiterer Informationen in diesem Zusammenhang dient. Gleichzeitig wird auch die Zugehörigkeit des Prozessschrittes zum übergeordneten Geschäftsprozess und Projekt über die zugrunde liegende semantische Vorlage festgehalten. Je nach Zweck können Projektbeteiligte anhand der bereitgestellten Eingabemaske eine detaillierte Beschreibung des Geschäftsprozessschrittes im CLEoS-Wiki hinterlegen, indem nachfolgende Prozessschritte, zuständige Personen oder sogar Bedingungen zur Steuerung des Kontrollflusses angegeben werden (siehe Abbildung B.3 im Anhang). Alle semantischen Attribute des Beschreibungsschemas für die Geschäftsprozessschrittseite sind in Tabelle 6.4 zusammengefasst.

Tabelle 6.4.: Beschreibungsschema für die Geschäftsprozessschrittseite

Attribut	Erläuterung	Wertebereich	Bedienelement
`[[belongs to project::]]`	Projektzugehörigkeit	Vorhandene Projekte	Auswahlliste
`[[belongs to business process::]]`	Zugehörigkeit zum Geschäftsprozess	Vorhandene Geschäftsprozesse	Auswahlliste
`[[is responsible::User]]`	Zuständige Person	String	Textfeld mit AV
`[[related user group::]]`	Benutzergruppe	String	Textfeld mit AV
`[[condition::]]`	Bedingung	String	Textfeld
`[[successor::]]`	Nachfolgender GP-Schritt bei erfüllter Bedingung	String	Textfeld mit AV
`[[false successor::]]`	Nachfolgender GP-Schritt bei nicht erfüllter Bedingung	String	Textfeld mit AV

6.2.2.5 Anforderungsseite

Systemanforderungen werden im CLEoS-Wiki in einer strukturbasierten Form dokumentiert und nach dem gleichen Prinzip wie bei den oben beschriebenen Artefakten abgebildet. Die semantische Vorlage legt Attribute und Datentypen fest, durch welche eine Anforderung im CLEoS-Wiki beschrieben wird (siehe Tabelle 6.5). Das dazugehörige Formular erlaubt dem Nutzer, auf eine übersichtliche und intuitive Weise die entsprechenden Attributwerte einzugeben und diese im Rahmen des Änderungsmanagements nachträglich zu bearbeiten (siehe Abbildung B.4 im Anhang).

Tabelle 6.5.: Beschreibungsschema für die Anforderungsseite

Attribut	Erläuterung	Wertebereich	Bedienelement
`[[name::]]`	Bezeichnung	String	Textfeld
`[[belongs to project::]]`	Projektzugehörigkeit	Vorhandene Projekte	Auswahlliste
`[[is responsible::User]]`	Zuständige Person	String	Textfeld
`[[creation date::]]`	Zeitpunkt der Erstellung	Datum	Textfeld, Dropdown-Liste
`[[deadline date::]]`	Zeitpunkt der Fertigstellung	Datum	Textfeld, Dropdown-Liste
`[[priority::]]`	Priorität der Anforderung	1 ≡ hoch 2 ≡ mittel 3 ≡ niedrig	Dropdown-Liste
`[[requirement type::]]`	Typ der Anforderung oder Lebenszyklusphase	Design, Coding, Testing, Functional, Non-Functional	Dropdown-Liste
`[[implementation status::]]`	Status der Umsetzung	In progress, Implemented	Dropdown-Liste
`[[related user group::]]`	Benutzergruppe	String	Textfeld mit AV

Die gewählte Anforderungsbeschreibung orientiert sich in erster Linie am Attributierungsschema von Pohl (2008), berücksichtigt aber auch die in IEEE-Standard 29148 (2011) festgelegten Empfehlungen für die Anforderungserhebung. Nichtsdestoweniger ist das Beschreibungsschema so flexibel ausgelegt, dass KMSU ihre geltenden unternehmensspezifischen Dokumentationsrichtlinien jederzeit durch das Hinzufügen neuer oder Erweitern bestehender Attribute umsetzen können.

Die Realisierung der Nachverfolgbarkeit der Anforderungen wird durch die Erfassung semantischer Abhängigkeiten zwischen einzelnen Anforderungsseiten und dazugehörigen Geschäftsprozess- bzw. Geschäftsprozessschrittseiten gemäß dem in Abschnitt 5.2.5 erarbeiteten Nachverfolgbarkeitsmodell sichergestellt. Zu diesem Zweck stellt das CLEoS-Wiki entsprechende Funktionalitäten in Form einer Nachverfolgbarkeitsmatrix zur Verfügung (siehe Abschnitt 6.2.5). Für bessere Übersichtlichkeit und leichtere Handhabung werden alle Anforderungen zusätzlich als ein Timeline visualisiert (siehe Abbildung B.5 im Anhang).

6.2.3 Beispielszenario kollaborativer Geschäftsprozessmodellierung

Im Folgenden werden die Vorzüge kollaborativer Geschäftsprozessmodellierung in global verteilten Softwareprojekten anhand eines praxisnahen Szenarios verdeutlicht. Den Ausgangspunkt des Beispielszenarios bildet das Vorhaben, das Verhalten eines Bankautomaten als einen Geschäftsprozess im CLEoS-Wiki zu modellieren. Es wird vorausgesetzt, dass bereits Workshops mit dem Kunden durchgeführt wurden, die einen allgemeinen Überblick über das zu entwickelnde System liefern. Für die Geschäftsprozessmodellierung ist CLEoS-Nutzer A des internen Entwicklerteams verantwortlich.

Die einzelnen Benutzeraktionen und die entsprechenden Systemereignisse werden in Anlehnung an Thum (2009) beschrieben und zwecks besserer Übersichtlichkeit in tabellarischer Form dargestellt (siehe Tabelle 6.6).

Tabelle 6.6.: Beispielszenario kollaborativer Geschäftsprozessmodellierung

Schritt	Nutzeraktion	Systemreaktion
1	Nutzer A aktiviert erstmalig den Modellierungsmodus auf der Geschäftsprozessseite.	Der SLiM-Editor wird mit einem leeren Diagramm geöffnet. Gleichzeitig startet die kollaborative Sitzung, an der Nutzer A zunächst allein teilnimmt.
2	Nutzer A erstellt ein neues Ereignis *Bank card inserted* und die dazugehörige Aufgabe *Validate card*, indem er die entsprechenden Elemente aus der Symbolpalette auf die Zeichenfläche zieht, diese über das Eigenschaftenfenster benennt und miteinander verbindet.	Die modellierten Elemente des Geschäftsprozesses werden im Diagramm gemäß Nutzervorgaben visualisiert.

Schritt	Nutzeraktion	Systemreaktion
3	Nutzer A ist sich bei der Modellierung des nächsten Prozessschrittes unsicher und bittet seinen Kollegen B um Unterstützung. Daraufhin tritt Nutzer B der gleichen Sitzung über den geteilten Link bei.	Die Modellierungsumgebung schaltet sich in den Mehrbenutzermodus um. Es folgt die Aktivierung des Chats, in dem alle aktiven Teilnehmer angezeigt werden. Der beigetretene Nutzer bekommt den aktuellen Stand des Diagramms zur Sicht.
4	Nutzer A konkretisiert seine Angelegenheit per Chat-Nachricht.	Nutzer B kann die Problemstellung im Chat-Fenster lesen.
5	Nutzer B erstellt zwei neue Aufgaben *Enter PIN* und *Eject bank card* und verbindet diese mit einer XOR-Verknüpfung.	Während der Bearbeitung werden die jeweiligen Modellelemente für Nutzer A implizit gesperrt und durch ein Schlosssymbol mit dem Namen des Nutzers B gekennzeichnet. Alle durchgeführten Modellierungsschritte bleiben für Nutzer A sichtbar und erzielen den erforderlichen Lerneffekt.
6	Nutzer A und B diskutieren im Chat über die Verzweigungsbedingungen und entscheiden sich, diese allgemein als *Card valid* und *Card invalid* zu definieren. Ihre weitere Konkretisierung soll der Kunde übernehmen und wird deswegen kontaktiert.	Chat-Nachrichten werden zwischen Nutzern A und B ausgetauscht. Die Verzweigungsbedingungen werden wie in Abbildung 6.6 auf der Diagrammfläche dargestellt.
7	Der Kunde tritt der kollaborativen Sitzung bei.	Das System reagiert wie in Schritt 3.
8	Nutzer A verdeutlicht dem Kunden sein Anliegen, indem er mit einem Markierungsstift zwei Bedingungen umkreist.	Auf der Zeichenfläche aller Teilnehmer erscheint die von Nutzer A erstellte Markierung, die nach einiger Zeit verschwindet.
9	Nutzer A speichert das unvollständige Modell.	Ein neues Geschäftsprozessmodell wird über die CLEoS-Schnittstelle generiert. Für jede der drei erstellten Aufgaben wird automatisch eine neue CLEoS-Seite der Kategorie *Activity* angelegt. Ein statisches Modelldiagramm wird erzeugt und auf der Geschäftsprozessseite gemäß der vordefinierten Vorlage dargestellt.

Schritt	Nutzeraktion	Systemreaktion
10	Nutzer A bittet den Kunden per Chat, die Seite des Geschäftsprozessschrittes *Validate card* aufzurufen und dort die Bedingungen für die Steuerung des Kontrollflusses zu spezifizieren. Der Kunde befolgt die Anweisung.	Chat-Nachrichten werden zwischen Nutzern ausgetauscht. Die Geschäftsprozessschrittseite *Validate card* wird geöffnet und der Kunde kann erforderliche Details über die Eingabemaske erfassen.
11	Gleichzeitig arbeitet Nutzer A an der Modellierung des Geschäftsprozesses weiter. Er erstellt alle notwendigen Schritte mit dazugehörigen Verknüpfungen, sodass ein vollständiges Modell wie in Abbildung 6.6 entsteht.	Das System reagiert wie in Schritt 5.
12	Der Kunde kehrt zum Diagramm zurück und benachrichtigt Nutzer A über die Fertigstellung des Geschäftsprozessschrittes *Validate card.*	Alle Inhalte werden synchronisiert, sodass dem Kunden der aktuelle Stand des Diagramms angezeigt wird.
13	Bei näherer Betrachtung des Modells stellt der Kunde einige Unstimmigkeiten fest, markiert die entsprechenden Stellen wie in Schritt 8 und benachrichtigt Nutzer A über seinen Änderungsvorschlag.	Das System reagiert wie in Schritt 8.
14	Nutzer A korrigiert das Modell.	Das System reagiert wie in Schritt 5.
15	Der Kunde bestätigt die Korrektheit der Umsetzung per Chat und verlässt die Sitzung.	Die Abmeldung des Kunden wird anderen Teilnehmern mitgeteilt.
16	Nutzer A will überprüfen, dass die durch Kunden initiierten Änderungen technisch umsetzbar sind, und kontaktiert das zuständige externe Entwicklerteam. Externe Nutzer C und D schließen sich der Sitzung wie in Schritt 3 an.	Das System reagiert wie in Schritt 3.
17	Nutzer A erklärt externen Entwicklern die Problemstellung wie in Schritten 4 und 8.	Das System reagiert wie in Schritten 4 und 8.
18	Nutzer C und D stimmen per Chat der Änderung zu.	Das System reagiert wie in Schritt 4.
19	Nutzer C und D verlassen die Sitzung.	Das System reagiert wie in Schritt 15.
20	Nutzer B bestätigt das Ergebnis und verlässt ebenfalls die Sitzung.	Das System reagiert wie in Schritt 15.
21	Nutzer A speichert das endgültige Geschäftsprozessmodell ab.	Das System reagiert wie in Schritt 9.

Darauf aufbauend können jetzt die Geschäftsprozessseite und alle dazugehörigen Prozessschritte über die bereitgestellten Formulare durch Kunden, interne oder externe Projektbeteiligte näher spezifiziert werden (siehe Abschnitte 6.2.2.1 und 6.2.2.4).

6.2.4 Architekturentwurf

Eine weitere wichtige Anforderung an die Unterstützung global verteilter Softwareentwicklung bei KMSU stellt die Bereitstellung einer möglichst leichtgewichtigen und nutzbringenden Methode zur Formalisierung des Architekturentwurfs dar. Hierfür wird in Abschnitt 5.2.4 vorgeschlagen, die statische Systemstruktur auf drei Abstraktionsebenen — Architekturmodell, Architekturkomponente und Softwarekomponente — in Form von UML-Objektklassen und ihren Beziehungen zueinander zu erfassen. Als Gegenstück werden im CLEoS-Wiki die Seiten der Kategorien *Architectural model*, *Architectural component* und *Software component* entsprechend bereitgestellt.

6.2.4.1 Architekturmodell

Bei den Seiten zur Erfassung von Architekturmodellen handelt es sich um die Spezialseiten der Kategorie *Slimpage*, die dem CLEoS-Nutzer durch einfache und dennoch leistungsfähige Modellierungsfunktionalitäten den objektorientierten Architekturentwurf ermöglichen. Außerdem sind sie für die technische Verwaltung der entsprechenden Metadaten zuständig. Auf der Definitionsebene legen diese Spezialseiten die Beziehungen zwischen mehreren Architekturkomponenten fest und werden wegen ihres hohen Abstraktionsgrades nicht mit den CLEoS-Seiten des gleichen Typs verlinkt, sondern nur im Zusammenhang mit den Seiten der Kategorie *Architectural component* verwaltet.

Im Modellierungsmodus werden einzelne Architekturkomponenten als Packages abgebildet und über einfache Assoziationsbeziehungen miteinander verknüpft. Dabei lässt sich ein neues Objekt mittels des Elementes *Package* aus der SLiM-Symbolpalette erstellen. In diesem Fall wird automatisch auch eine neue CLEoS-Seite der Kategorie *Architectural component* angelegt, wo später eine detailliertere Spezifizierung der jeweiligen Architekturkomponente vorgenommen werden kann. Das Bearbeiten oder auch das Entfernen von den im Modell bereits vorhandenen Architekturkomponenten ist ebenfalls direkt im SLiM-Editor möglich. Für mehr Benutzerfreundlichkeit werden im Modellierungsmodus alle anderen im CLEoS-Wiki angelegten Architekturkomponenten aufgelistet, sodass diese dem Modell leicht hinzugefügt werden können. Ein Beispiel des im CLEoS-Wiki erstellten Architekturmodells zeigt Abbildung 6.8.

Abb. 6.8.: Beispiel eines Architekturmodells

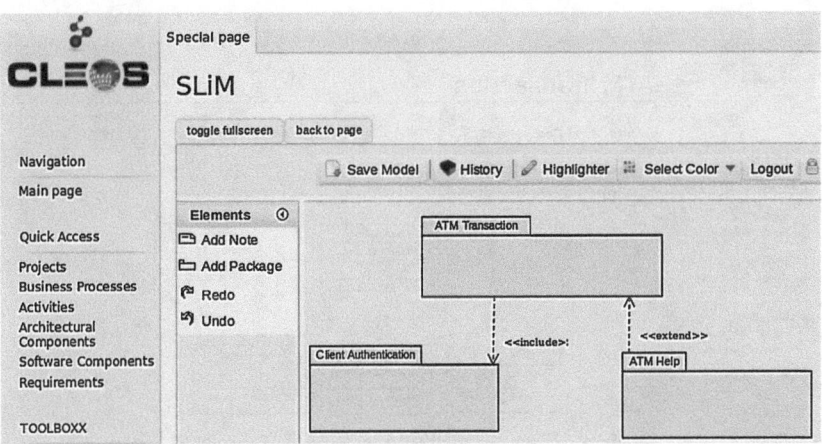

6.2.4.2 Architekturkomponenten

Die CLEoS-Seiten, die zum Verwalten von Architekturkomponenten dienen, sind vom strukturellen und visuellen Aufbau her mit den Geschäftsprozessseiten weitgehend vergleichbar (siehe Abschnitt 6.2.2.1). Sie verfügen über den Abschnitt *Header* mit den nützlichen, CLEoS-spezifischen Eigenschaften und bieten alle für die Darstellung und Bearbeitung von zugehörigen Architekturkomponenten erforderlichen Funktionalitäten. Als zentrales Element wird in der Mitte der Seite das UML-Diagramm in Form eines statischen Bildes platziert, welches auch zum Aktivieren des Modellierungswerkzeuges mit entsprechenden Einstellungen dient. Die CLEoS-Seiten für Architekturkomponenten sind zusätzlich mit einer Schaltfläche ausgestattet, über die ein neues übergeordnetes Architekturmodell erstellt werden kann. Alternativ lässt sich eine Architekturkomponente einem bereits existierenden Modell zuordnen. Kommt eine Architekturkomponente in mehreren Modellen vor, werden diese auf der Seite dank der vordefinierten semantischen Abfrage in Listenform dargestellt (siehe Abbildung 6.9).

Abb. 6.9.: CLEoS-Seite für Architekturkomponenten

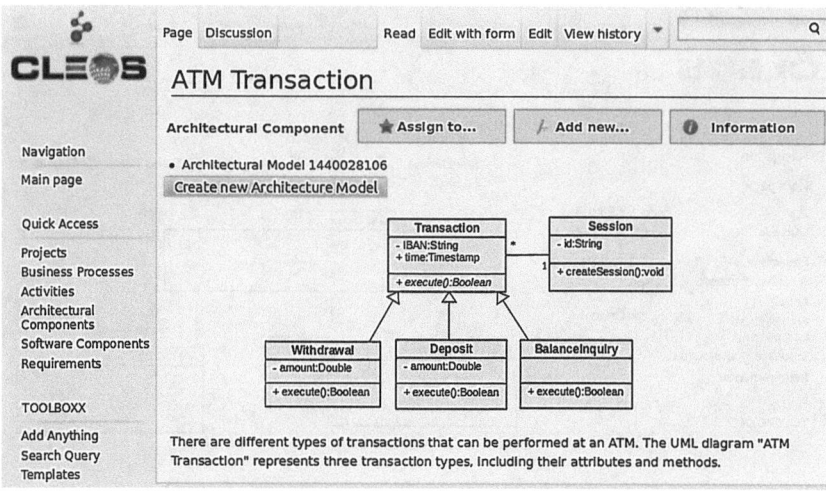

Die nähere Spezifikation der abgebildeten Architekturkomponente erfolgt wie gewohnt über die bereitgestellte benutzerfreundliche Eingabemaske, der eine vordefinierte semantische Vorlage zugrunde liegt. Hier lassen sich Informationen über die Projektzugehörigkeit, zuständige Personen und Benutzergruppen sowie über die Beziehungen der Architekturkomponente zu Geschäftsprozessen festlegen (siehe Abbildung B.7 im Anhang). Das vollständige Beschreibungsschema der CLEoS-Seiten für Architekturkomponenten fasst Tabelle 6.7 zusammen.

Tabelle 6.7.: Beschreibungsschema der CLEoS-Seiten für Architekturkomponenten

Attribut	Erläuterung	Wertebereich	Bedienelement
[[name::]]	Bezeichnung	String	Textfeld
[[belongs to project::]]	Projektzugehörigkeit	Vorhandene Projekte	Auswahlliste
[[implements BP::]]	Zugehöriger Geschäftsprozess	Vorhandene Geschäftsprozesse	Auswahlliste
[[is responsible::User]]	Zuständige Person	String	Textfeld mit AV
[[related user group::]]	Benutzergruppe	String	Textfeld mit AV
[[implements BP step::]]	Zugehöriger Geschäftsprozessschritt	–	–
[[belongs to model::]]	Übergeordnetes Architekturmodell	–	–
[[assignedReq::]]	Zugehörige Anforderung	–	–

Die Attribute `[[implements BP step::]]`, `[[belongs to model::]]` und `[[assignedReq::]]` dienen dabei zum Abbilden der Abhängigkeiten zwischen der Architekturkomponente und den mit ihr in Verbindung stehenden Geschäftsprozessschritten, Architekturmodellen und Systemanforderungen. Sie werden nicht über die Eingabemaske erfasst, sondern durch die Funktionen der Nachverfolgbarkeitsmatrix verwaltet (siehe Abschnitt 6.2.5).

Zur Modellierung der Architekturkomponenten wird als Modellierungssprache eine vereinfachte UML-Notation verwendet, die eine Teilmenge der existierenden UML-Elemente beinhaltet. Dies sorgt dafür, dass durch solch eine schlanke Notation der Modellierungsaufwand in einem akzeptablen Verhältnis zum zu erzielenden Nutzen steht (siehe Abschnitt 4.4.4). Im SLiM-Editor werden hierfür Klassen, Interfaces und Anmerkungen als Notationselemente in der Symbolpalette zur Verfügung gestellt. Eine Klasse wird durch Attribute und Methoden definiert und kann zusätzlich durch Angabe des Stereotyps spezifiziert werden. Die Attribute einer Klasse lassen sich über das dafür vorgesehene Formular, das im rechten Bereich des SLiM-Editors platziert wird, deklarieren. Hierbei können Angaben über den Namen, Datentyp, Defaultwert und Modifikator gemacht werden. Die Methoden einer Klasse verfügen zusätzlich über einen Rückgabewert. Analog erfolgt auch die Deklaration eines Interfaces. Zur Verbindung zwischen Notationselementen stehen die Beziehungsarten wie Generalisierung, Assoziation, Aggregation und Komposition bereit, die durch eine Bezeichnung oder Rolle näher beschrieben werden können (siehe Abbildung B.6 im Anhang).

Bei der Modellierung von Architekturkomponenten stehen dem CLEoS-Nutzer die Kollaborationsfunktionalitäten des SLiM-Editors im vollen Umfang zur Verfügung, sodass Projektbeteiligte, ähnlich wie in Abschnitt 6.2.3, einer Sitzung über den geteilten Link beitreten, Modellelemente hinzufügen, bearbeiten oder löschen, diese sperren und zur gemeinsamen Bearbeitung freigeben sowie sich per Chat in Echtzeit austauschen können.

6.2.4.3 Softwarekomponenten

Die Spezifizierung von einzelnen UML-Elementen wird im CLEoS-Wiki durch eigenständige Seiten der Kategorie *Software component* umgesetzt. Diese werden entweder manuell durch den Nutzer oder automatisch durch das CLEoS-Wiki während der Modellierung von Architekturkomponenten angelegt. Hier können Eigenschaften und Methoden einer Softwarekomponente hinzugefügt, angepasst und gelöscht werden. Die CLEoS-Seiten für Softwarekomponenten haben den gewohnten strukturellen Aufbau wie in Abbildung 6.10 dargestellt. Unter dem

Abschnitt *Header* werden die Eigenschaften und Methoden einer Klasse oder eines Interfaces auf eine UML-konforme Weise übersichtlich darstellt.

Abb. 6.10.: CLEoS-Seite für Softwarekomponenten

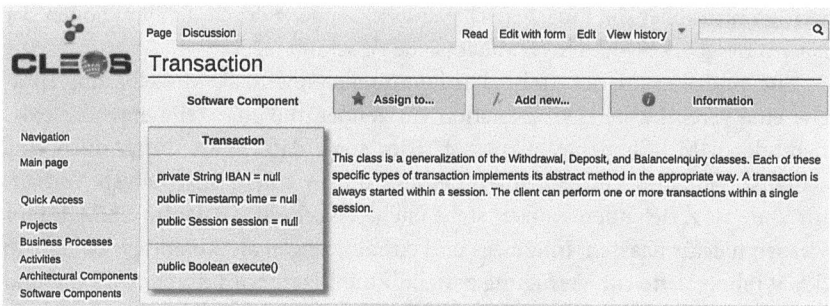

Alle zu einer Softwarekomponente gehörenden Artefakte können durch das Aktivieren der Schaltfläche *Information* angezeigt werden (siehe Abbildung B.9 im Anhang). Die textuelle Beschreibung der Softwarekomponente wird rechts daneben platziert.

Das Beschreibungsschema der CLEoS-Seiten für Softwarekomponenten wird gleichzeitig durch drei semantische Vorlagen festgelegt (siehe Tabelle 6.8). Dabei dienen die Vorlagen *Variable* und *Method* nicht dem Aufbau eigenständiger CLEoS-Seiten, sondern kommen stets zusammen mit einer Vorlage vom Typ *Software component* zum Einsatz. Darüber hinaus werden sie automatisch mit dem Parameter *Multiple* versehen und lassen sich daher ein und derselben Seite mehrfach hinzufügen. Das dazugehörige Formular, mit dem der CLEoS-Nutzer Softwarekomponenten erstellen und bearbeiten kann, unterteilt sich ebenfalls in drei Bereiche, die als Registerkarten dargestellt werden (siehe Abbildung B.8 im Anhang). Hier ist anzumerken, dass im Formular nicht nur für die Softwarekomponente, sondern auch für deren einzelne Attribute und Methoden ein Platzhalter für textuelle Beschreibungen vorgesehen ist. So kann anhand zusätzlicher Angaben über Gründe und Zweck der jeweiligen Methode eine detailliertere Spezifikation vorgenommen werden.

Tabelle 6.8.: Beschreibungsschema der CLEoS-Seiten für Softwarekomponenten

Vorlage	Attribut	Erläuterung	Wertebereich	Bedienelement
Software component	`[[name::]]`	Bezeichnung	String	Textfeld
	`[[belongs to project::]]`	Projektzugehörigkeit	Vorhandene Projekte	Auswahlliste
	`[[type::]]`	Typ	Class, Interface	Dropdown-Liste
	`[[is responsible::User]]`	Zuständige Person	String	Textfeld
	`[[related user group::]]`	Benutzergruppe	String	Textfeld
	`[[assignedReq::]]`	Zugehörige Anforderungen	–	–
Variable	`[[state::]]`	Sichtbarkeit	public, protected, private, abstract, final, static	Textfeld
	`[[variable type::]]`	Datentyp	String	Textfeld
	`[[variable name::]]`	Bezeichnung	String	Textfeld
	`[[default value::]]`	Vorgabewert	String	Textfeld
Method	`[[state::]]`	Sichtbarkeit	public, protected, private, abstract, final, static	Textfeld
	`[[return value::]]`	Rückgabewert	String	Textfeld
	`[[method name::]]`	Bezeichnung	String	Textfeld
	`[[parameter::]]`	Parameterliste	String	Textfeld

Wie aus Tabelle 6.8 hervorgeht, wird das Attribut `[[assignedReq::]]` nicht über die Eingabemaske erfasst, da es zur systemtechnischen Repräsentation von Abhängigkeiten zwischen einer Softwarekomponente und den dazugehörigen Systemanforderungen dient. Dieses Attribut lässt sich nur über die Nachverfolgbarkeitsmatrix festlegen.

6.2.5 Nachverfolgbarkeitsmatrix

Die Visualisierung und Verwaltung von semantischen Abhängigkeiten zwischen verschiedenen Softwareartefakten findet im CLEoS-Wiki über die Spezialseite *Traceability Matrix* statt. Gemäß der in Abschnitt 6.1.2 vorgestellten ontologischen Struktur stellt diese Spezialseite an einer Stelle alle Nachverfolgbarkeitsinformationen in Form einer Matrix zusammen und dient der Definition der dafür erforderlichen semantischen Annotationen und Abfragen.

Um zwei Softwareartefakte miteinander in Beziehung zu setzen, sind zunächst allgemein ihre Seitenkategorien als Zeilen und Spalten der Matrix festzulegen. Daraufhin werden alle existierenden CLEoS-Seiten der ausgewählten Kategorien anhand einer vordefinierten semantischen Abfrage ausgelesen und dem Nutzer wie in Abbildung 6.11 präsentiert. Durch die Markierung entsprechender Matrixelemente erfolgt die Definition semantischer Abhängigkeiten zwischen jeweiligen Softwareartefakten. Die in Verbindung zu setzenden CLEoS-Seiten können zusätzlich durch vordefinierte Filter oder individuelle Benutzerabfragen eingegrenzt werden.

Abb. 6.11.: Nachverfolgbarkeitsmatrix im CLEoS-Wiki

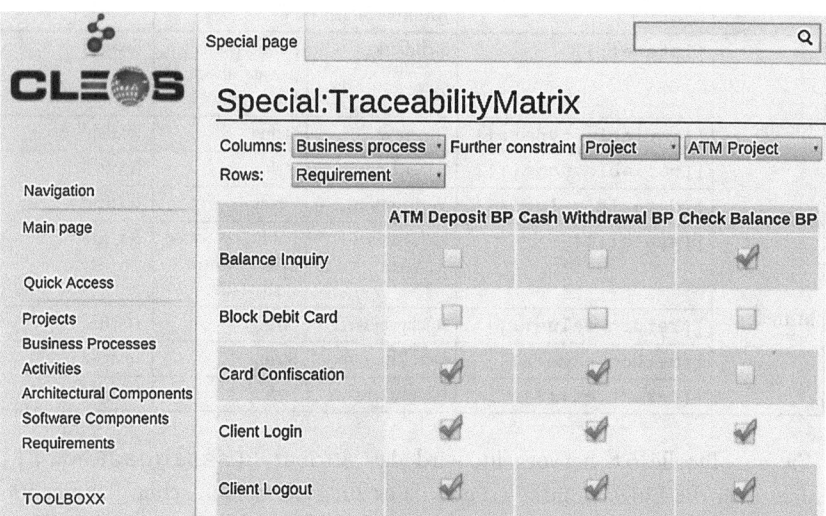

Funktionen der Nachverfolgbarkeitsmatrix lassen sich im CLEoS-Wiki mittels des speziell für diesen Zweck entwickelten Tags `<TRAMA/>` einbinden. So wird die Nachverfolgbarkeitsmatrix dem Bedienelement *Assign* unter Angabe eines Parameterwertes, der den Aufschluss über die Seitenkategorie gibt, zugeordnet, um einen benutzerfreundlichen Zugriff auf ihre Funktionen zu gewährleisten, ohne dabei die Spezialseite aufrufen zu müssen (siehe Abschnitt 6.2.1.1). Dank dieser Parametrisierung wird die Matrixspalte automatisch mit der Instanz der aktuellen CLEoS-Seite belegt. Es bleibt lediglich die Kategorie für die Matrixzeilen offen, die der Nutzer anhand einer Auswahlliste schnell festlegen und damit die semantische Zuordnung zu den so ermittelten Softwareartefakten bequem vornehmen kann.

Durch die Bereitstellung des speziellen Tags `<TRAMA/>` auf der Clientseite und die Umsetzung seiner komplexen Funktionalitäten auf der Serverseite (siehe Abschnitt 6.2.2.2) lassen sich semantische Abhängigkeiten zwischen CLEoS-Seiten, die die Softwareartefakte abbilden, auf eine recht einfache und benutzerfreundliche Weise verwalten. Darüber hinaus ist die Nachverfolgbarkeitsmatrix so konzipiert, dass im Falle einer Erweiterung der zugrunde liegenden ontologischen Struktur neue Seitenkategorien unkompliziert hinzugefügt werden können.

6.3 Erweiterte Funktionen

Um die Akzeptanz und die Praktikabilität des CLEoS-Wikis zu erhöhen, wurden im Rahmen seiner prototypischen Implementierung viele nützliche Funktionen zur Verbesserung der Benutzbarkeit und Nutzerführung entwickelt. Diese zusätzlichen Funktionen wurden teils eigens für das CLEoS-Wiki konzipiert und teils durch die Anpassung und Integration bestehender SMW-Erweiterungen umgesetzt.

6.3.1 Suchfunktion

Damit der Informationsgewinnungsprozess im Allgemeinen und die Suchfunktion im Speziellen nicht unnötig verkompliziert werden, verwaltet das CLEoS-Wiki alle vorhandenen, semantisch annotierten Informationen auf einer speziell dafür konzipierten Seite, in der eine generische semantische Abfragefunktion integriert ist. Diese ermöglicht es dem CLEoS-Nutzer, durch das bereitgestellte Formular Informationen über sämtliche Attribute der zuvor festgelegten Softwareartefakte zu gewinnen, ohne dabei die Syntax der zugrunde liegenden Annotationssprache zu kennen (siehe Abbildung 6.12). Das Suchformular lässt sich wie gewohnt über die CLEoS-Navigationsleiste von jeder Seite aus aufrufen (siehe Abschnitt 6.1.3).

Im Formular ist zunächst ein Zielobjekt aus der Dropdown-Liste auszuwählen, die alle im CLEoS-Wiki vorhandenen Seitenkategorien mittels eingebetteter semantischer Abfrage auflistet. Nach der Festlegung einer bestimmten Seitenkategorie werden die dazugehörigen Instanzen ermittelt und angezeigt. Die generische semantische Abfragefunktion ist so konzipiert, dass das Suchformular in Abhängigkeit von der getroffenen Auswahl dem Beschreibungsschema für die CLEoS-Seite der jeweiligen Kategorie weitgehend entspricht und mit den dafür vorgesehenen Bedienelementen ausgestattet wird (siehe Tabellen 6.1–6.8). So kann der CLEoS-Nutzer bei Suchanfragen die Attributwerte durch Textfelder, Dropdown-Listen oder Auswahllisten festlegen und die Suchergebnisse auf eine intuitive Weise eingrenzen. Beim Betätigen der Schaltfläche *Run query* wird das Abfrageformular in die Annotationssprache übersetzt und löst im Hintergrund die entsprechende semantische Suche aus. Anschließend werden Abfrageergebnisse in Tabellenform dargestellt (siehe Abbildung 6.12).

Abb. 6.12.: Suchfunktion im CLEoS-Wiki

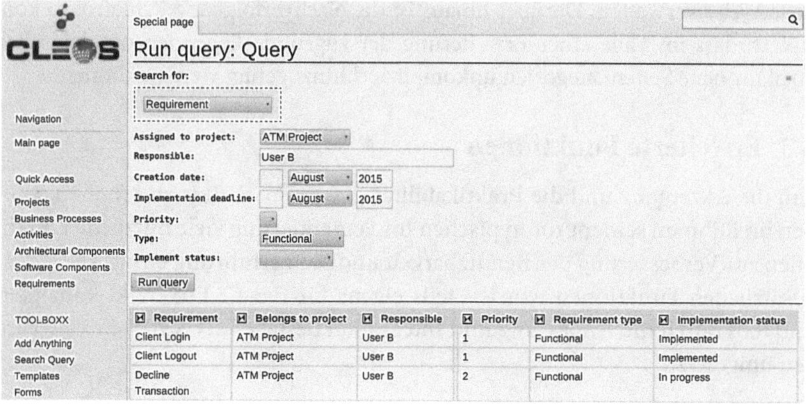

Requirement	Belongs to project	Responsible	Priority	Requirement type	Implementation status
Client Login	ATM Project	User B	1	Functional	Implemented
Client Logout	ATM Project	User B	1	Functional	Implemented
Decline Transaction	ATM Project	User B	2	Functional	In progress

6.3.2 Glossar

Die Anforderungsübertragung (siehe Abschnitt 3.2.3) und der Wissensaustausch (siehe Abschnitt 4.4.6) zwischen Projektbeteiligten werden im CLEoS-Wiki durch die Bereitstellung eines gemeinsamen Begriffssystems in Form eines Glossars unterstützt. Hierzu greift das CLEoS-Wiki auf die MediaWiki-Erweiterung *Lingo*[23] zurück, die die Definition und Erläuterung von projektbezogenen Begrifflichkeiten auf eine einfache Weise ermöglicht und zu ihrer einheitlichen Nutzung beiträgt. Das Glossar kann sowohl zur Erfassung des fachlichen Vokabulars als auch zur Beschreibung domänenspezifischer Konzepte und Gesetzmäßigkeiten verwendet werden.

Das Hinzufügen eines neuen Eintrages ins CLEoS-Glossar erfolgt mit trivialer Anweisung, die dessen Kurzbeschreibung und Erläuterung enthält:

;CLEoS
:Collaborative Lightweight Extension of Software Engineering

Falls die vordefinierte Kurzbeschreibung auf einer CLEoS-Seite vorkommt, wird sie hervorgehoben, sodass der jeweilige Erläuterungstext angezeigt werden kann. Damit im Glossar Einträge für Softwareartefakte automatisch generiert werden, kann das CLEoS-Wiki dank seiner Flexibilität leicht angepasst werden. Hierfür

23 https://www.mediawiki.org/wiki/Extension:Lingo

sind lediglich zwei zusätzliche semantische Attribute erforderlich, die im entsprechenden Beschreibungsschema das Erfassen der Kurzbeschreibung und Erläuterung ermöglichen, um diese dem Glossar automatisch hinzuzufügen.

6.3.3 Buchfunktion

In Bezug auf die Werkzeugunterstützung wurde im Rahmen der theoriegeleiteten Anforderungserhebung die Notwendigkeit der Bereitstellung von Funktionalitäten zu automatischer Generierung von Ergebnisdokumenten festgestellt (siehe Tabelle 3.3). Diese wird im CLEoS-Wiki durch die Integration der Buchfunktion der MediaWiki-Erweiterung *Collection*[24] realisiert. Damit können alle CLEoS-Seiten samt dazugehörigen textuellen Beschreibungen und Modellen in Form eines Buches individuell zusammengestellt und im PDF-Format exportiert werden. Über die CLEoS-Navigationsleiste lässt sich der sogenannte Buchgenerator aufrufen, der zahlreiche Optionen zum Erstellen eines aus CLEoS-Seiten bestehenden Dokumentes bereitstellt (siehe Abbildung 6.13).

Abb. 6.13.: Buchfunktion im CLEoS-Wiki

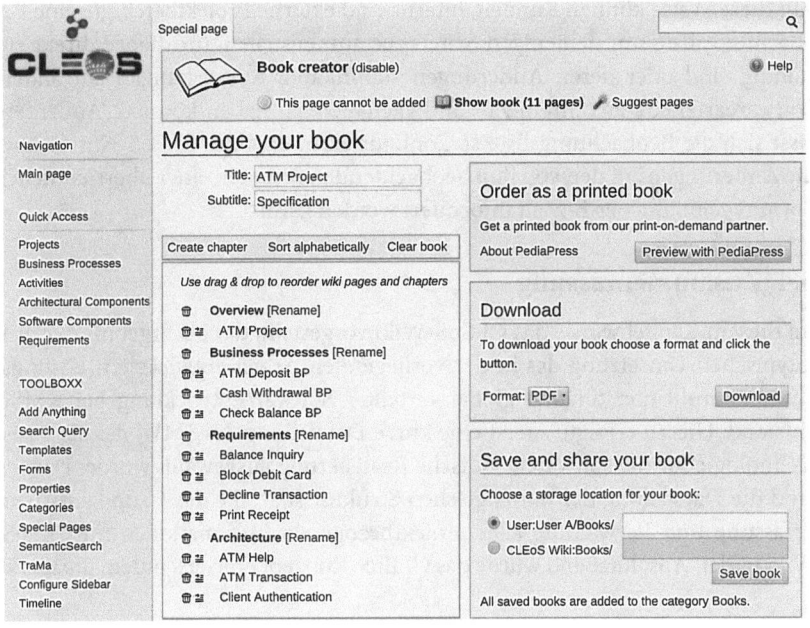

---

24 http://www.mediawiki.org/wiki/Extension:Collection

So können sowohl einzelne Softwareartefakte als auch ganze Kategorien mit untergeordneten Inhalten einem Dokument bequem beigefügt werden. Neben der Möglichkeit zur Gestaltung des Titelblattes erlaubt der Buchgenerator, die Gliederung des zu erstellenden Buches nach eigenen Wünschen zu organisieren, indem Buchkapitel- und Seiten umbenannt und anhand der Drag-and-Drop-Technik verschoben werden können.

6.3.4 Beobachtungsliste

Alle auf einer CLEoS-Seite durchgeführten Änderungen werden vom System standardmäßig registriert und in der Seitenhistorie aufgenommen. So können Änderungsaktivitäten und damit verbundene Details in Form einer Liste eingesehen und analysiert werden. In der Regel sind Nutzer jedoch nicht am Änderungsverlauf aller vorhandenen Seiten interessiert. Wichtiger sind für sie meistens Informationen über Änderungen auf den Seiten, die ihren Zuständigkeitsbereich betreffen.

Zu diesem Zweck wurde ins CLEoS-Wiki eine weitere MediaWiki-Erweiterung, die sogenannte *Beobachtungsliste*[25], integriert, die dem CLEoS-Nutzer ermöglicht, die Änderungen nur auf den vorab festgelegten Seiten zu verfolgen. Auf diese Weise können Kunden, interne und externe Projektbeteiligte eine Beobachtungsliste mit denjenigen Seiten zusammenstellen, für die sie direkt zuständig sind oder deren Änderungen signifikante Auswirkungen auf andere Softwareartefakte aus ihrem Zuständigkeitsbereich haben können. Außerdem lässt sich die Beobachtungsliste so konfigurieren, dass der CLEoS-Nutzer über die Änderungen auf den von ihm beobachtenden Seiten in einer übersichtlichen Form regelmäßig per E-Mail informiert werden kann.

6.4 Zusammenfassung

Im diesem Kapitel wurde das CLEoS-Wiki vorgestellt, das als Ergebnis der prototypischen Umsetzung des in der vorliegenden Arbeit entwickelten Lösungsansatzes zur Unterstützung global verteilter Softwareentwicklung bei KMSU entstand. Hierzu erfolgte zuerst eine kurze Darstellung des SMW, das als Basistechnologie für die softwaretechnische Realisierung ausgewählt wurde. Danach fand die Darstellung der ontologischen Struktur statt, die das Grundgerüst zur Erfassung und Verwaltung aller projektbezogenen Informationen im CLEoS-Wiki bildet. Anschließend wurde das CLEoS-Konzept erörtert, indem die hierzu

---

25 http://www.mediawiki.org/wiki/Help:Watchlist

durchgeführten SMW-Modifikationen, die Anpassung und Integration des Modellierungseditors, die Auswahl der Modellierungssprache sowie die Umsetzung der Softwareartefakte zusammen mit der Darstellung deren charakteristischer Funktionalitäten ausführlich beschrieben und durch zahlreiche Abbildungen verdeutlicht wurden.

Bei der systemtechnischen Umsetzung wurde ein besonderer Wert auf die Benutzerfreundlichkeit und Nutzerführung im CLEoS-Wiki gelegt. Dies resultierte darin, dass auf allen kategorisierten CLEoS-Seiten, welche zur Abbildung von Softwareartefakten dienen, selbsterklärende Eingabemasken bereitgestellt sind, über die sich projektbezogene Inhalte bequem bearbeiten lassen. Dabei unterstützen die zugrunde liegenden semantischen Vorlagen und Abfragen den gesamten Informationsgewinnungsprozess im CLEoS-Wiki. Sie bilden die Grundlage für die Umsetzung der benutzerfreundlichen Suchfunktion, fassen die automatisch generierten, für das jeweilige Artefakt relevanten Daten an den dafür vorgesehen Stellen zusammen und stellen weitere nützliche Funktionen zur Verfügung.

Somit entstand ein leichtgewichtiges, webbasiertes und leicht an unternehmensspezifische Bedürfnisse anpassbares Werkzeug, das nicht nur die wesentlichen, zuvor identifizierten Verbesserungspotenziale global verteilter Softwareentwicklung aufgreift, sondern sich auch gut zur Unterstützung interner Softwareentwicklungsaktivitäten eignet.

7. Evaluation

Nach der konzeptuellen Darstellung des Lösungsansatzes und seiner prototypischen Implementierung besteht der nächste Schritt gemäß der Forschungsmethodik der Designwissenschaft in seiner rigorosen Evaluation (siehe Abschnitt 1.3). Das Hauptziel jedes Evaluationsprozesses liegt in der Überprüfung, ob die neu entwickelten Artefakte die an sie gestellten Anforderungen vollständig erfüllen und somit die zugrunde liegende Problemstellung effektiv lösen (Frank 2006; Hevner et al. 2004). Um diese Fragen adäquat zu beantworten und den Lösungsansatz aus verschiedenen Perspektiven zu bewerten, wurde im Rahmen der vorliegenden Arbeit ein mehrschrittiger Evaluationsprozess durchgeführt.

In diesem Kapitel erfolgt zunächst die Darlegung der ausgewählten Vorgehensweise, die zur Erreichung der gestellten Evaluationsziele führt. Im weiteren Verlauf werden die einzelnen Evaluationsschritte detailliert beschrieben, die gewonnenen Ergebnisse erläutert und ihre Auswirkungen auf die zukünftige Anwendbarkeit des Lösungsansatzes aufgezeigt. Das Kapitel schließt mit einer Zusammenfassung der wichtigsten Erkenntnisse.

7.1 Darstellung des Evaluationsprozesses

Die Evaluation des in der vorliegenden Arbeit entwickelten Lösungsansatzes wird in Anlehnung an Johannesson und Perjons (2014) — aus Perspektive der Designwissenschaft — in *formative* und *summative* Phasen unterteilt. Während die formative Evaluation entwicklungsorientiert ist und sich auf die Verbesserung und Qualitätssicherung ablaufender Prozesse konzentriert, hat die summative Evaluation die Absicht, erreichte Ergebnisse festzuhalten und diese abschließend zu bewerten. Auch die Erhebungsmethodik variiert je nach Zweck des Evaluationsvorhabens. So kommen bei der formativen Evaluation vor allem qualitative Forschungsmethoden wie Aktionsforschung, Interviewbefragungen oder Beobachtungen zum Einsatz. Die summative Evaluation bedient sich dagegen meist quantitativer Datenerhebungsverfahren wie Vergleichsanalysen oder Umfragen, die ein Gesamturteil über die Wirksamkeit und Relevanz des Untersuchungsgegenstandes anhand der Hypothesenüberprüfung am Ende einer Maßnahme herleiten (Patton 2002).

Als erster Schritt im Rahmen der formativen Evaluation wird eine leitfadengestützte Interviewbefragung von Fachexperten durchgeführt, um erste praxisnahe Aufschlüsse über das Grundprinzip des Lösungsansatzes und über dessen prototypische Implementierung zu erhalten. Darauf basierend erfolgt die Ableitung konkreter Maßnahmen zur Verbesserung und Weiterentwicklung der vorgestellten Lösung (siehe Abschnitt 7.2).

Nach der anschließenden Umsetzung der getroffenen Verbesserungsmaßnahmen wird der Lösungsansatz im weiteren Schritt der formativen Phase einer tiefgehenden Evaluation unterzogen, die im Rahmen eines einjährigen Projektes in Zusammenarbeit mit einem Entwicklerteam und einem Praxispartner stattfindet. Im Vordergrund steht dabei eine umfassende schrittweise Optimierung des gesamten Konzeptes in Bezug auf Funktionalität, Praxistauglichkeit, Zuverlässigkeit und Benutzerfreundlichkeit. Hierfür werden bei der Abwicklung eines konkreten Kundenprojektes vorhandene Schwachstellen und deren Ursachen ermittelt. Diese werden anschließend in einem iterativen Prozess in Form von sogenannten Änderungsanforderungen an das CLEoS-Wiki registriert und entsprechend umgesetzt (siehe Abschnitt 7.3).

Den ersten Schritt im Rahmen der summativen Evaluation stellt die abschließende Bewertung des Lösungsansatzes im Allgemeinen und des CLEoS-Wikis im Speziellen dar. Dafür wird am Ende des oben erwähnten Evaluationsprojektes die dabei angewandte Vorgehensweise aus Kundensicht beurteilt, indem das Feedback des Praxispartners anhand einer Umfrage festgehalten und daraus verallgemeinernde Schlussfolgerungen abgeleitet werden (siehe Abschnitt 7.3.2.1). Die darauf folgende heuristische Evaluation widmet sich der Bewertung der Benutzerfreundlichkeit und Praktikabilität des CLEoS-Wikis aus Expertensicht (siehe Abschnitt 7.3.2.2).

Im zweiten Schritt der summativen Evaluation wird anhand einer Vergleichsanalyse der Erfüllungsgrad der Anforderungen überprüft, die die Theorie und Praxis an global verteilte Softwareentwicklung bei KMSU stellen. Ihre Umsetzung im Lösungsansatz wird kurz erläutert und durch Verweise auf jeweilige Abschnitte der vorliegenden Arbeit belegt (siehe Abschnitt 7.4). Um die Neuartigkeit des CLEoS-Wikis zu demonstrieren und den damit verbundenen Mehrwert aufzuzeigen, erfolgt schließlich seine Gegenüberstellung mit gleichartigen am Markt existierenden Lösungen anhand ausgewählter Qualitätskriterien (siehe Abschnitt 7.5).

7.2 Interviewbefragung von KMSU

Die Gewinnung erster praxisbezogener Erkenntnisse über den hier entwickelten Lösungsansatz erfolgte anhand einer weiteren, in dieser Arbeit durchgeführten Umfrage unter den Praxispartnern des GlobaliSE-Projektes. Allen Interviewpartnern wurde zunächst das CLEoS-Wiki in seiner prototypischen Version vorgeführt, die zum Zeitpunkt der Befragung über einige der in Kapitel 6 dargestellten

Eigenschaften und Funktionen noch nicht verfügte. Anschließend bewerteten die Befragten das vorgestellte CLEoS-Wiki anhand mehrerer vordefinierter Kriterien. Das primäre Ziel der Interviewbefragung lag jedoch darin, das zugrunde liegende Konzept durch die Praxis zu bestätigen oder zu widerlegen.

7.2.1 Methodik und Aufbau

Für die Befragung wurde eine offene, teilstandardisierte Interviewmethode angewandt (Patton 2002). Bei dieser Methode werden die Fragen und deren Abfolge durch einen Interviewleitfaden festgelegt, um die Vergleichbarkeit und Auswertbarkeit der erhobenen Daten sicherzustellen. Die offene Befragungsform des Interviews gewährt den Interviewten bei der Beantwortung der Fragen gleichzeitig einen Handlungs- und Gestaltungsspielraum, sodass sie ihre eigenen Erfahrungen und Ansichten sowie auch insbesondere Ideen und Verbesserungsvorschläge einbringen können.

An der Umfrage nahmen sechs KMSU teil, wobei die Hälfte davon bereits im Rahmen der in Kapitel 4 beschriebenen Fallstudie zu global verteilter Softwareentwicklung befragt worden war. Bei den restlichen Teilnehmern handelte es sich um drei neue Partnerunternehmen. Ihre Betriebsnamen werden im Weiteren aus Anonymitätsgründen mit den Buchstaben I, J und K bezeichnet. Tabelle 7.1 gibt einen vergleichenden Überblick über die kennzeichnenden Merkmale der befragten KMSU.

Tabelle 7.1.: Befragte Unternehmen

KMSU	Position des Interviewpartners	MA	Softwareart	Outsourcing-Erfahrung
C	Leiter der SE	190	Standard- und Individualsoftware	2 Jahre
D	Geschäftsführer	23	Individualsoftware	3 Jahre
G	Leiter der SE	160	Angepasste Standardsoftware	3 Jahre
I	Geschäftsführer	122	Standard- und Individualsoftware	10 Jahre
J	Produktmanager	49	Standard- und Individualsoftware	Keine
K	Abteilungsleiter	80	Standardsoftware	11 Jahre

Wie ersichtlich, verfügten fast alle Praxispartner — bis auf Unternehmen J — über die Erfahrung im Bereich global verteilter Softwareentwicklung. Unternehmen J spezialisierte sich aber auf die Entwicklung von Wiki-basierten Softwarelösungen, sodass seine Bewertung des CLEoS-Wikis von besonderem Interesse war.

Der Interviewleitfaden beinhaltete 41 Fragestellungen zu verschiedenen Aspekten des CLEoS-Wikis. Die einzelnen Fragen wurden zu thematischen

Schwerpunkten zusammengefasst und in folgende Bereiche unterteilt: *Allgemeine Unternehmensdaten, Einsatz von Wikis, Anforderungsmanagement, Geschäftsprozessanalyse, Architekturentwurf, Nachverfolgbarkeit, Kollaborative Entwicklung* und *Bewertung der vorgestellten Lösung* (siehe Anhang C.1).

Vor Beginn eines jeden Interviews fand zunächst eine Vorstellung des CLEoS-Wikis statt, bei der ein besonderer Wert auf die Demonstration seiner charakteristischen Funktionen und die Erläuterung des zugrunde liegenden Konzeptes gelegt wurde. Nach den Fragen zu allgemeinen Unternehmensdaten wurden dann die Erfahrungen der befragten KMSU in Bezug auf den Einsatz von Wikis erkundet. Weiter erfolgte die Untersuchung der unternehmensinternen Prozessabläufe in Bereichen der Geschäftsprozessmodellierung, des Anforderungsmanagements und des Architekturentwurfs. Im jeweiligen Fragenblock wurde gleichzeitig auf die Thematik der Nachverfolgbarkeit eingegangen. Jedes Themengebiet schloss dabei mit der Darlegung der Vor- und Nachteile der vorgestellten Lösung, welche sich im Vergleich mit den bereits eingesetzten Werkzeugen im angesprochenen Bereich der Softwareentwicklung ergaben. Als Nächstes wurde der Stellenwert der Kollaborationsmöglichkeiten bei ausgewählten Softwareentwicklungsaktivitäten untersucht, indem insbesondere auf die damit zusammenhängenden Herausforderungen eingegangen wurde. Abschließend wurden die Interviewpartner dazu angeregt, den Nutzen und die Praxistauglichkeit des CLEoS-Wikis zu beurteilen sowie konstruktive Verbesserungsvorschläge offenzulegen.

Die Interviewbefragung fand im Rahmen des in Abschnitt 6.1 erwähnten Teamprojektes in Form von persönlichen Gesprächen statt, die zwischen 30 und 60 Minuten dauerten. Alle Interviews wurden mit einem Diktiergerät aufgenommen und anschließend transkribiert. Die Darstellung, Auswertung und Diskussion der gewonnenen Ergebnisse bilden den Gegenstand der nachfolgenden Ausführungen.

7.2.2 Qualitative Bewertung

Den vorgestellten Lösungsansatz bewerten alle befragten Fachexperten überdurchschnittlich positiv und erklären die ihm zugrunde liegende Idee für sinnvoll und zukunftsfähig. Die erste prototypische Version des CLEoS-Wikis stufen sie grundsätzlich als zweckmäßig und praxistauglich ein. Besonders hohe Zustimmung erhalten dabei das allgemeine Wiki-Konzept, die zweckmäßige Integration der Geschäftsprozessanalyse in die Spezifikationsphase, die Möglichkeit kollaborativer Modellierung und die leichtgewichtige Umsetzung der Nachverfolgbarkeit.

Den Einschätzungen von Interviewpartner K zufolge kann sogar „das CLEoS-Wiki mit seinen Verknüpfungsmöglichkeiten als Dreh- und Angelpunkt" für sämtliche Informationen in Softwareprojekten dienen. Interviewpartner G sieht es vielmehr als Schnittstelle „zwischen Design und Analyse", die vor allem dort nützlich ist, wo es um das Verständnis geht, „wie eine Anforderung abgebildet wird." In Bezug auf die Praxistauglichkeit hebt er weiterhin hervor, dass der Lösungsansatz insgesamt „sehr leichtgewichtig und einfach zu verstehen" ist. Laut Interviewpartner I kann das CLEoS-Wiki von Anfang an eine höhere Akzeptanz erreichen, da „es auch näher an Softwareentwicklung heranrückt", wodurch sich sein Nutzen im Vergleich zu anderen Lösungen schneller erkennen lässt. Aus Sicht von Interviewpartner D „ist das Tool für den Entwickler, der die Arbeit am Ende tun muss, wahrscheinlich zu abstrakt", eignet sich aber besonders gut für Projektmanager, um einen Überblick über den Projektfortschritt zu bewahren und einen roten Faden im Entwicklungsprozess zu halten.

Die oben aufgeführten Aussagen der Experten machen schnell deutlich, welche vielfältigen Aspekte der Softwareentwicklung das CLEoS-Wiki als eigenständige Lösung gleichzeitig abdeckt und in welchen unterschiedlichen Bereichen es seine Anwendung finden kann.

7.2.2.1 Einsatz von Wikis

Über 80% der befragten KMSU setzen bereits Wiki-Lösungen ein, die in erster Linie zur Dokumentation von unstrukturierten Informationen wie Projektbeschreibungen, Richtlinien, Anleitungen oder Best Practices genutzt werden. Als Hauptargument für den Einsatz von Wikis führen die Interviewpartner die Möglichkeit zur gemeinsamen Bearbeitung von Dokumenten, die Einfachheit in der Nutzung, die zentrale Wissensverwaltung und den geordneten Zugriff auf Wiki-Inhalte an, wodurch die in dieser Hinsicht getroffenen Vorannahmen für den Lösungsansatz bestätigt werden:

> „Der Grund, warum wir sie [gemeint sind Wikis, K. N.] eigentlich eingeführt hatten, war, dass jeder sein Wissen schnell aufschreiben kann, ohne zusätzliche Tools zu haben, dass auch Stichworte sich relativ einfach finden lassen und dass die Hemmschwelle, Informationen einzupflegen, nicht so hoch ist. Das sind auch gleich die Nachteile, denn es wird sehr viel eingepflegt [...] und nicht genügend überarbeitet. Die Konsistenz in Wikis ist ein sehr großes Problem." (Interviewpartner K)

Diesem, auch durch weitere Interviewpartner bekräftigten Nachteil traditioneller Wikis wirkt das CLEoS-Wiki jedoch mit geeigneten Maßnahmen entgegen. So wird sowohl durch die Zugrundelegung einer klaren ontologischen Struktur als auch durch die Ermöglichung der Datenerfassung nur ausschließlich über vordefinierte Vorlagen und Formulare eine unkontrollierte Ausbreitung von Informationen erfolgreich verhindert.

Die Entscheidung, ein Wiki als zentrale Infrastruktur zur Unterstützung global verteilter Softwareprojekte zu verwenden, findet bei den Befragten allgemein eine starke Beachtung und stößt auf ein großes Interesse. Trotz relativ breiter Einsatzmöglichkeiten scheint eine derartige Idee zur Nutzung von Wiki-Lösungen für einige Interviewpartner neu zu sein:

> *„Wir nutzen Wikis an verschiedensten Stellen [...] sowohl im Support [...] und im Consulting als auch in der Entwicklung, wenn es darum geht, Prozesse — also unsere internen Prozesse — zu dokumentieren. Für die Spezifikation von Softwareentwicklungsthemen nutzen wir Wikis definitiv nicht."* (Interviewpartner G)

Das Potenzial des CLEoS-Wikis erkennt Interviewpartner G sofort und äußert sich wie folgt: „Das wäre ja faktisch eine Community-Lösung, die wir heute in der Form nicht haben." Aus Sicht des Interviewpartners I können dadurch sowohl der Einführungsaufwand verringert als auch die Einbindung von Kunden und externen Partnern in die Spezifikationsphase verbessert werden, denn „aufgrund von Wikipedia ist das Wiki-Konzept ja bekannt."

7.2.2.2 Geschäftsprozessanalyse

In Bezug auf die Geschäftsprozessanalyse räumen alle befragten KMSU ein, dass sie sich mit den Geschäftsprozessen ihrer Kunden nur implizit auseinandersetzen. Wie der Lösungsansatz unterstellt, findet die Dokumentation von Geschäftsprozessen oftmals unregelmäßig und wenig formalisiert statt, ohne dabei spezielle Notationssprachen oder dafür vorgesehene Modellierungswerkzeuge zu verwenden:

> *„Die Kernprozesse [des Kunden, K. N.] werden schon einigermaßen dokumentiert, auch in einem Wiki übrigens. Und zwar nicht mit BPMN oder UML, sondern ganz normal runtergeschrieben."* (Interviewpartner I)

Gleichzeitig zeigt die Umfrage, dass KMSU bereit sind, sich allgemein mit der Geschäftsprozessanalyse intensiver zu beschäftigen und dass sie insbesondere die Einführung der geschäftsprozessorientierten Anforderungserhebung für wichtig halten. Es fällt ihnen jedoch schwer, die Modellierungsaufgaben aufgrund mangelnder Unterstützung durch richtungsweisende Techniken effektiv zu realisieren:

> *„Zurzeit gibt es ein Projekt, bei dem wir versuchen, die Geschäftsprozesse in bestimmten zentralen Bereichen zu dokumentieren und auch ein bisschen zu optimieren. [...] Die Schwierigkeit mit der Geschichte ist — vielleicht auch so ein Trend in der Geschäftsprozessmodellierung —, die groben Zusammenhänge und Abläufe zu dokumentieren [...]. Das muss man lernen und das haben wir bei uns definitiv noch nicht gelernt."* (Interviewpartner K)

Allen Befragten fällt die gut verständliche Methodik zur Formalisierung von Geschäftsprozessen im CLEoS-Wiki besonders positiv auf. In diesem Zusammenhang wird auch sofort ein großer Mehrwert des vorgestellten Lösungsansatzes erkannt:

> *„Ich könnte mir das für [unsere Firma, K. N.] sehr gut vorstellen. Zum einen sind wir nicht ganz glücklich mit dem Modellierungstool, das wir im Einsatz hatten, weil es ein Standalone Tool ist. Und ich glaub, wenn man Modelle mit Versionen hier im Wiki hat, inklusive Kommentierung, dann ist das ein ziemlich starker Schritt in die richtige Richtung."*
> (Interviewpartner K)

Interviewpartner I hebt den besonderen Nutzen einer derartigen Herangehensweise für externe Softwareentwickler hervor. Dieser ergibt sich seiner Ansicht nach vor allem aus der Verfügbarkeit von Kontextinformationen im CLEoS-Wiki, wodurch ein besseres Verständnis von Systemzusammenhängen erzielt werden kann:

> *„Ich denke, gerade für Softwareentwicklung, die Geschäftsprozesse mit dem Wiki zu verbinden, sodass ich auch die Abhängigkeiten sehe [...], macht das auch schon Sinn."*

Für Interviewpartner D stellt dagegen die Umsetzung der geschäftsprozessorientierten Anforderungsanalyse die bisher fehlende Möglichkeit dar, den Kunden in den Modellierungsprozess einzubeziehen und dadurch die Qualität der Geschäftsprozessanalyse zu verbessern:

> *„Die Geschäftsprozesse müssten eigentlich vom Kunden definiert werden, sodass man selber die Softwarekomponenten ergänzt. Aber das sind sehr aufwendige Prozesse, begleitet von Missverständnissen, die jedoch durch diese Lösung transparenter werden könnten. Der Kunde könnte dann kollaborativ seine Prozesse ,malen', begleitet und unterstützt von einem eigenen Mitarbeiter, sodass man diese Leistung ein Stück weit an den Kunden verschiebt."*

Auch die Funktionalitäten zur kollaborativen Erstellung von Geschäftsmodellen halten 65% der Befragten für besonders sinnvoll und bewerten die Umsetzung sowohl synchroner als auch asynchroner Zusammenarbeit durchweg positiv.

Zusammenfassend bestätigen die gewonnenen Erkenntnisse die im Lösungsansatz getroffene Vorannahme, dass, je leichter und intuitiver sich die Geschäftsprozessmodellierung gestalten lässt, desto wahrscheinlicher sie in der Praxis akzeptiert wird.

7.2.2.3 Architekturentwurf

Nach der Vorstellung der Funktionen zur Modellierung der Systemarchitektur wird das CLEoS-Wiki von den Befragten sowohl in Bezug auf die verständliche Formalisierung des Entwurfsprozesses als auch in Bezug auf dessen Flexibilität,

die in erster Linie auf die Möglichkeit seiner Unterteilung in drei Abstraktionsebenen zurückzuführen ist, positiv empfunden. In diesem Zusammenhang bestätigt die Hälfte der Interviewten, dass sie oft bei ihren Softwareprojekten mit den
negativen Folgen einer fehlenden expliziten Modellierung der Systemarchitektur
zu kämpfen haben:

> *„Wir sind derzeit in der Situation, dass das Wissen über die Architektur zum großen Teil
> in den Köpfen ist, und versuchen gerade davon wegzukommen. Aber Stand heute ist es so,
> dass Anforderungen, die es gibt, mit den Architekturkollegen diskutiert werden müssen,
> weil wir eben kein Dokument oder Repository haben, in das man reingucken könnte."*
> (Interviewpartner G)

Interviewpartner G hebt außerdem hervor, dass insbesondere die Definition von
Softwarekomponenten, ihre Anordnung in verschiedene Architekturschichten
sowie die Erfassung von Abhängigkeiten zwischen diesen Schichten aufgrund
mangelnder werkzeugtechnischer Unterstützung zu den größten Herausforderungen beim Architekturdesign gehören. Diese Problematik wird seiner Ansicht
nach im Kontext global verteilter Softwareentwicklung zusätzlich verstärkt, kann
jedoch durch die vorgestellte Lösung sehr gut bewältigt werden:

> *„Es ist natürlich genau das Ziel, dass ich vorher in der Lage bin, Anforderungen in entspre-
> chende Layers zu verteilen und zu modellieren."*

Die Möglichkeit, Architekturmodelle in Form von UML-Diagrammen gemeinsam in Echtzeit zu erstellen und diese in einem zur automatischen Codegene-
rierung geeignetem Format zu exportieren, stößt bei Interviewpartner J auf eine
besonders positive Reaktion:

> *„Das ist eine faszinierende Idee. Dann hätte man wirklich das Kollaborative so weit getrie-
> ben, dass es nicht mehr eine ‚Krücke' ist. Solange man nicht automatisch am Ende etwas
> raus bekommt, ist das eine ‚Krücke', die man wieder gemeinsam besprechen muss."*

Volle Anerkennung findet bei Interviewpartner I die vereinfachte UML-Notation, die im CLEoS-Wiki dem oft kritisierten zu hohen Modellierungsaufwand
entgegenwirkt. Dazu äußert er sich wie folgt:

> *„Super, scheint nicht überfrachtet zu sein, aber man kann damit modellieren. Bis wann soll
> das einsatzfähig sein?"*

7.2.2.4 Nachverfolgbarkeit

Die im CLEoS-Wiki verankerte Realisierung der Nachverfolgbarkeit zwischen Geschäftsprozessen, Anforderungen und Systemarchitektur erfährt ausnahmslos bei
allen Befragten eine positive Resonanz. „Wenn man als Wirtschaftsinformatiker

eins lernt, dann, dass die Integration das Teuerste ist", so Interviewpartner K. Wie der Lösungsansatz unterstellt, werden die meisten Probleme in diesem Bereich der Softwareentwicklung durch fehlende leichtgewichtige Techniken zur Visualisierung, Erstellung und Pflege von Abhängigkeiten zwischen den einzelnen Softwareartefakten verursacht:

> *„Das ist auch für uns eine große Herausforderung. Traceability fehlt, falls eine Komponente geändert werden muss. Das Wissen liegt allein bei den Mitarbeitern."* (Interviewpartner G)

Interviewpartner J bekräftigt, dass in einer verteilten Umgebung die Realisierung der Nachverfolgbarkeit sogar eine unabdingbare Voraussetzung für ein effizientes Projektmanagement ist:

> *„Sie ist meiner Meinung nach notwendig, nicht nur sinnvoll. Wenn ich Anforderungen definiere, dann muss ich eingrenzen, an wen die Anforderung geht, bzw. beim Umsetzen muss ich sagen, auf was sie sich bezieht."*

Einen entscheidenden Vorteil solch einer leichtgewichtigen Umsetzung der Nachverfolgbarkeit, die in der bisherigen Praxis von KMSU noch keinen Platz findet, sehen die Befragten in der Tatsache, dass durch eine strukturierte Erfassung von Softwareartefakten und deren Beziehungen zueinander alle zentralen Softwareentwicklungsprozesse — unter einem Dach vereint — effektiv abgewickelt werden können:

> *„Da kommt man bei der Erstellung von Word-Dokumenten immer wieder in die Fragestellung: Macht man es jetzt prozessorientiert? Wenn ich einen Prozess mache, hätte ich doch gerne alles zusammen. [...] Von daher finde ich das sinnvoll."* (Interviewpartner C)

7.2.2.5 Eignung des Ansatzes für KMSU

Alle sechs Interviewten stufen den vorgestellten Lösungsansatz für ihr Unternehmen als durchaus geeignet ein. Aus der aktuellen Praxis seines Unternehmens findet Interviewpartner D sogar schnell einen möglichen Anwendungsfall für das CLEoS-Wiki:

> *„Wir haben gerade eine relativ große Anfrage im Bereich der App-Entwicklung [...]. Da könnte ich mir schon vorstellen, dass es helfen würde. Da dort Prozessschritte definiert werden müssen — was passiert, wenn ich da drauf klicke —, muss das ja auch irgendwo visualisiert werden, abseits der Screenshots. Hier könnte ich mir so etwas sehr gut vorstellen."*

In Bezug auf die Anwendbarkeit und Praxistauglichkeit des CLEoS-Wikis im Bereich global verteilter Softwareentwicklung äußert sich Interviewpartner J wie folgt:

„Für die, die verteilt entwickeln, ist Ihre Lösung sehr gut denkbar. Sie würden sich bestimmt dafür interessieren, sofern man das Ganze nutzerfreundlich umsetzt; und das sieht ja schon sehr gut aus. Falls Sie etwas bereitstellen, worauf man aufsetzen kann, und falls man bei der Verwendung dieser Ontologie nicht mehr viel machen muss, dann scheint es ganz nützlich zu sein."

Sowohl auf die Benutzerfreundlichkeit und intuitive Handhabung als auch auf die Einfachheit bei der Einführung eines neuen Werkzeuges legt Interviewpartner C einen besonderen Wert. So kann er sich den Einsatz des CLEoS-Wikis in seinem Unternehmen generell gut vorstellen, vorausgesetzt, dass „der Aufwand überschaubar und die Pflege einfach ist".

Unter einem verallgemeinernden Blickwinkel beurteilt Interviewpartner I die Anwendbarkeit und Praxistauglichkeit des vorgestellten Lösungsansatzes. Denn aus seiner Sicht kann das CLEoS-Wiki zur Unterstützung aller zentralen Prozessabläufe eines Softwareprojektes herangezogen werden:

„Man braucht kein großes Tool, man hat wirklich einen schnellen Access und jeder, der noch einen schnellen Change Request reinmacht, der kann das noch updaten. Von daher kann das auch zur Verbreitung von so einem methodischen Vorgehen beitragen."

In diesem Zusammenhang machen Interviewpartner C und D einzig die Einschränkung, dass das Projekt einen gewissen Umfang haben muss, damit sich der Einsatz der vorgestellten Lösung lohnt. Ihrer Meinung nach können KMSU aus dem CLEoS-Wiki vor allem dann den größten Nutzen ziehen, wenn es bei mehrmonatigen Projekten, und insbesondere in einer verteilten Umgebung, wo es auch das größte Potenzial aufweist, verwendet wird.

7.2.3 Verbesserungsmaßnahmen

Neben der überwiegend positiven Bewertung bringen die Interviewpartner auch zahlreiche Verbesserungsvorschläge ein und weisen auf einige Schwachstellen des vorgestellten Lösungsansatzes hin. All dies führt zur Ableitung konkreter Maßnahmen zur Optimierung und Weiterentwicklung des CLEoS-Wikis.

Die am schärfsten kritisierten Aspekte, welche durch die Mehrheit der Befragten genannt werden, beziehen sich vor allem auf die nicht optimale Benutzerfreundlichkeit des Prototyps. Dies liegt darin begründet, dass sich die Implementierung des CLEoS-Wikis noch in der Anfangsversion befindet und zum Zeitpunkt der Befragung dem gewohnten Erscheinungsbild eines traditionellen Wikis gleicht. Die Interviewpartner merken berechtigt an, dass dem Nutzer oft zu viele Informationen präsentiert werden und dass meist ein klarer Überblick über die zentralen Funktionen des CLEoS-Wikis fehlt. Der Zugang zu Wiki-Inhalten, die sich mittels semantischer Abfragen gewinnen lassen, gestaltet sich umständlich und ist vor allem für einen Nicht-Experten begrenzt. Die Orientierung wird durch fehlende Hilfestellungen und mangelhafte System-Nutzer-Interaktion zusätzlich erschwert. Den Umgang mit dem CLEoS-Wiki findet Interviewpartner G zudem sehr text-getrieben und wünscht sich daher mehr grafische Details und visuelles Feedback.

Als Resultat wird das CLEoS-Wiki einer umfangreichen strukturellen und vi-suellen Umgestaltung unterzogen, wobei zahlreiche zusätzliche Funktionen, die auf die Behebung oben genannter Schwachstellen abzielen, realisiert werden. Zu-nächst erhält das CLEoS-Wiki eine neue Hauptseite, die optisch ansprechend ei-nen klaren Überblick über seine zentralen Bestandteile vermittelt. Die wichtigsten Elemente und Funktionen des CLEoS-Wikis werden in einer Navigationsleiste zusammengefasst und thematisch strukturiert. Diese ist von jeder Seite aus er-reichbar, wodurch ein schneller und einfacher Zugriff auf sämtliche Inhalte im CLEoS-Wiki ermöglicht wird (siehe Abschnitt 6.1.3). Um die Nutzerführung zu verbessern und Projektbeteiligte bei ihren Arbeitsabläufen effektiv zu unterstüt-zen, findet weiterhin die Implementierung eines seitenübergreifenden Abschnittes statt, der in jede kategorisierte Seite integriert wird (siehe Abschnitt 6.2.1.1). Die Einführung einer neuen Spezialseite mit vordefinierten semantischen Abfragefor-mularen sorgt dafür, dass sämtliche im CLEoS-Wiki beschriebenen Softwarear-tefakte schnell und benutzerfreundlich abgefragt werden können, ohne dabei die Syntax der Abfragesprache zu kennen (siehe Abschnitt 6.3.1).

Auf Anregung von Interviewpartner C erfolgt eine strukturelle Umsetzung von Funktionen zum Zeitmanagement. Diese werden in die Projektseite eingebettet, sodass sich der CLEoS-Nutzer dort über den Fortschritt des jeweiligen Projek-tes informieren kann (siehe Abschnitt 6.2.1.1). Die Verbesserungsvorschläge von Interviewpartner D führen zur Integration eines Timelines, in dem sich alle in ei-nem Projekt vorhandenen Anforderungen — entlang der Zeitachse angeordnet — auf eine übersichtliche Weise darstellen lassen (siehe Abbildung B.5 im Anhang).

Im Bereich der Geschäftsprozessmodellierung erwägen Interviewpartner G und K, die BPMN-Notation parallel einzuführen. Sie sehen auch die Umsetzung einer Schnittstelle für den Import und Export von Geschäftsprozessmodellen als wünschenswert an. Im Gegensatz dazu befürworten Interviewpartner I und J die Wahl einer einfachen Modellierungssprache und finden die Anwendung standardisierter Notationen wie BPMN oder EPK zu komplex. Als Kompromiss wird im CLEoS-Wiki die Geschäftsprozessmodellierungssprache *iAM* beibehal-ten und eine Möglichkeit zur indirekten Transformation erstellter Geschäftspro-zesse in ausführbare Modelle offengehalten (siehe Abschnitt 6.2.2.3).

Die Hälfte der Befragten wünscht sich im CLEoS-Wiki eine Verknüpfung mit einem Codeverwaltungssystem. Interviewpartner J merkt jedoch kritisch an, dass die Integration einer derartigen Entwicklungsumgebung auf die Kosten der

Leichtgewichtigkeit des Ansatzes gehen, das Werkzeug fehleranfälliger machen und seine Handhabung verkomplizieren kann. Außerdem verdeutlicht die Umfrage, dass KMSU unterschiedliche Programmierparadigmen verfolgen und projektabhängig verschiedene Entwicklungsumgebungen verwenden, sodass eine Generalisierung dieses Vorgangs kaum möglich ist. Daher wird diese Idee nicht im Rahmen der vorliegenden Arbeit weiterverfolgt. Die Realisierung einer leichtgewichtigen Verknüpfung zwischen Artefakten im CLEoS-Wiki und dem Quellcode erscheint für die zukünftige Weiterentwicklung des Lösungsansatzes jedoch überlegenswert. Außerdem besteht bereits die Möglichkeit, die im CLEoS-Wiki formalisierten Architekturkomponenten als XMI-Datei zu exportieren und unter Einsatz eines passenden Codegenerators den Großteil des Quellcodes für gängige Programmiersprachen zu generieren (siehe Abschnitt 5.2.4).

Im Verlauf der Interviews verbreiten die Befragten weitere zahlreiche Verbesserungsvorschläge wie Integration von Anwendungsfalldiagrammen, Realisierung der Ressourcenplanung, Taggen von Screenshots und Layoutentwürfen sowie ihre Verknüpfung mit anderen Artefakten direkt im CLEoS-Wiki. Zwar stellen diese Ideen interessante Erweiterungsmöglichkeiten dar, gehen jedoch weit über die durch den vorgestellten Lösungsansatz verfolgte Zielsetzung hinaus.

Zusammenfassend heißen KMSU das Grundprinzip der in dieser Arbeit entwickelten Lösung gut und bestätigen deren Praxistauglichkeit und Zukunftsfähigkeit. Des Weiteren weisen die Umfrageergebnisse auf ein großes Potenzial des CLEoS-Wikis, insbesondere in verteilten Umgebungen hin und liefern einige wichtige Anhaltspunkte zu dessen Weiterentwicklung. Die Interviewpartner merken jedoch zu Recht an, dass nach einer kurzen Vorführung des CLEoS-Wikis nicht alle Aspekte bedacht und kommentiert werden können. Hierzu bedarf es einer intensiven Auseinandersetzung mit dem Werkzeug, woraufhin ein weiteres umfangreiches Evaluationsprojekt ins Leben gerufen wird.

7.3 Evaluationsprojekt

Im Anschluss an die durchgeführte Interviewbefragung und die Umsetzung der daraus abgeleiteten Verbesserungsmaßnahmen wurde das CLEoS-Wiki einer weiteren detaillierten Evaluation unterzogen, indem es unter realitätsnahen Bedingungen zur Abwicklung eines konkreten Kundenprojektes eingesetzt wurde. Primäres Ziel war es dabei, die Eignung des zugrunde liegenden Lösungsansatzes für die Unterstützung global verteilter Softwareentwicklung zu bewerten und das CLEoS-Wiki in Bezug auf Praxistauglichkeit, Zuverlässigkeit und Benutzerfreundlichkeit zu evaluieren. Gleichzeitig war beabsichtigt, weitere Schwachstellen des Konzeptes sowie System- und Programmfehler aufzudecken und diese im Rahmen entsprechender Optimierungsmaßnahmen zu beseitigen.

Zu diesen Zwecken wurde am Lehrstuhl für Wirtschaftsinformatik III an der Universität Mannheim durch die Autorin dieser Arbeit ein Softwareprojekt initiiert und ein Jahr lang fachlich betreut und geleitet. Die Rollen interner und externer Entwicklerteams übernahmen die am Projekt beteiligten Masterstudierenden. Die Kundenseite stellte ein Praxispartner dar, bei dem es ich um ein ideenreiches kleines Unternehmen zu Weinhandel und Weinberatung aus Karlsruhe handelte.

Im Rahmen des Evaluationsprojektes wurde ein Portal entworfen, das die anspruchsvollen Anforderungen des Praxispartners umsetzte. Um den hier entwickelten Lösungsansatz dabei zielgerichtet zu testen, verantwortete das Studententeam die Durchführung der ersten erfolgskritischen Phasen der Softwareentwicklung. Das primäre Ziel aus Entwicklersicht bestand darin, eine Anforderungsspezifikation für das Portal des Praxispartners sowie einen entsprechenden Architekturentwurf zu erarbeiten. Zu Testzwecken übernahmen die Projektbeteiligten, die im Rahmen des Kundenprojektes als externes Entwicklerteam agierten, auch die softwaretechnische Umsetzung eines Teils der spezifizierten Systemanforderungen. Weitere Implementierungsarbeiten sollten nach dem Projektende auf Basis entstandener Spezifikation durch ein passendes Softwareunternehmen in Regie des Praxispartners fortgeführt werden.

Die Vorgehensweise beim Kundenprojekt richtete sich an das in Abschnitt 5.2 vorgeschlagene Konzept. Die Abwicklung der damit zusammenhängenden Softwareentwicklungsaktivitäten fand alleinig im CLEoS-Wiki statt. Die festgestellten Schwachstellen des Lösungsansatzes und Programmfehler wurden in Form von Änderungsanforderungen registriert und in einem iterativen Prozess entsprechend behoben. Das Evaluationsprojekt schloss mit der Bewertung des Lösungsansatzes, indem sowohl die Erkenntnisse aus Kundensicht anhand eines Interviewgesprächs mit dem Praxispartner gewonnen als auch die Benutzerfreundlichkeit und die Gebrauchstauglichkeit der endgültigen CLEoS-Version aus Expertensicht benotet wurden.

7.3.1 Vorgehensweise und Aufbau

Das Evaluationsprojekt wurde durch ein internationales Team durchgeführt, das aus den sechs folgenden Studierenden des Masterstudiengangs Wirtschaftsinformatik bestand: Oliver Zuchowski, Isabell Korst, Saad Sarakbi, Yu Shoran, Torsten Borde und Kaushik Narasimhan. Um praxisnahe Bedingungen eines global verteilten Softwareprojektes nachzubilden, wurden Softwareentwicklungsaufgaben gemäß der integrierten Auslagerungsstrategie zwischen Projektteilnehmern aufgeteilt (siehe Abschnitt 3.1.1). Sie arbeiteten teilweise räumlich verteilt und organisierten bei Bedarf unabhängige Teamsitzungen. Bei drei der Projektbeteiligten handelte es sich um Austauschstudierende aus China, Syrien und Indien, die unterschiedliche kulturelle Hintergründe sowie sprachliche Differenzen aufwiesen. Dies forderte einerseits die Zusammenarbeit zusätzlich heraus, näherte andererseits das Evaluationsprojekt den realitätsnahen Bedingungen einer global verteilten Umgebung an. Alle Projektbeteiligten einigten sich darauf, Englisch als Projektsprache zu verwenden.

Die Teilnahme am Evaluationsprojekt argumentierte die Geschäftsführerin des Praxisunternehmens mit einer negativen Erfahrung, die sie in der Vergangenheit bei der erstmaligen Realisierung ihrer Geschäftsidee im Rahmen eines global verteilten Softwareprojektes gemacht hatte. Sie hoffte, durch die Zusammenarbeit mit der Wissenschaft bessere Ergebnisse zu erzielen. Hierfür brachte die Kundin eine klare Version über das zukünftige Softwareprodukt mit, da sie bereits über fundierte Fachkenntnisse und langjährige Erfahrung in der Weinbranche verfügte. In Bezug auf die softwaretechnische Umsetzung ihrer Anforderungen besaß sie aber keinerlei Vorkenntnisse. Die am Projekt beteiligten Studierenden standen kurz vor ihrem Masterabschluss und konnten umfassende Expertise im Bereich der Softwareentwicklung vorweisen. Im Bereich der Weinindustrie kannten sie sich dagegen nur beiläufig aus. Durch die aufgeführten Aspekte ergab sich somit eine interessante und nützliche Konstellation, um im Zuge eines praxisbezogenen Softwareprojektes die oben aufgestellten Evaluationsziele zu erreichen.

7.3.1.1 Kundenprojekt

Nach dem ersten Treffen zwischen allen Beteiligten wurde ein detaillierter Projektplan entworfen, der zeitlich auf ein Jahr beschränkt war. Das zu entwickelnde Portal des Praxispartners stellte eine Kombination aus der Webpräsenz des Unternehmens, einem Online-Shop sowie einem Modul für die Organisation von Weinevents dar. Demzufolge unterteilte sich die Umsetzung des Kundenprojektes inhaltlich in drei Iterationen.

Jede Iteration umfasste die Identifikation und Analyse dazugehöriger Geschäftsprozesse, die Ableitung und Spezifikation von funktionalen und nicht-funktionalen Anforderungen sowie den Entwurf der Systemarchitektur. Im Rahmen eines ein- bis zweitägigen Workshops zwischen dem Praxisunternehmen und dem Expertenteam wurden zunächst alle dafür notwendigen Informationen aufgenommen und nachfolgend in mehreren Teamsitzungen aufgearbeitet. Die Geschäftsprozessmodellierung und die Erfassung einzelner Geschäftsprozessschritte im CLEoS-Wiki wurden durch das zuständige Entwicklerteam übernommen.

Parallel dazu erfolgte die Definition von Systemanforderungen und deren Verbindungen mit den jeweiligen Geschäftsprozessen bzw. Geschäftsprozessschritten. Nach der initialen Fertigstellung begutachtete der Praxispartner die modellierten Prozesse und überprüfte die spezifizierten Anforderungen. Beide Parteien kooperierten und kommunizierten solange miteinander, bis Geschäftsprozessmodelle und Anforderungsspezifikationen vollständig und korrekt vorlagen. Danach wurde ein Vorschlag für den Architekturentwurf im CLEoS-Wiki modelliert und wieder dem Praxispartner vorgestellt.

Als Ergebnis der drei Iterationen wurden im CLEoS-Wiki für das Portal des Kunden neben den entsprechenden Architekturentwürfen insgesamt 20 Geschäftsprozessmodelle erstellt und 206 untergeordnete Geschäftsprozessschritte definiert. Daraus wurden 56 Anforderungen abgeleitet und dokumentiert.

7.3.1.2 Evaluationsphase

Die Durchführung einzelner Iterationen fand in Anlehnung an das Phasenmodell der Aktionsforschung von Susman und Evered (1978) statt und diente zur Identifikation von Schwachstellen im Lösungsansatz sowie zur Einleitung von entsprechenden Verbesserungsmaßnahmen. Dieses Modell besteht aus folgenden fünf Phasen: *Problemerkennung, Aktionsplanung, Aktionsdurchführung, Aktionsbewertung* und *Ergebniserfassung*. Die Auswahl der Evaluationsmethode orientierte sich dabei an dem strategischen Framework, welches von Pries-Heje et al. (2008) aufgestellt und von Venable et al. (2012) erweitert wurde. Dieses umfasst verschiedene Evaluationsstrategien und gibt Empfehlungen darüber, wie eine geeignete Methode zur Bewertung von Artefakten, die nach dem Forschungsparadigma der Designwissenschaft entwickelt werden, auszuwählen ist. Angewandt auf das Vorhaben der Evaluationsphase empfiehlt das Framework den Einsatz der Aktionsforschung, um den Lösungsansatz formativ zu beurteilen und in Anbetracht der gewonnenen Erkenntnisse praxisnah zu optimieren. Diese Methode zeichnet sich in erster Linie durch eine enge Zusammenarbeit zwischen Wissenschaft und Praxis aus, in deren Rahmen ein kollektiver Problemerkennungsprozess eingeleitet wird, um gemeinsam durch eine zyklisch wiederholende Feststellung und Durchführung von Verbesserungsmaßnahmen schrittweise an eine optimale Problemlösung zu gelangen.

Jede Projektiteration fand unter Beachtung des Regelwerks des oben genannten Phasenmodells statt. Folglich wurden im ersten Schritt Schwachstellen im Lösungsansatz und Programmfehler im CLEoS-Wiki identifiziert, welche sich während der Abwicklung des Kundenprojektes ergaben. Diese wurden in Form einer Liste als sogenannte Änderungsanforderungen erfasst und in regelmäßigen

Projektsitzungen vorgetragen und diskutiert. Die zweite Phase widmete sich der Ausarbeitung verschiedener Lösungsalternativen für jede identifizierte Änderungsanforderung und der Herleitung geeigneter Verbesserungsmaßnamen. Ihre Umsetzung und anschließende Bewertung bildeten den Gegenstand der nächsten zwei Schritte. Die letzte Phase stellte einen fortlaufenden Prozess dar, der die Erfassung theoretischer und praktischer Auswirkungen der durchgeführten Aktionen zum Ziel hatte.

Im Laufe der Evaluationsphase wurden insgesamt 35 Änderungsanforderungen an das CLEoS-Wiki erhoben und dokumentiert. Die daraus resultierenden Maßnahmen führten zur Optimierung des Lösungsansatzes sowohl in methodisch-inhaltlicher als auch in systemtechnischer Hinsicht. Als Ergebnis stand das CLEoS-Wiki in der Form, wie es in Kapitel 6 beschrieben wurde. Anschließend wurde der Lösungsansatz der summativen Evaluation unterzogen.

7.3.2 Qualitative Bewertung

Am Ende des Evaluationsprojektes bekamen der Praxispartner und das Entwicklerteam die Möglichkeit, eigene Meinungen zu äußern und gesammelte Erfahrungen in einer Diskussionsrunde auszutauschen. Das Feedback des Praxispartners wurde darüber hinaus in einem Interviewgespräch festgehalten. Es bezog sich primär auf die Bewertung der konzeptionellen Vorgehensweise bei der gemeinsamen Geschäftsprozessmodellierung und Anforderungserhebung. Die Arbeit des Praxispartners im CLEoS-Wiki gestaltete sich eher beobachtend und wurde daher nur in wenigen Punkten bewertet. Das Expertenteam übernahm dagegen die komplette Abwicklung des Kundenprojektes und trug zur Weiterentwicklung des CLEoS-Wikis entscheidend bei, sodass dessen Gebrauchstauglichkeit und Benutzerfreundlichkeit anhand der subjektiven Expertenmeinung im Rahmen einer heuristischen Evaluation bewertet werden konnten.

7.3.2.1 Interviewbefragung des Praxispartners

Die Befragung des Praxispartners erfolgte nach dem Tiefeninterview-Ansatz (Homburg 2012) und orientierte sich an einem Gesprächsleitfaden mit vordefinierten Fragestellungen (siehe Anhang C.2). Dabei bekam die Geschäftsführerin die Möglichkeit, über die Zusammenarbeit mit dem Expertenteam in allen Projektphasen zu berichten, die Vor- und Nachteile des angewandten Lösungsansatzes darzulegen und ein Gesamturteil über das Projekt zu fällen. Zudem wurde sie im Laufe des Interviews dazu angeregt, die Beweggründe zur Projektteilnahme zu schildern und Einblicke in die Praxis der kleinen und mittleren Unternehmen zu gewähren.

Neben den Aspekten, die sich direkt auf das Kundenprojekt bezogen, wurde auch nach Erfahrungen aus dem früheren Projekt mit einem namhaften Softwareunternehmen gefragt. Hier stand vor allem die Erforschung von Ursachen im Vordergrund, die zum Scheitern des Projektes geführt hatten. Außerdem war in diesem Zusammenhang ein rückblickender Vergleich beider Projekte vom besonderen Interesse.

Die Geschäftsführerin des Partnerunternehmens wandte sich zunächst an einen Softwarehersteller, der sich auf die Entwicklung von Software für kleine und mittlere Unternehmen spezialisierte. Zu seiner Geschäftsstrategie gehörte auch die Auslagerung von Entwicklungsaufgaben nach Indien. Ähnlich wie beim oben beschriebenen Kundenprojekt beauftragte sie die Entwicklung eines Portals für ihr Unternehmen, das von einem indischen Entwicklerteam mit einem vorerst einfachen Funktionsumfang umgesetzt werden sollte. Die gemachte Erfahrung beschreibt die Geschäftsführerin wie folgt:

> *„Das Ergebnis war eine Katastrophe [...], allein schon die Herangehensweise an das Projekt war eben nicht im Sinne eines kleinen und mittleren Unternehmens. [...] Das Projekt war ein Desaster.“*

Die Begründung sieht sie darin liegen, dass bei diesem Projekt weder eine angemessene Analyse des Problembereiches noch eine Übertragung des nicht-technischen Wissens stattfanden. Die Geschäftsführerin stuft insbesondere den Wissenstransfer als eine wichtige Voraussetzung für die Entstehung optimaler Lösungswege und somit für eine erfolgreiche Implementierung der spezifizierten Anforderungen ein. Als weitere Gründe für das Scheitern des ersten Projektes nennt sie das nicht vorhandene Hintergrundwissen der indischen Softwareentwickler über die speziellen Gegebenheiten des deutschen Marktes sowie die zu langen und zu formalisierten Änderungsprozesse, deren Umsetzung ständig überprüft und kontrolliert werden musste. Im Gegensatz dazu äußert sich die Befragte über die Vorgehensweise beim Projekt mit dem Studententeam sehr positiv und beschreibt die gemachte Erfahrung folgendermaßen: „Das fand ich ganz erstaunlich und so hätte ich es mir auch vorgestellt“.

Die Geschäftsführerin hebt besonders die durch den Lösungsansatz gegebene Möglichkeit hervor, von vornherein „die Struktur dessen klar zu definieren, was überhaupt in diesem Projekt beziehungsweise in dieser Software erreicht werden soll“. Dabei empfindet sie den Prozess, in dem die Definition der Projektziele und die Spezifikation des Softwaresystems unter einer starken Fokussierung auf eigene Geschäftsprozesse erfolgen, als sehr strukturiert, kreativ und zielführend zugleich. Eine derartige Herangehensweise ist zudem für sie sehr hilfreich, da dadurch Schwachstellen im eigenen Geschäftsmodell aufgedeckt und bislang unbeachtete Aspekte leicht beleuchtet werden können:

„Ein großes Spektrum der Aufgabengebiete innerhalb des Projektes war ja auch tatsächlich, den Geschäftsprozess zu modellieren, sprich auf Papier zu bringen. [...] Das war ein Prozess, [...] der mir ganz klar gemacht hat, wo die bestimmten Aspekte sind, die vielleicht noch nicht so klar definiert sind. Insofern war das auch sehr hilfreich, um sich über das Geschäftsmodell nochmal Gedanken zu machen. [...] Dadurch, dass man sich die Gedanken gezwungenermaßen macht und machen muss, war das ein Prozess, bei dem man sich gegenseitig da irgendwo befruchtet hat."

Die im Rahmen der gemeinsamen Geschäftsprozessanalyse durch das Expertenteam erbrachten Ideen und Vorschläge finden bei der Befragten volle Anerkennung, da auf solch eine Weise dem Projekt nicht nur korrigierende, sondern auch neue richtungsweisende Impulse gegeben werden. In diesem Zusammenhang bestätigt sie, dass die Formalisierung unternehmenseigener Geschäftsprozesse erstmalig während des aktuellen Projektes stattfand. Wie im Lösungsansatz unterstellt, wird durch ihre Aussage die Tatsache bekräftigt, dass eine explizite Analyse und Modellierung unternehmenseigener Geschäftsprozesse in der Praxis von KMU meistens vernachlässigt wird:

„In vielen Unternehmen ist es noch nicht der Fall. Man macht, man arbeitet, man ist Unternehmer und unternimmt. Man setzt sich nicht hin und zeichnet eigene Prozesse auf Papier auf oder bildet diese so ab, dass man sie tatsächlich auch einer nicht unternehmensnahen Person zeigen kann, die darauf guckt und sagt: ,Ja, ich verstehe das, was du tust'."

Den Grund für diese Mängel sieht die Befragte vor allem darin liegen, dass viele KMU keine eigene IT-Abteilung haben und somit nicht über die benötigte Expertise zur Durchführung derartiger Tätigkeiten mit aktuell vorhandenen Lösungen verfügen.

Obwohl die Geschäftsprozessmodellierung stets einen zusätzlichen Arbeits- und Zeitaufwand erfordert, wird dies durch die Geschäftsführerin weder kritisiert noch als unverhältnismäßig empfunden. Im Gegenteil, diese Tätigkeit stößt auf eine hohe positive Zustimmung, da darin ein großer Nutzen gesehen wird. Die Interviewte hebt besonders hervor, dass im Vergleich zum misslungenen Projekt die im Lösungsansatz verfolgte Vorgehensweise das Entwicklerteam dazu veranlasst, sich viel intensiver mit dem Problembereich des Kunden zu beschäftigen und sich somit das notwendige Wissen über die branchenspezifischen Gegebenheiten anzueignen. Weiterhin gibt sie an, dass all dies sogar notwendig ist, um einen konstruktiven Dialog zwischen Fach- und IT-Experten zu ermöglichen.

Die Interviewte bekräftigt ferner, dass die Geschäftsprozessmodellierung die Ableitung und Dokumentation von Anforderungen erheblich erleichtert.

Insbesondere sind dabei für sie die Verknüpfungen zwischen den einzelnen Geschäftsprozessen und Systemanforderungen nützlich. Die Abwicklung des gesamten Projektes in einer Wiki-basierten Plattform empfindet die Befragte für intuitiv und gut verständlich. Ihre Teilnahme bei der Nutzung des CLEoS-Wikis beschreibt sie als vorwiegend beobachtend. Auf das Thema des IT-Outsourcings angesprochen, liefert die Geschäftsführerin aufgrund der Erfahrungen aus beiden Projekten folgende Antwort:

„Was im Projekt sehr deutlich wurde, ist, dass die Intelligenz hier bleiben sollte. Dieser iterative Prozess, den wir durchlaufen sind, wie Definieren des Anforderungsprofils, glaube ich, kann nicht so einfach ins Ausland verlagert werden, wie das im ersten Projekt war. Was ins Ausland verlagert werden kann, [...] sind sicherlich die reinen Programmierungsaufgaben. Wenn ich ganz genau sage, was ich brauche und was ich will, das kann dann auch im Ausland programmiert werden."

7.3.2.2 Heuristische Evaluation

Da die Benutzerfreundlichkeit und Übersichtlichkeit des CLEoS-Wikis bei der Umfrage von Fachexperten in Abschnitt 7.2 am schärfsten kritisiert wurden, fanden als Reaktion darauf zahlreiche Optimierungs- und Umgestaltungsmaßnahmen des Werkzeuges statt. Um die Erfüllung dieser Qualitätskriterien danach abschließend zu bewerten, wurde die endgültige Version des CLEoS-Wikis einer heuristischen Evaluation unterzogen. Dabei handelt sich es um eine Datenerhebungsmethode, die auf die Arbeit von Nielsen und Molich (1990) zurückgeht und die erlaubt, Schwachstellen an der Benutzeroberfläche eines Softwareproduktes anhand von Heuristiken zu identifizieren bzw. dessen Stärken zu beleuchten. Als wichtige Voraussetzung dafür gilt, dass die an der Evaluation teilnehmenden Experten mit den Funktionen und Inhalten dieses Produktes vertraut sind.

Die heuristische Evaluation des in der vorliegenden Arbeit entwickelten Lösungsansatzes wurde nach dem Abschluss des einjährigen Projektes durchgeführt. Die Expertengruppe bestand dabei aus vier Studierenden, die sich mit dem CLEoS-Wiki dank ihrer Mitarbeit an der Abwicklung des ganzen Kundenprojektes hervorragend auskannten. Anhand eines Fragebogens bewerteten sie auf einer fünfstufigen Likert-Skala, die sich von 1 (stimme vollständig zu) bis 5 (lehne vollständig ab) erstreckte, unabhängig voneinander 33 verschiedene Usability-Aspekte des Werkzeuges. Die einzelnen Fragen wurden dabei positiv formuliert.

In Anlehnung an Nielsen (1994) wurden Usability-Aspekte thematisch in 10 Gruppen organisiert. Tabelle 7.2 listet die entsprechenden Heuristiken auf und fasst die Ergebnisse der Auswertung zusammen. Neben dem Mittelwert der einzelnen Beurteilungskriterien werden auch ihre Median- und Modalwerte angegeben. Für die vollständige Darstellung der Einzelergebnisse wird hier auf Anhang C.3 verwiesen.

Tabelle 7.2.: Ergebnisse der heuristischen Evaluation

Heuristik	Mittelwert	Median	Modalwert
Sichtbarkeit des Systemzustandes	1,9	2	2
Übereinstimmung zwischen dem System und der realen Welt	1,7	2	2
Benutzerkontrolle und Benutzerfreiheit	1,7	2	1
Konsistenz und Standards	1,7	1	1
Fehlerprävention	2,2	2	2
Erkennung statt Erinnerung	1,9	2	2
Flexibilität und Effizienz der Nutzung	1,4	1	1
Ästhetik und minimalistisches Design	2,4	2	2
Hilfestellung bei Fehlererkennung, -lokalisierung und -behebung	3,4	3,5	4
Hilfe und Dokumentation	2,2	2	1

Die Auswertung zeigt deutlich, dass die Mehrheit der Usability-Aspekte als gut bis sehr gut bewertet wird. Das beste Ergebnis erzielt das CLEoS-Wiki dabei in Bezug auf Flexibilität, Anpassbarkeit und Effizienz der Nutzerführung sowie in Bezug auf Erlernbarkeit der Werkzeugfunktionen durch Nicht-Experten. Auch die Einhaltung von Standards, Gewährleistung der Benutzerkontrolle und Bereitstellung von Dokumentationen werden am häufigsten mit dem Wert 1 beurteilt. Die positive Zustimmung hinsichtlich der Benutzerkontrolle und Benutzerfreiheit ist vor allem auf die Implementierung von Features wie Navigationsleiste und Header-Abschnitt zurückzuführen, die einen schnellen und bedarfsorientierten Zugriff auf die zentralen Funktionen des CLEoS-Wikis ermöglichen (siehe Abschnitte 6.1.3 und 6.2.1.1). Dies führt zu einer überdurchschnittlichen Bewertung der Sichtbarkeit und Auffindbarkeit von den im CLEoS-Wiki abgelegten Informationen. Die Ergebnisse lassen außerdem darauf schließen, dass sich die Arbeit mit dem Werkzeug intuitiv gestaltet und keinen intensiven Erfahrungs- und Lernprozess voraussetzt.

Die Sichtbarkeit, der Realitätsbezug sowie die Ästhetik und das Design des CLEoS-Wikis werden mit Mittelwerten zwischen 1,7 und 2,4 als gut beurteilt. Dieses Ergebnis bestätig zum einen, dass der Nutzer zu jedem Zeitpunkt über den aktuellen Systemstatus angemessen informiert wird. Zum anderen lässt es erkennen, dass die im CLEoS-Wiki verwendete Terminologie die Benutzersprache spricht und dass die umgesetzten Konzepte wie Projektmanagement, Geschäftsprozess-analyse oder Anforderungserhebung den Konventionen der realen Welt folgen. Ihre Beschreibungsschemata sind klar strukturiert und enthalten keine irrelevanten Informationen. Darüber hinaus fällt die optische Gestaltung des Werkzeugs allen Befragten positiv auf. Sie geben an, dass sich das CLEoS-Wiki von dem gewohnten Erscheinungsbild traditioneller Wikis abhebt und mehr Benutzerfreundlichkeit bietet.

Kritisch werden dagegen Aspekte beurteilt, die sich vor allem auf die Fehlerbehandlung beziehen. Die vorhandenen Hilfestellungen des CLEoS-Wikis zur Erkennung, Lokalisierung und Behebung von Fehlern erreichen lediglich einen Mittelwert von 3,4 und sind somit als unterdurchschnittlich einzustufen. Dieses Ergebnis ist in erster Linie auf eine unpräzise Beschreibung der am häufigsten vorkommenden Probleme sowie auf die fehlenden Hinweise zu deren effektiver Lösung zurückzuführen. Auch Maßnahmen zur Vorbeugung von Programmfehlern sind durch den Mittelwert von 2,2 als verbesserungswürdig zu bezeichnen. Alle genannten Kritikpunkte erweisen sich als berechtigt und sind künftig bei der Weiterentwicklung des CLEoS-Wikis entsprechend zu berücksichtigen.

7.4 Erfüllungsgrad gestellter Anforderungen

Im nächsten Schritt der summativen Evaluation wird beurteilt, inwieweit die dem Lösungsansatz zugrunde liegende Zielsetzung erreicht ist. Zu diesem Zweck widmet sich der vorliegende Abschnitt der Überprüfung, ob und in welcher Art und Weise die theorie- und praxisgeleiteten Anforderungen in Bereichen global verteilter Softwareentwicklung, geschäftsprozessorientierter Anforderungsanalyse, des Architekturentwurfs, der Nachverfolgbarkeit und des Wissensmanagements durch die in dieser Arbeit entwickelte Lösung umgesetzt sind. Die Ergebnisse des jeweiligen Themengebietes werden nachfolgend kurz erläutert und zur besseren Übersicht in Tabellenform zusammengefasst.

7.4.1 Global verteilte Softwareentwicklung

Die Ableitung von theoriebasierten Anforderungen an den Einsatz der Methoden zu global verteilter Softwareentwicklung bei KMSU wurde in Abschnitt 3.1 durchgeführt, in dem sich auch ihre zusammenfassende Darstellung in Tabellen 3.1 und 3.2 findet. Die entsprechenden Ergebnisse der praxisgeleiteten Anforderungserhebung sind Tabelle 4.2 zu entnehmen.

Zwar richtet sich der vorgestellte Lösungsansatz mit seiner prototypischen Implementierung primär auf die Unterstützung global verteilter Softwareentwicklungsprozesse, er ist jedoch im gleichen Maße zur Realisierung von Softwareprojekten in einer nicht-verteilten Umgebung gut geeignet. So können KMSU das CLEoS-Wiki zunächst zur Abwicklung der nicht-verteilten Projekte einsetzten und bei den Kapazitäts- oder Kostenengpässen ad hoc auf die Option der Auslagerung zugreifen, ohne dabei ihre internen strukturellen und prozessualen Abläufe umstellen zu müssen. Somit wird die Erfüllung einer der zentralen Anforderungen gewährleistet, die durch die Praxis gestellt wird (siehe Anforderung GSE_PGA1). Ein weiterer wichtiger Vorteil ist, dass der vorgeschlagene Lösungsansatz keine grundlegende Veränderung bestehender Softwareentwicklungsprozesse bei KMSU vorsieht. Vielmehr bietet er einen Rahmen, in welchen die gelebten Abläufe und Prozesse nutzbringend nach und nach übergeführt werden können (siehe Anforderung GSE_TGA5). Der Erfüllungsgrad restlicher Anforderungen wird in Tabelle 7.3 belegt und kurz erläutert.

Tabelle 7.3.: Erfüllungsgrad der Anforderungen im Bereich global verteilter Softwareentwicklung

Anforderung	Umsetzung	Abschnitt
GSE_TGA1 WU_PGA1 WU_PGA3	Die Durchführung des Projektmanagements zusammen mit der Verwaltung und Integration sämtlicher im Projektverlauf entstehender Softwareartefakte erfolgt in einer zentralen Wiki-basierten Plattform, die als eine kostenfreie SMW-Erweiterung zur Verfügung steht. Die effektive Umsetzung der Spezifikations- und Entwurfsphase, der Nachverfolgbarkeit und des Wissensmanagements wird methodisch durch den Lösungsansatz und programmtechnisch durch das CLEoS-Wiki sichergestellt.	5.2, 6.1
GSE_TGA2 WU_PGA2	Die Integration des SLiM-Editors ermöglicht die synchrone Kollaboration und Kommunikation zwischen Kunden, internen und externen Projektbeteiligten.	6.2.2.2, 6.2.3
GSE_TGA3	Projektbezogene Informationen werden über benutzerfreundliche Formulare erfasst und entsprechend einer vordefinierten Vorlage im CLEoS-Wiki gespeichert. Der übersichtliche einheitliche Aufbau und die intuitive Bedienung von Projektseiten beschleunigen die Informationsaufnahme durch externe Partner und verringern allgemein die Einarbeitungszeit.	6.1.1.3, 6.2.1

Anforderung	Umsetzung	Abschnitt
GSE_TGA4 GSE_TGA6	Als webbasierte Lösung ermöglicht das CLEoS-Wiki eine effektive zeitversetzte und ortsunabhängige Zusammenarbeit von Kunden, internen und externen Entwicklerteams. Dank seiner weltweiten Verbreitung verringert das Wiki-Konzept den Schulungsaufwand und maximiert die praktische Akzeptanz des Lösungsansatzes im Falle seiner Einführung bei externen Partnerunternehmen. Die formularbasierte einheitliche Erfassung von Projektinhalten beugt der Entstehung von Missverständnissen und Fehlinterpretationen vor. Die Verfügbarkeit des Systemkontextes in Form von Geschäftsprozessmodellen trägt zum besseren Verständnis von Kundenanforderungen bei externen Projektbeteiligten bei. Die Bildung eines gemeinsamen Begriffssystems hilft zudem sprachliche Barrieren zu überwinden.	5.2.1, 6.1.1.3, 6.3.2
GSE_TGA7	Die Leichtgewichtigkeit und Einfachheit werden im Lösungsansatz einerseits durch die nativen Eigenschaften der Wiki-Technologie erfüllt. Andererseits werden sie im CLEoS-Wiki durch die Bereitstellung von Funktionen wie automatische Erstellung und Verlinkung von Inhalten, Datenerfassung über benutzerfreundliche Eingabemasken, modellbasierte Definition einzelner Softwareartefakte oder vordefinierte semantische Abfrageformulare sinnvoll ergänzt. Die Flexibilität des Lösungsansatzes wird durch den frei bestimmbaren Grad der Formalisierung der Spezifikations- und Entwurfsphase sowie durch verschiedene Detaillierungsebenen für die Artefaktbeschreibung gewährleistet. Auch die Erweiterungs- und Anpassungsmöglichkeiten der CLEoS-Ontologie sind gegeben.	5.2.1, 5.2.3, 5.2.4, 6.1.2, 6.2
GSE_PGA2	Jedes im Wiki abgebildete Softwareartefakt wird mit einer Angabe der dafür verantwortlichen Person oder des zuständigen Teams versehen und kann dadurch als intern oder extern definiert werden. Als webbasierte Lösung erlaubt das CLEoS-Wiki eine bedarfsabhängige Übernahme einzelner Aufgaben durch verteilte Entwicklerteams, deren Aufteilung sowohl vor dem Beginn als auch im Laufe des Projektes erfolgen kann. Die Zerlegung des Architekturentwurfs in drei Abstraktionsebenen unterstützt zusätzlich die Umsetzung verschiedener Auslagerungsstrategien.	5.2, 5.2.4, 6.2

7.4.2 Anforderungsanalyse

Die theoriegeleiteten Anforderungen an die Unterstützung global verteilter Softwareentwicklung im Bereich des Anforderungsmanagements wurden in

Abschnitt 3.2 erhoben. Tabelle 3.3 gibt hierfür einen zusammenfassenden Überblick. Die entsprechenden Anforderungen aus der Praxis finden sich in Tabelle 4.2.

Im Rahmen der in Kapitel 4 durchgeführten Fallstudie wird die geschäftsprozessorientierte Gestaltung der Spezifikationsphase als eine unabdingbare Anforderung zur Verbesserung des Anforderungserhebungsprozesses in global verteilten Softwareprojekten bei KMSU aufgestellt (siehe Anforderungen AA_PGA1 und AA_PGA2). Daraufhin wird die Geschäftsprozessanalyse methodisch und softwaretechnisch fest in die Spezifikationsphase verankert und in Form von leichtgewichtigen Modellen formalisiert (siehe Abschnitte 5.2.3 und 6.2.2). Wie Tabelle 7.4 zu entnehmen ist, werden auch die restlichen Anforderungen in diesem Bereich durch den Lösungsansatz umgesetzt.

Tabelle 7.4.: Erfüllungsgrad der Anforderungen im Bereich des Anforderungsmanagements

Anforderung	Umsetzung	Abschnitt
AA_TGA1	Systemanforderungen werden als Wiki-Seiten anhand verschiedener standardkonformer Attribute strukturell beschrieben. Neben der natürlichsprachlichen Texterfassung ist auch die modellbasierte Dokumentation zugehöriger Geschäftsprozesse möglich.	5.2.3, 6.2.2
AA_TGA2	Die Anforderungsnachverfolgbarkeit wird im CLEoS-Wiki durch die Erfassung semantischer Abhängigkeiten zwischen den einzelnen Anforderungsseiten und den entsprechenden Seiten für Geschäftsprozesse bzw. Geschäftsprozessschritte gemäß dem zugrunde liegenden Nachverfolgbarkeitsmodell realisiert.	5.2.5, 6.2.2.5, 6.2.5
AA_TGA3 WU_PGA2	Die synchrone gemeinsame Erstellung und Bearbeitung von Geschäftsprozessmodellen wird durch den Kollaborationsmechanismus des integrierten SLiM-Editors gewährleistet. Das asynchrone Erfassen und Editieren von Textinhalten ist bereits im Funktionsumfang des SMW enthalten.	5.2.1, 6.2.2.2
AA_TGA4	Jede im CLEoS-Wiki erfasste Anforderung kann über den eindeutigen Namen der dazugehörigen Seite abgefragt werden. Anforderungen lassen sich sowohl nach Änderungsdatum als auch in alphabetischer Reihenfolge sortieren. Zusätzlich werden sie als ein Timeline visualisiert. Für ihre hierarchische Anordnung sorgt die Definition der semantischen Abhängigkeiten zwischen Anforderungsseiten. Der Zugriff auf anforderungsbezogene Informationen erfolgt benutzerfreundlich über bereitgestellte Abfrageformulare.	6.1.3, 6.2.2.5, 6.3.1

Anforderung	Umsetzung	Abschnitt
AA_TGA5	Die Inhalte des CLEoS-Wikis können mithilfe der integrierten Buchfunktion zusammengefasst und als eine PDF-Datei exportiert werden. Detaillierte Auswertungen hinsichtlich einzelner Anforderungsattribute lassen sich über vordefinierte Abfrageformulare oder anhand semantischer Suche erstellen.	6.1.1.2, 6.3.1, 6.3.3
AA_TGA6	Der Mehrbenutzerzugriff ist durch das zugrunde liegende Wiki-Konzept gegeben. Auch die Versionierung gehört standardmäßig zum Funktionsumfang eines jeden Wikis. So werden alle vorgenommenen Änderungen auf einer CLEoS-Seite in der Seitenhistorie gespeichert. Außerdem können Projektbeteiligte kategorisierte Seiten einer individuellen Beobachtungsliste hinzufügen, um über den Änderungsverlauf auf der Anforderungsebene automatisch informiert zu werden. Die Änderungsprotokollierung wird auch auf der Modellierungsebene bereitgestellt. Durch die Erweiterung des SLiM-Editors lassen sich alle im CLEoS-Wiki erstellten Modelle chronologisch anzeigen und so ihre verschiedenen Versionen bequem begutachten.	5.2.1, 6.2.2.2, 6.3.4
AA_TGA7 AA_PGA3	Der vorgegebene strukturierte Seitenaufbau sorgt für eine einheitliche Erfassung von Anforderungen. Dadurch können Fehler minimiert und die Einarbeitungszeit verringert werden. Die Datenerfassung erfolgt über selbst erklärende Eingabemasken. Die Notationssprache für die Geschäftsprozessmodellierung zeichnet sich durch ihre Verständlichkeit und leichte Erlernbarkeit aus. Die übersichtliche Anzahl der verwendeten Notationselemente sorgt dabei für einen geringen Schulungsaufwand.	6.2.2.3, 6.2.2.5
AA_PGA4	Durch das Wiki-Konzept werden grundsätzlich die Aktualität und Konsistenz der abgelegten Inhalte sichergestellt. Zudem sorgen die im CLEoS-Wiki eingebundenen generischen Abfragefunktionen dafür, dass wichtige Informationen automatisch generiert und an den dafür vorgesehenen Stellen vorgebracht werden, was die Vollständigkeit und Konsistenz der Inhalte zusätzlich unterstützt.	5.2.1, 6.1.1.2, 6.2.1
AA_PGA5	Da das CLEoS-Wiki an sich eine webbasierte zentralisierte Plattform ist und zudem leichtgewichtige Techniken zur Kollaboration bietet, können externe Projektpartner bereits in der Spezifikationsphase effektiv mitwirken. Wie das Beispielszenario in Abschnitt 6.2.3 zeigt, ist ihre Einbeziehung sowohl bei der Analyse und Modellierung von Geschäftsprozessen als auch bei der Erstellung von Systemanforderungen möglich.	6.2.2.2, 6.2.3

Anforderung	Umsetzung	Abschnitt
AA_PGA6	Der eingebaute WYSIWYG-Editor, mit dem sich Textinhalte ähnlich einfach und intuitiv wie bei gängigen Textverarbeitungsprogrammen erstellen lassen, die Bereitstellung benutzerfreundlicher Eingabemasken, die Verwendung intuitiver Notation zur Modellierung von Geschäftsprozessen und Systemarchitektur sowie die Ermöglichung semantischer Suche ohne jegliche Kenntnisse der spezifischen Syntax fördern im CLEoS-Wiki die Einbeziehung von Nicht-Experten und erleichtern den Dialog zwischen Fach- und IT-Abteilungen.	5.2.1, 6.2.2.3, 6.2.4, 6.3.1

7.4.3 Architekturentwurf

Die Ergebnisse der im vierten Kapitel durchgeführten Fallstudie konstatieren, dass für eine erfolgreiche Durchführung global verteilter Softwareprojekte die Auslagerung des Systementwurfs effektiv zu unterstützen ist (siehe Tabelle 4.2). In diesem Zusammenhang stellt der vorgestellte Lösungsansatz alle notwendigen Techniken bereit, um eine explizite Erfassung von Architekturmodellen in verteilten Umgebungen zu ermöglichen (siehe Tabelle 7.5).

Tabelle 7.5.: Erfüllungsgrad der Anforderungen im Bereich des Architekturentwurfs

Anforderung	Umsetzung	Abschnitt
AE_PGA1	Die Erfassung des Architekturentwurfs im CLEoS-Wiki erfolgt anhand von semantischen Vorlagen und Formularen, die eine leichtgewichtige Modellierung der statischen Systemstruktur auf drei Detaillierungsebenen ermöglichen. Durch die Definition semantischer Abhängigkeiten wird der Architekturentwurf im Nachverfolgbarkeitsmodell verankert und mit anderen Artefakten integriert.	5.2.5, 6.2.4
AE_PGA2	Auf der höchsten Abstraktionsebene lassen sich im CLEoS-Wiki Architekturmodelle formalisieren, indem ihre einzelnen Architekturkomponenten, wie etwa Subsysteme als Packages abgebildet und über einfache Assoziationsbeziehungen miteinander in Verbindung gesetzt werden. Diese werden auf der nächsten Abstraktionsebene als Klassen- oder Objektdiagramme mit Hilfe vereinfachter UML-Notation spezifiziert und als entsprechende CLEoS-Seiten angelegt. Die einzelnen Diagrammelemente werden wiederum durch CLEoS-Seiten der entsprechenden Kategorie abgebildet, auf denen sie zusammen mit ihren Attributen und Methoden detaillierter beschrieben werden können.	5.2.4, 6.2.4

Anforderung	Umsetzung	Abschnitt
AE_PGA3	Die leichtgewichtige Formalisierung des Architekturentwurfs bildet die notwendige Grundlage, um Wissen über die erstellten architektonischen Lösungen an andere Projektbeteiligte zu übertragen. Das Architekturwissen wird zentral im CLEoS-Wiki gespeichert und kann dadurch mit Kunden, internen und externen Entwicklern orts- und zeitunabhängig geteilt werden. Beim Modellierungsvorgang besteht außerdem die Möglichkeit, die Systemarchitektur mit mehreren Projektbeteiligten gemeinsam in Echtzeit zu erstellen.	6.2.2.2, 6.2.3, 6.2.4

7.4.4 Nachverfolgbarkeit

Die theoriegeleiteten Aspekte zur Realisierung des Traceability-Managements wurden in Abschnitt 3.3 beleuchtet. Die daraus resultierenden Anforderungen sind in Tabellen 3.4 und 3.5 zusammengefasst. Die entsprechenden Ergebnisse der praxisgeleiteten Anforderungserhebung sind in Tabelle 4.2 zu finden.

Als entscheidender Punkt für eine effektive Umsetzung des Traceability-Managements bei global verteilten Softwareprojekten gilt die Bereitstellung leichtgewichtiger Methoden und Werkzeuge zum Erfassen von Nachverfolgbarkeitsinformationen. Hierfür wird im Rahmen des Lösungsansatzes ein geeignetes Nachverfolgbarkeitsmodell konzipiert (siehe Abschnitt 5.2.5). Dieses dient als Basis zur Entwicklung der CLEoS-Ontologie (siehe Abschnitt 6.1.2), um die softwaretechnische Realisierung von Abhängigkeiten zwischen verschiedenen Softwareartefakten im CLEoS-Wiki zu ermöglichen (siehe Anforderung TM_TGA1). Die Erfüllung weiterer damit verbundener Anforderungen wird in Tabelle 7.6 belegt und kurz erläutert.

Tabelle 7.6.: Erfüllungsgrad der Anforderungen im Bereich des Traceability-Managements

Anforderung	Umsetzung	Abschnitt
TM_TGA2	Dank des einfach gehaltenen Nachverfolgbarkeitsmodells können Informationen im CLEoS-Wiki auf eine übersichtliche und nachvollziehbare Weise visualisiert werden, wodurch sich Missverständnisse und Fehlinterpretationen vorbeugen lassen. Da die Verarbeitung von Softwareartefakten zentral erfolgt, kann die Definition ihrer Nachverfolgbarkeitsbeziehungen sowohl durch interne als auch durch externe Projektbeteiligte vorgenommen und über geografische und organisatorische Grenzen hinweg umgesetzt werden.	5.2.5

Anforderung	Umsetzung	Abschnitt
TM_TGA3	Jede Abhängigkeit innerhalb des Nachverfolgbarkeitsmodells wird mit einer klaren Semantik belegt. Neben der grundlegenden Realisierung der Nachverfolgbarkeit sorgt dies dafür, dass im CLEoS-Wiki Beziehungen zwischen Softwareartefakten mit semantischen Annotationen angereichert werden können, wodurch sich der gesamte Informationsgewinnungsprozess effektiver gestalten lässt.	6.1.2
TM_PGA1	Um die Medienbrüche bei global verteilten Softwareprojekten zu vermeiden, integriert das Nachverfolgbarkeitsmodell alle relevanten Softwareartefakte mit Hilfe entsprechender semantischer Beziehungen. Seine softwaretechnische Umsetzung stellt sicher, dass sowohl die Pre- und Post-Traceability als auch die vertikale und horizontale Nachverfolgbarkeit realisiert werden können.	5.2.5, 6.1.2, 6.2.5
TM_PGA2	Im CLEoS-Wiki können Softwareartefakte und deren Zusammenhänge sowohl vor als auch nach der Anforderungsaufnahme erfasst werden. Dies bewirkt zum einen, dass der Anforderungskontext allen Projektbeteiligten in Form von Geschäftsprozessmodellen zur Verfügung steht und dass dadurch der Ursprung jeder Anforderung stets nachvollziehbar ist. Zum anderen werden Anforderungen durch semantische Annotationen mit dem Systementwurf in Verbindung gebracht, sodass auch deren Abbildung auf einzelne Architektur- und Softwarekomponenten jederzeit überprüft werden kann.	5.2.5, 6.2.2.1, 6.2.5
TM_PGA3	Die Erfassung und Verwaltung von Nachverfolgbarkeitsbeziehungen findet im CLEoS-Wiki mit Hilfe der Nachverfolgbarkeitsmatrix statt. Diese benutzerfreundliche und intuitive Form der Datenerfassung ermöglicht, die Abhängigkeiten zwischen Softwareartefakten auf eine bequeme Weise durch das Markieren entsprechender Matrixzellen zu definieren. Dabei sorgt die Implementierung der Matrix dafür, dass die Syntax der zugrunde liegenden semantischen Funktionen dem CLEoS-Nutzer verborgen bleibt.	6.2.1.1, 6.2.5
TM_PGA4	Um das Traceability-Management nicht unnötig zu verkomplizieren, ist das Nachverfolgbarkeitsmodell so ausgelegt, dass nur solche strukturellen und semantischen Beziehungen definiert werden müssen, die zu einer effektiven Realisierung der Anforderungsnachverfolgbarkeit, der Pre- und Post-Traceability sowie der vertikalen und horizontalen Nachverfolgbarkeit notwendig sind.	5.2.5

Anforderung	Umsetzung	Abschnitt
TM_TGA4 TM_TGA5	Das CLEoS-Wiki ist in Bezug auf die Erfassung von Nachverfolgbarkeitsbeziehungen sehr flexibel. Die Festlegung ihrer Granularität lässt sich vom Benutzer selbst frei bestimmen. So können nur solche Informationen angegeben werden, die Projektbeteiligte für nützlich und sinnvoll halten. Je nach Projekt können Anforderungen mit den einzelnen Geschäftsprozessschritten oder lediglich mit den übergeordneten Geschäftsprozessen verbunden werden. Auch die Nachverfolgbarkeitsmatrix und das zugrunde liegende Modell lassen sich bei Bedarf anpassen.	6.2.5
TM_TGA6	Das Nachverfolgbarkeitsmodell lässt sich leicht mit anderen Ansätzen vereinen. Denn bei webbasierten Werkzeugen kann deren Funktionsumfang mit einem geringen Aufwand — wie etwa mit der Bereitstellung entsprechender Webservices — in bestehende Software integriert werden.	5.2.5, 6.2.5
TM_TGA7	Der strukturierte Seitenaufbau im CLEoS-Wiki sorgt dafür, dass dem Nutzer relevante Nachverfolgbarkeitsinformationen an den richtigen, dafür vorgesehenen Stellen präsentiert werden. So können die Beziehungen zwischen Softwareartefakten nicht nur in der Nachverfolgbarkeitsmatrix, sondern auch auf den entsprechenden CLEoS-Seiten mit Hilfe des Elementes *Information* betrachtet werden. Auf der Projektseite werden außerdem alle zum jeweiligen Projekt gehörenden Softwareartefakte anhand generischer semantischer Abfragen automatisch ermittelt und als Links dargestellt.	6.2.1.1

7.4.5 Wissensmanagement

Die theoriegeleiteten Anforderungen an die Unterstützung global verteilter Softwareentwicklung im Bereich des Wissensmanagements wurden in Abschnitt 3.4 erhoben. Tabelle 3.6 gibt hierfür einen zusammenfassenden Überblick. Die entsprechenden Anforderungen aus der Praxis sind Tabelle 4.2 zu entnehmen.

Der Einsatz einer Wiki-basierten Lösung zur Durchführung von frühen Softwareentwicklungsphasen in global verteilten Projekten löst wichtige positive Nebeneffekte bezüglich des Wissensmanagements und Wissenstransfers aus. Aufgrund einer einfachen Erfassung, Speicherung und Teilung von Wissen sind Wikis für diese Zwecke geradezu prädestiniert. So wird mit der Einführung des CLEoS-Wikis auch ein Werkzeug zum Wissensmanagement bereitgestellt (siehe Anforderung WM_TGA1). Wie aus Tabelle 7.7 ersichtlich, werden auch die restlichen Anforderungen in diesem Bereich durch den Lösungsansatz umgesetzt.

Tabelle 7.7.: Erfüllungsgrad der Anforderungen im Bereich des Wissensmanagements

Anforderung	Umsetzung	Abschnitt
WM_TGA2	Die Transparenz des Projektverlaufes und -fortschrittes stellt das eingebaute Zeitmanagement auf der Projektseite sicher. Die Zuständigkeiten werden auf jeder kategorisierten Seite über das entsprechende semantische Attribut eindeutig definiert.	5.2.2, 6.2.1, 6.2.2
WM_PGA2 WM_TGA3	Sowohl für die Projektdokumentation als auch für jedes Softwareartefakt wie Geschäftsprozess, Anforderung oder Architekturkomponente steht eine vordefinierte Vorlage bereit, die die Struktur und Darstellung der jeweiligen CLEoS-Seiten einheitlich festlegt.	6.2.1, 6.2.2, 6.2.4
WM_TGA4	Projektinhalte werden systematisch und dauerhaft im CLEoS-Wiki gespeichert. Die Projekthistorie lässt sich zum einen durch die im SMW bereitgestellte Seitenhistorie festhalten. Weiterhin können Projektbeteiligte auch individuelle Beobachtungslisten erstellen, um über den Änderungsverlauf auf den gewünschten Seiten des Projektes automatisch informiert zu werden. Zum anderen können Projektinhalte über die Buchfunktion in regelmäßigen Abständen exportiert und somit gesichert werden. Der Änderungsverlauf aller im CLEoS-Wiki erstellten Modelle ist durch die entsprechende Funktion des SLiM-Editors gegeben.	5.2.1, 6.2.2.2, 6.3.3, 6.3.4
WM_PGA4 WM_TGA5	Die im Projektverlauf gewonnene Wissensbasis wird zentral im CLEoS-Wiki gespeichert und steht allen Projektbeteiligten jederzeit und ortsunabhängig zur Verfügung. Die Erfassung und Speicherung des nicht-technischen Wissens erfolgt in textueller und modellbasierter Form auf den dafür entwickelten CLEoS-Seiten. Zur Bildung eines gemeinsamen Begriffssystems bietet das CLEoS-Wiki entsprechende Funktionen. Durch die Abwicklung des kompletten Dokumentenmanagements im CLEoS-Wiki wird zudem die zentrale Verwaltung des technischen Wissens gewährleistet.	4.4.6, 6.1.2, 6.2.2.1, 6.2.4, 6.3.2
WM_PGA1 WM_TGA6	Dank des weit verbreiteten Wiki-Konzeptes wird die Hemmschwelle zur Informationserfassung gesenkt, wodurch auch zur informellen Zusammenarbeit zwischen Kunden, internen und externen Teams beigetragen wird. Dies erleichtert in erster Linie die Übertragung des impliziten Wissens. So trägt insbesondere die synchrone kollaborative Zusammenarbeit während der Geschäftsprozessanalyse und des Architekturentwurfs zum informellen Austausch und zur Sicherung von Erfahrungen, Kompetenzen und Ansichten einzelner Projektbeteiligter bei. Die Formalisierung des	3.4.1, 6.2.2.2, 6.2.3

Anforderung	Umsetzung	Abschnitt
	expliziten Wissens erfolgt vor allem durch die Dokumentation entsprechender Geschäftsprozesse, die als Ausgangsbasis zur Ableitung von Systemanforderungen dienen, sowie durch die Erstellung von Architekturmodellen, die diese Anforderungen umsetzen.	
WM_PGA1 WM_TGA7	Die Wissensübertragung findet im CLEoS-Wiki über verschiedene Wege statt. Externe Projektbeteiligte können einerseits die Brücke zum Anforderungskontext durch die explizite Dokumentation der Geschäftsprozesse und deren Verknüpfung mit dazugehörigen Anforderungen schlagen. Der Transfer von entstandenen architektonischen Lösungen an zuständige Projektteilnehmer wird andererseits durch die neu eingeführte Formalisierung des Architekturentwurfs gewährleistet. Zum Wissensaustausch kommt es außerdem im Rahmen der synchronen kollaborativen Erstellung von Geschäftsprozess- und Architekturmodellen. Die Übertragung projektbezogener Begrifflichkeiten erfolgt auch über die Bereitstellung von Glossaren.	5.2.3, 5.2.4, 6.2.3, 6.3.2
WM_TGA8	Da Wiki-basierte Lösungen von vornherein darauf ausgerichtet sind, unterschiedliche Aspekte des Wissensmanagements zu unterstützen, erfordert dessen Einführung und Aufrechterhaltung im CLEoS-Wiki keine weiteren Maßnahmen seitens interner und externer Projektbeteiligter. Der Wissenstransfer ist somit methodisch durch den Lösungsansatz abgedeckt.	5.2
WM_TGA9	Die wichtigsten Vorzüge einer effektiven Umsetzung des Wissensmanagements in global verteilten Softwareprojekten bei KMSU sind im Rahmen der Analyse des aktuellen Forschungsstandes in diesem Bereich herausgearbeitet und zusammengefasst.	3.4.2

7.5 Vergleich mit anderen Lösungen

Als abschließender Schritt der Evaluation des in der vorliegenden Arbeit entwickelten Lösungsansatzes werden in diesem Abschnitt dessen Neuartigkeit und Charakteristika aufgezeigt, indem ein Vergleich mit anderen existierenden Lösungen gezogen wird. Hierzu werden ähnliche Wiki-basierte Ansätze analysiert, die zur Unterstützung einer oder mehrerer Projektphasen in global verteilten Softwareentwicklungsprozessen bei KMSU zum Einsatz kommen können.

Als erste Alternative zum CLEoS-Wiki wird einer der Markführer in diesem Segment — das kommerzielle Confluence-Wiki[26] — untersucht, welches auf die Unterstützung verschiedener Aktivitäten im gesamten Softwareentwicklungsprozess abzielt. Es handelt sich dabei um eine komplexe Lösung, deren Umfang zusätzlich durch zahlreiche Plug-ins erweitert werden kann. Für die vorgesehene Analyse ist das Plug-in Gliffy vom besonderen Interesse, da es ähnlich wie beim CLEoS-Wiki die Funktionalitäten zur grafischen Modellierung ins Confluence-Wiki integriert. Neben der Geschäftsprozessmodellierung in BPMN und dem Architekturentwurf in UML können auch andere Diagrammarten wie Flowcharts oder Netzwerkdiagramme anhand dieses Plug-ins erstellt werden.

Im Gegensatz zum CLEoS-Wiki ist im Plug-in Gliffy keine Möglichkeit zur semantischen Verknüpfung zwischen Diagrammen und den entsprechenden Wiki-Seiten gegeben, auf denen sie spezifiziert werden. Die modellierten Daten sind von anderen Wiki-Inhalten unabhängig und können — wie bei jedem traditionellen Wiki — nur als statische Bilder den jeweiligen Seiten zugeordnet werden. Somit fehlt bei dieser Lösung die notwendige Grundlage, um sowohl die Erfassung kontextbezogener Informationen als auch die Realisierung der Nachverfolgbarkeit effektiv umzusetzen. Die synchrone Bearbeitung von Diagrammen in Echtzeit wird im Confluence-Wiki ebenfalls nicht unterstützt. Standardmäßig bietet es auch keine Möglichkeit zur Definition von Anforderungen und zu ihrer Verknüpfung mit anderen Softwareartefakten. Hierfür ist eine Eignungsanalyse und gegebenenfalls die Integration weiterer Plug-ins erforderlich. Zur Abwicklung des Projektmanagements kann im Confluence-Wiki auf das umfangreiche Fallbearbeitungsprogramm JIRA zurückgegriffen werden (siehe Abschnitt 3.2.4).

Aus nicht kommerzieller Sicht werden zum Vergleich gleichzeitig zwei kostenfreie Erweiterungen des SMW herangezogen, die von demselben Autorenteam stammen. Diese Lösungen ergänzen das SMW um kollaborative Modellierungsmöglichkeiten beim Erstellen von Geschäftsprozessen und UML-Diagrammen. Im Jahr 2010 entwickeln Dengler und Happel (2010) Collaborative Modeling Extension (CME), die die Prozessmodelle und UML-Diagramme anhand von den im SMW hinterlegten semantischen Informationen generiert und diese als statische Bilder auf entsprechenden Wiki-Seiten darstellt. Ähnlich wie im CLEoS-Wiki wird jedes Diagrammelement als eine Wiki-Seite abgebildet, indem es dort über vordefinierte Vorlagen und Formulare definiert und mit textuellen Beschreibungen angereichert wird. Die Bearbeitung der erstellten Diagramme erfolgt dabei

---

26 https://de.atlassian.com/software/confluence

ausschließlich textbasiert durch die Anpassung semantischer Attribute einzelner Wiki-Seiten, was bei der Modellierung komplexerer Sachverhalte schnell zur Unübersichtlichkeit und Fehlerhaftigkeit führt.

Durch die Integration eines grafischen Editors gleichen Dengler et al. (2011) diesen Nachteil in der nachfolgenden Version ihres Ansatzes aus, der besser als Wikiing Pro bekannt ist. Zwar werden in der neuen Version die Funktionen zur grafischen Erstellung und Bearbeitung von Diagrammen gegeben, jedoch stellt Wikiing Pro im Vergleich zur vorherigen Variante keine Möglichkeit zur Modellierung von UML-Diagrammen bereit. Dadurch ist eine adäquate Erfassung des Architekturentwurfs nicht mehr gegeben. Außerdem ermöglicht keine der beiden SMW-Erweiterungen die Abwicklung eines effektiven Projektmanagements. Eine Verknüpfung zwischen Modellen bzw. Modellelementen mit anderen im Wiki abgebildeten Artefakten ist ebenfalls nicht möglich. Die asynchrone Zusammenarbeit erfolgt über die Funktionalitäten, die durch das SWM bereitgestellt werden. Eine gemeinsame Bearbeitung von Diagrammen in Echtzeit wird dagegen bei keiner der vorgestellten Erweiterungen unterstützt.

Zusammenfassend lassen sich bei den wenigen existierenden Wiki-basierten Lösungen, die den Prozess global verteilter Softwareentwicklung bei KMSU unterstützen können, sowohl einige Gemeinsamkeiten als auch essentielle Unterschiede feststellen. Die einzelnen Stärken und Schwächen jedes Ansatzes werden in Tabelle 7.8 gegenübergestellt.

Tabelle 7.8.: Vergleich des CLEoS-Wikis mit anderen Wiki-basierten Lösungen

Funktionalität	CME	Wikiing Pro	Confluence Wiki	CLEoS-Wiki
Projektmanagement	–	–	+	+
Geschäftsprozessmodellierung	+	+	+	+
Anforderungsmanagement	–	–	–	+
Architekturentwurf	+	–	+	+
Grafische Modellierung	–	+	+	+
Textuelle Ergänzung von Modellen	+	+	–	+
Semantische Auswertbarkeit	+	+	–	+
Durchgängige Nachverfolgbarkeit	–	–	–	+
Asynchrone Zusammenarbeit	+	+	+	+
Synchrone Zusammenarbeit	–	–	–	+

7.6 Zusammenfassung

Dieses Kapitel widmete sich der ausführlichen Darlegung des Evaluationsprozesses, dem die Ergebnisse der vorliegenden Forschungsarbeit unterzogen wurden. Die Evaluation bestand aus fünf eigenständigen Schritten, die zum Ziel hatten, die hier entwickelte Lösung aus verschiedenen Perspektiven zu bewerten.

Um erste praxisnahe Erkenntnisse über das Grundprinzip des Lösungsansatzes zu gewinnen, fand zunächst eine Umfrage unter sechs Partnerunternehmen statt, bei der Fachexperten nach einer kurzen Vorführung des CLEoS-Wikis dessen Eigenschaften und Funktionalitäten in einem leitfadengestützten Interview beurteilen konnten. Alle Befragten bestätigten die Praxistauglichkeit und Zukunftsfähigkeit der vorgestellten Lösung, hoben insbesondere die Angemessenheit des Grundkonzeptes in Bezug auf verteilte Softwareentwicklung hervor und sahen das Werkzeug zum Einsatz in ihren Unternehmen als geeignet an.

Der Fragenkatalog wurde dabei so ausgelegt, dass die Interviewpartner auch zahlreiche Verbesserungsvorschläge einbringen und auf etwaige Schwachstellen im vorgestellten Lösungsansatz hinweisen konnten. Dies resultierte darin, dass das CLEoS-Wiki im Anschluss an die Auswertung der Interviewbefragung entsprechend verbessert und weiterentwickelt wurde.

Das Ziel des zweiten Evaluationsschrittes war es, eine weitere umfassende schrittweise Optimierung des gesamten Konzeptes in Bezug auf Funktionalität, Praxistauglichkeit und Benutzerfreundlichkeit durchzuführen. Hierfür wurde das CLEoS-Wiki zur Abwicklung eines konkreten Kundenprojektes eingesetzt, im Rahmen dessen vorhandene Schwachstellen sowohl aus Kundensicht als auch aus Expertensicht ermittelt wurden. Die daraus entstandenen Verbesserungsmaßnahmen führten dazu, dass der Lösungsansatz methodisch-inhaltlich und insbesondere systemtechnisch optimiert wurde.

Den dritten Schritt der Evaluation stellte die abschließende Bewertung seiner endgültigen Version dar, indem sowohl die Erkenntnisse aus Kundensicht in Bezug auf die methodische Vorgehensweise als auch die subjektive Expertenmeinung hinsichtlich der Benutzerfreundlichkeit des CLEoS-Wikis gewonnen wurden. Neben der überwiegend positiven Beurteilung des Lösungsansatzes und des CLEoS-Wikis zeigte dieser Evaluationsschritt, dass das Werkzeug in mancher Hinsicht noch verbesserungsfähig ist.

Der vierte Evaluationsschritt überprüfte anhand einer Vergleichsanalyse den Erfüllungsgrad der im Rahmen dieser Arbeit herausgearbeiteten theoretischen und praktischen Anforderungen an global verteilte Softwareentwicklung bei KMSU. Es wurde gezeigt, dass der hier konzipierte Lösungsansatz alle 54 an ihn gestellten Anforderungen konstruktiv umsetzt und somit die Zielsetzung dieser Arbeit vollständig erfüllt.

Als abschließender Schritt der Evaluation fand ein Vergleich des CLEoS-Wikis mit anderen gleichartigen Lösungen anhand ausgewählter Qualitätsmerkmale statt, um nicht nur die Neuartigkeit des Lösungsansatzes zu demonstrieren, sondern auch dessen Mehrwert für KMSU im Bereich global verteilter Softwareentwicklung nochmals aufzuzeigen.

8. Schlussbetrachtung

Der Ausgangspunkt der vorliegenden Dissertationsarbeit war die Feststellung, dass die mittelständische Softwareindustrie im Bereich global verteilter Softwareentwicklung heutzutage weitgehend auf sich alleine gestellt ist. Als Hauptgrund hierfür wurde identifiziert, dass KMSU-spezifische Rahmenbedingungen im Gegensatz zu denen von Großunternehmen, die bereits zahlreiche, speziell für ihre Bedürfnisse konzipierte Lösungen auf diesem Gebiet erfolgreich einsetzen, in Wissenschaft und Praxis noch immer vernachlässigt werden. Um der bestehenden Problematik entgegenzuwirken, wurde im Rahmen dieser Arbeit ein neuer Lösungsansatz zur Unterstützung global verteilter Softwareentwicklungsprozesse bei KMSU entwickelt.

Im abschließenden Kapitel wird nun noch einmal verdeutlicht, welche Erkenntnisse dabei sowohl für die Theorie als auch für die Praxis gewonnen wurden. Hierfür erfolgt zunächst die Präzisierung des Forschungsbeitrages der vorliegenden Dissertationsarbeit. Danach wird ein Ausblick auf zukünftige Erweiterungsmöglichkeiten der entwickelten Lösung in inhaltlicher und technischer Hinsicht gegeben. Das Kapitel schließt mit einer rückblickenden Zusammenfassung und einer resümierenden Gesamtbeurteilung der erbrachten Forschungsleistung.

8.1 Forschungsbeitrag

Die vorliegende Arbeit ist mit dem Ziel angetreten, einen Forschungsbeitrag zur Unterstützung der mittelständischen Softwareindustrie im Bereich global verteilter Softwareentwicklung zu leisten. Entlang der hierfür aufgestellten Zwischenziele beschäftigt sie sich mit den Herausforderungen und Problemen, denen sich KMSU bei der Durchführung ihrer Softwareprojekte gegenübersehen, stellt daraus resultierende Verbesserungspotenziale fest, überführt diese in einen neuartigen Lösungsansatz und zeigt dessen Praxistauglichkeit und Zukunftsfähigkeit anhand einer Evaluation auf. Somit weist der in dieser Arbeit geleistete Forschungsbeitrag sowohl theoretische als auch praktische Relevanz auf und lässt sich in mehrere Einzelbeiträge untergliedern.

Den Grundstein hierfür legt eine intensive und umfassende Literaturanalyse, die besonders erfolgskritische Faktoren bei der Durchführung global verteilter Softwareentwicklungsprozesse, differenziert nach einzelnen Teilbereichen, identifiziert und diese unter dem starken Fokus auf KMSU hinsichtlich ihrer Verbesserungspotenziale erforscht. Als Ergebnis liegt eine erstmalige bereichsbezogene

Aufstellung von Anforderungen vor, welche ein Ansatz zur effizienten Abwicklung global verteilter Softwareprojekte bei KMSU zu erfüllen hat.

Einen weiteren bedeutenden Teil des Forschungsbeitrages leistet die umfangreich durgeführte Fallstudie mit Praxisunternehmen, die eine Reihe von Implikationen für die Wissenschaft und Praxis liefert. Zum einen untermauern die gewonnenen Ergebnisse die Notwendigkeit einer differenzierten Betrachtung der Softwareentwicklung bei mittelständischen und großen Unternehmen. Zum anderen stellt die Fallstudie einen, der bisherigen wissenschaftlichen Forschung oft entlegenen Praxisbezug her, indem KMSU-spezifische Gegebenheiten bei der Auslagerung von Softwareentwicklungsaktivitäten analysiert und diesbezüglich eine Reihe an Optimierungsmaßnahmen erarbeitet werden. Zusammen mit den theoriegeleiteten Anforderungen münden die Fallstudienergebnisse in einen Anforderungskatalog, der auf global verteilte Softwareentwicklung bei KMSU abgestimmt ist und somit der Wissenschaft erstmalig differenzierte Erkenntnisse auf diesem Gebiet vorstellt. Der entscheidende Mehrwert des Anforderungskatalogs ist, dass er als Basis für die weitere hieran anknüpfende Forschung zur Identifikation anderer, wissenschaftlich noch nicht behandelter Aspekte oder auch zur Entwicklung neuer Lösungen genutzt werden kann.

Aus praktischer Sicht eröffnet die durchgeführte Fallstudie für KMSU die Möglichkeit, auf Erfahrungen anderer Unternehmen zurückzugreifen und wichtige Erkenntnisse für eigene Vorhaben zu gewinnen. Von besonderer Bedeutung sind für sie außerdem die erstmals wissenschaftlich aufgezeigten Faktoren und Zusammenhänge, die als Kompensierung fehlender methodologischer Unterstützung zur Bewertung der Auslagerungsfähigkeit von Softwareprojekten herangezogen werden können. Gleichzeitig unternimmt die Fallstudie einen ersten Schritt in Richtung der Schließung der bestehenden Forschungslücke im Bereich des Wissensmanagements und der Wissensübertragung in global verteilten Softwareprojekten bei KMSU.

Den zentralen Forschungsbeitrag der Arbeit bildet der hier entwickelte Lösungsansatz, der die aus der Theorie und Praxis erhobenen Anforderungen zusammenführt und darauf basierend eine leichtgewichtige, auf spezielle Bedürfnisse von KMSU angepasste, durchgängige Unterstützung global verteilter Softwareentwicklung anbietet. Die neuartige Integration der frühen, besonders kritischen Phasen des Softwareentwicklungsprozesses in einer zentralen Wiki-basierten Plattform bringt entscheidende Vorteile für die Projektabwicklung und den Wissenstransfer in verteilten Umgebungen sowie für die Umsetzung der zugrunde liegenden Nachverfolgbarkeit. Dadurch hebt sich der vorgeschlagene Ansatz sowohl methodisch als auch softwaretechnisch von den anderen auf diesem Gebiet existierenden Lösungen ab, die entweder bei der Bereitstellung

176

vergleichbarer Funktionalität für KMSU zu komplex und zu wenig flexibel sind oder, falls sie KMSU-spezifische Ansprüche an Leichtgewichtigkeit, Einfachheit und Anpassbarkeit erfüllen, nur ausgewählte Aspekte und Phasen global verteilter Softwareentwicklung abdecken.

Eine weitere wichtige Neuartigkeit des Lösungsansatzes stellt die eingeführte geschäftsprozessorientierte Anforderungsanalyse dar, die das schwerwiegende methodologische Defizit der Spezifikationsphase behebt, indem die Untersuchung und Modellierung von Geschäftsprozessen mit Hilfe leichtgewichtiger Techniken fest in den Spezifikationsprozess verankert werden. Durch eine derartige Verzahnung zweier, bisher in der Forschung meist getrennt betrachteter Aufgabenbereiche, leistet der Ansatz einen bedeutenden Beitrag zur Verbesserung der Qualität der Spezifikationsphase sowohl in verteilten als auch in nicht-verteilten Umgebungen. Außerdem stellt die geschäftsprozessorientierte Anforderungsanalyse die in der bisherigen Praxis meist vernachlässigte Formalisierung von Kontextinformationen sicher, sorgt für deren reibungslose Übertragung an externe Entwicklerteams und fördert zudem die oft fehlende Einbeziehung von Kunden in den Spezifikationsprozess. Auch in Bezug auf das Architekturdesign weist der Lösungsansatz einige innovative Eigenschaften auf. Die vorgesehene Formalisierung der Systemarchitektur gewährleistet, dass bislang meist informelle Dokumentationsmethoden durch explizit modellierte Architekturentwürfe, die einen deutlich überlegenen Nutzen bieten, ersetzt werden. Anders als in der bisherigen Praxis erhalten alle Projektbeteiligten dadurch den notwendigen Zugang zum Architekturwissen. Der frei wählbare Formalisierungsgrad in der Entwurfsphase sorgt dabei dafür, dass die vielfach durch KMSU geforderte Anpassungsfähigkeit von Softwareentwicklungsprozessen bestehen bleibt.

Mit dem im Rahmen des Lösungsansatzes konzipierten Nachverfolgbarkeitsmodell leistet die vorliegende Arbeit einen weiteren eigenständigen Forschungsbeitrag, der dem Bereich des Traceability-Managements in global verteilten Softwareprojekten zuzuordnen ist. Das Nachverfolgbarkeitsmodell ermöglicht, durch die Verlinkung von Artefakten über zentrale Phasen des Softwareentwicklungsprozesses hinweg eine durchgängige Nachverfolgbarkeit von Informationen zu realisieren, die heutzutage nur in kostenintensiven Produkten von großen Softwareherstellern zu finden ist. Durch die zusätzliche Anreicherung von Nachverfolgbarkeitsbeziehungen mit semantischer Bedeutung erreicht der Lösungsansatz die notwendige Mächtigkeit, um eine praxistaugliche Umsetzung der Nachverfolgbarkeit in einer Wiki-basierten Plattform zu ermöglichen.

Neben den bereits genannten wissenschaftlichen Beiträgen, die übergreifend zwischen verschiedenen Forschungsbereichen der Softwareentwicklung angesiedelt sind, bringt die vorliegende Arbeit das CLEoS-Wiki — ein Werkzeug

zur Unterstützung global verteilter Softwareentwicklungsprozesse bei KMSU —
hervor. Es belegt die Realisierbarkeit des vorgeschlagenen Lösungsansatzes und
kann somit als Vorlage für die Entwicklung eines marktfähigen Produktes dienen, das sich insbesondere im Segment der mittelständischen Softwareindustrie
von den anderen existierenden Lösungen deutlich abheben wird.

8.2 Ausblick

Die Evaluation des hier entwickelten Lösungsansatzes bestätigt nicht nur, dass
er die primäre Zielsetzung der Arbeit vollständig erfüllt und in der bestehenden
Version zur Durchführung global verteilter Softwareprojekte bei KMSU effektiv
eingesetzt werden kann, sondern zeigt zudem, dass er ein großes Potenzial sowohl für die weiterführende Forschung als auch für seine inhaltliche und technische Weiterentwicklung aufweist.

Erste Anhaltspunkte für mögliche Verbesserungen liefert die im Rahmen der
formativen Evaluation stattgefundene Interviewbefragung von Fachexperten. Um
eine möglichst breite Abdeckung verschiedener Anwendungsfälle während der
Modellierung von Geschäftsprozessen und Systemarchitektur zu gewährleisten,
empfehlen einige Befragte, weitere Modellierungsmöglichkeiten im CLEoS-Wiki
zu realisieren. Im Bereich der Geschäftsprozessmodellierung wird vorgeschlagen,
alternativ zur vorhandenen Modellierungssprache auch andere Notationen wie
BPMN oder EPK einzuführen. In Bezug auf die Anforderungserhebung kann der
Spezifikationsprozess verbessert werden, wenn die Modellierung in CLEoS-Wiki
um weitere Diagrammtypen wie Anwendungsfalldiagramme erweitert wird.

Eine interessante Erweiterungsmöglichkeit bietet der Vorschlag, das prototypische Design des zu entstehenden Systems in Form von Layoutentwürfen im
CLEoS-Wiki zu erstellen, diese grafisch zu annotieren und mit anderen Artefakten in Verbindung zu setzen. So kann eine zusätzliche Grundlage geschaffen
werden, um den Dialog zwischen den Fach- und IT-Experten zu erleichtern.

In Bezug auf das Projektmanagement empfiehlt sich, ein System zur Res-
sourcenverwaltung einzuführen, um die Planung und Organisation von intern
und extern vorhandenen personellen Ressourcen für die Umsetzung einzelner
Projektaufgaben direkt im CLEoS-Wiki durchführen zu können. Hierhin eröffnen sich auch weitere vielfältige Erweiterungsmöglichkeiten. So können durch
die Integration eines darauf aufbauenden Reporting-Systems nützliche Berichte und Statistiken generiert werden, in denen die wichtigsten projektbezogenen
Informationen anhand ausgewählter Kriterien zusammengefasst werden. Die
so gesammelten Erkenntnisse können bei der nächsten Projektplanung besser
berücksichtigt werden.

Die Einsatzmöglichkeiten des CLEoS-Wikis können ferner durch die Integration eines Codeverwaltungssystems erweitert werden. Allerdings kann sich die Einbindung einer Entwicklungsumgebung auf dessen Fehleranfälligkeit oder sogar auf die Leichtgewichtigkeit des gesamten Lösungsansatzes negativ auswirken. Außerdem ist in diesem Zusammenhang eine tiefgehende wissenschaftliche Arbeit erforderlich, um eine einheitliche Lösung zu finden, welche die Verfolgung unterschiedlicher Programmierparadigmen ermöglicht.

Schließlich ist auch ein produktiver Einsatz der hier entwickelten Lösung bei mehreren global agierenden KMSU wünschenswert. Hierzu bedarf es jedoch einer weiteren softwaretechnischen Anpassung des CLEoS-Wikis in Bezug auf die Performance, Sicherheit und Fehlerbehandlung, welche im Rahmen einer wissenschaftlichen Arbeit kaum zu erbringen ist.

Sowohl die Verifizierung vorgestellter Verbesserungsvorschläge als auch die Entwicklung neuer methodischer und technischer Erweiterungsmöglichkeiten für den vorgeschlagenen Lösungsansatz bahnen interessante Wege zur weiterführenden Forschung im Bereich global verteilter Softwareentwicklung bei KMSU.

8.3 Fazit

Die zentrale Zielsetzung der vorliegenden Dissertationsarbeit lag in der Erarbeitung eines Lösungsansatzes, der global verteilte Softwareentwicklung bei KMSU auf methodischer und softwaretechnischer Ebene unterstützt. Die Ausgangsmotivation hierfür lieferten die in der Forschung und Praxis bestehenden Defizite, die sich vor allem auf die fehlende Berücksichtigung von spezifischen Eigenschaften und Bedürfnissen der mittelständischen Softwareindustrie auf diesem Gebiet beziehen. Das Vorgehen zur Erreichung des formulierten Forschungsziels orientierte sich dabei strikt an die Richtlinien der Designwissenschaft von Hevner et al. (2004) und wird im Folgenden rückblickend zusammengefasst.

Das einleitende Kapitel gab einen ersten Einstieg in die zu behandelnde Thematik und umfasste die Erläuterung der Problemstellung, die Formulierung der Zielsetzung sowie die Darstellung des strukturellen Aufbaus dieser Arbeit. Im zweiten Kapitel erfolgte die Abgrenzung der Zielgruppe der vorliegenden Untersuchung, bei der der besondere Stellenwert von KMSU in der IT-Branche verdeutlicht und die Notwendigkeit ihrer differenzierten Betrachtung festgestellt wurden.

Das dritte Kapitel widmete sich einer umfassenden Untersuchung des aktuellen Forschungsstandes, die die bestehenden methodischen und inhaltlichen Defizite im Bereich global verteilter Softwareentwicklung zunächst aus einer theoretischen Perspektive aufzeigte. Dabei wurden neben der Klärung begrifflicher Grundlagen auch die Problemfelder bei zentralen Softwareentwicklungsaktivitäten in verteilten Umgebungen analysiert. Unter der vorrangigen Berücksichtigung der KMSU-spezifischen Bedürfnisse fand daraufhin die Herleitung der theoriebezogenen Anforderungen statt, die bei der Optimierung und Neugestaltung global verteilter Softwareentwicklungsprozesse in Bereichen der Anforderungsanalyse, des Traceability- und Wissensmanagements zu berücksichtigen sind.

Dieser bereichsbezogene Anforderungskatalog wurde in Kapitel 4 um weitere praxisrelevante Aspekte ergänzt. In einer umfassenden Fallstudie mit acht deutschen mittelständischen Softwareherstellern wurden die spezifischen Gegebenheiten von KMSU in Bezug auf global verteilte Softwareentwicklung erforscht, um dadurch einen bisher fehlenden Praxisbezug auf diesem Gebiet herzustellen. Zum einen konnte dabei die Problemrelevanz der vorliegenden Forschungsarbeit durch Fachexperten bestätigt werden. Zum anderen ließ sich auch ein erheblicher Handlungsbedarf auf dem Weg zu einer effizienten Durchführung global verteilter Softwareprojekte bei KMSU erkennen. So ergaben die Ergebnisse der Interviewauswertung, dass insbesondere die geschäftsprozessorientierte Gestaltung der Spezifikationsphase zusammen mit der nachvollziehbaren Dokumentation des Systemkontextes, dessen effektive Übertragung an externe Partner und die Unterstützung der hiermit zusammenhängenden prozessualen Abläufe durch geeignete Methoden und leichtgewichtige Werkzeuge als zentrale Erfolgsfaktoren für global verteilte Softwareentwicklung bei KMSU gelten. Aufbauend auf den Outsourcing-Erfahrungen von Fachexperten fand in diesem Zusammenhang anschließend eine praxisgeleitete Anforderungserhebung in relevanten Bereichen statt. Als Ergebnis entstand ein bereichsdifferenzierter Anforderungskatalog, der unter Heranziehung von Erkenntnissen aus der Theorie und Praxis auf global verteilte Softwareentwicklung bei KMSU abgestimmt wurde.

Der entstandene Anforderungskatalog wurde in Kapitel 5 sukzessive in einen integrativen Lösungsansatz überführt. Hierzu erfolgte zunächst die Begründung der getroffenen Auswahl, das SMW als tragende Säule zur softwaretechnischen Umsetzung des hier konzipierten Lösungsansatzes zu verwenden. Sowohl die Vorzüge, die sich aus dem Einsatz eines traditionellen Wikis im Allgemeinen ergeben, als auch die zweckmäßigen Funktionalitäten, die dessen semantische Erweiterung im Speziellen bereitstellt, wurden verständlich dargelegt und stets in Bezug auf die zuvor erhobenen Anforderungen erläutert. Danach wurde eine konzeptuelle Basis geschaffen, die ein einfaches, wenig aufwendiges und dennoch effizientes Projektmanagement im Rahmen des Lösungsansatzes ermöglicht. Im nächsten Schritt widmete sich das Kapitel der Beschreibung, wie eine Geschäftsprozessanalyse in den Spezifikationsprozess nutzbringend eingebunden werden kann. In diesem Zusammenhang wurde auch der daraus resultierende Mehrwert sowohl für KMSU als auch für ihre Kunden und Partner aufgezeigt, der sich insbesondere in einer erheblich höheren Qualität der Spezifikationsphase und einer signifikanten Verbesserung des Wissenstransfers widerspiegelt. Auf diese Ausführungen folgte die Verbreitung eines konstruktiven Vorschlags, der eine bisher fehlende flexible Formalisierung des Architekturentwurfs durch dessen Modellierung auf drei verschiedenen Abstraktionsebenen ermöglicht. Schließlich wurde im Rahmen der Konzeptionsphase ein Nachverfolgbarkeitsmodell präsentiert, das alle Erzeugnisse global verteilter Softwareprojekte entlang einer Nachverfolgbarkeitskette anordnet. Die hierfür notwendige Definition und Erläuterung struktureller und semantischer Zusammenhänge zwischen einzelnen Softwareartefakten wurden ebenfalls detailliert beschrieben.

Die Realisierbarkeit des in dieser Arbeit entwickelten Lösungsansatzes wurde durch seine prototypische Implementierung in Kapitel 6 belegt. Im Vordergrund stand dabei die Erläuterung einzelner Bestandteile und Funktionalitäten des CLEoS-Wikis, die eine geeignete Umsetzung des Projektmanagements, der geschäftsprozessorientierten Anforderungsanalyse, der Formalisierung der Systemarchitektur und des zugrunde liegenden Nachverfolgbarkeitsmodells gewährleisten. Darüber hinaus wurden einige speziell entwickelte Zusatzfunktionen beschrieben, die in erster Linie zur Verbesserung der Benutzerfreundlichkeit und Bedienbarkeit des implementierten Prototyps beitragen.

In Kapitel 7 wurden der Lösungsansatz und seine prototypische Implementierung einem umfassenden Evaluationsprozess unterzogen, der ihre Bewertung aus verschiedenen Perspektiven zum Ziel hatte. Während der formativen Evaluation fand zunächst eine leitfadengestützte Interviewbefragung von sechs Praxisvertretern statt, die die ersten praxisnahen Aufschlüsse über das Grundprinzip des Lösungsansatzes lieferten. Dabei hielten die befragten Fachexperten die dem Konzept zugrunde liegende Idee für sinnvoll und zukunftsfähig, wiesen aber auch auf einige Schwachstellen der vorgestellten Lösung hin. Im Anschluss an die durchgeführte Interviewbefragung und die Umsetzung der daraus abgeleiteten Verbesserungsmaßnahmen erfolgte die Evaluation des CLEoS-Wikis in einem realistischen Szenario, während dessen es sich ebenfalls als praxistauglich und nützlich erwies. Im Rahmen der Abwicklung eines konkreten Kundenprojektes wurde das Gesamtkonzept in Bezug auf die Praxistauglichkeit und Zuverlässigkeit weiter verbessert und das CLEoS-Wiki hinsichtlich der Benutzerfreundlichkeit und Nutzerführung iterativ optimiert. Die abschließende Bewertung des Lösungsansatzes fand nach dem Projektende sowohl durch den Praxispartner als auch durch das Expertenteam statt. Dies stellte zugleich den ersten Schritt der summativen Evaluation dar. In ihrem weiteren Verlauf wurde der Erfüllungsgrad der an den Lösungsansatz gestellten Anforderungen anhand einer Vergleichsanalyse überprüft. Die Evaluation schloss mit der Demonstration des Innovationsgrades des

CLEoS-Wikis durch seine Gegenüberstellung mit gleichartigen am Markt existierenden Lösungen ab.

Abgerundet wurde die Arbeit durch die Darstellung des Forschungsbeitrages und Diskussion zukünftiger Weiterentwicklungsmöglichkeiten des Lösungsansatzes in diesem achten Kapitel.

A. Interviewleitfaden zur Fallstudie

Allgemeine Unternehmensdaten

1. Entwickelt Ihr Unternehmen global verteilt?
2. Wie viele Mitarbeiter arbeiten für Sie, an welchen Standorten und an wie vielen Projekten?
3. Welche Art von Software entwickeln Sie (Standard- bzw. Individualsoftware)?
4. Mit welchen Programmiersprachen, Programmierumgebungen und sonstigen Werkzeugen arbeiten Sie dabei typischerweise?
5. Welche Probleme ergeben sich aus global verteilter Softwareentwicklung?

Outsourcing-Erfahrungen

6. Welche Faktoren bewegen Sie zum Outsourcing?
7. Welche Formen von Outsourcing finden Sie am besten geeignet für Ihr Unternehmen und warum?
   - Globale Softwareentwicklung innerhalb der EU (Polen, Ungarn)?
   - Globale Softwareentwicklung in Osteuropa (Russland, Ukraine)?
   - Globale Softwareentwicklung in Asien (Indien, China)?
   - Globale Softwareentwicklung in Südamerika (Brasilien, Argentinien)?
8. Welche strategische Rolle nimmt Outsourcing in Ihrem Unternehmen ein?
9. Gibt es Abteilungen, Bereiche oder Verantwortliche, die sich mit dem Thema Outsourcing befassen?
10. Gibt es erkennbare Besonderheiten bei den Aufgaben, die an externe Partner vergeben werden?
11. Welche Bereiche sind vom Outsourcing betroffen? Welche strategische Wichtigkeit haben sie?
12. Welche Phasen des Softwareentwicklungsprozesses werden in Ihren Projekten behandelt? Wie sind diese Phasen bei standortübergreifenden Projekten aufgeteilt?
13. Welche Phasen (Prozessanalyse, Anforderungsmanagement, Design, Implementierung, Testen, Wartung) und welche Artefakte (Prozessmodelle, Anforderungen, Architekturmodelle, Code, Testfälle) werden an einem anderen Standort entwickelt?
14. Welche Möglichkeiten zur Auslagerung der Software kämen für Ihre Firma in Frage und warum?
    - Gründung von Tochterunternehmen im Ausland?
    - Joint Venture (Partnerschaft mit einem lokalen Partner)?
    - Fremdunternehmen?

Identifikation der Outsourcing-geeigneten Softwareentwicklungsaktivitäten

15. Welcher Art sind Ihre Outsourcing-Projekte?
    - Komplettes Outsourcing von Softwareprojekten?
    - Outsourcing der Entwicklung von einzelnen Komponenten?
    - Outsourcing der Entwicklung spezifischer Anforderungen?
    - IT-Outsourcing wie z. B. Hosting?
16. Wie werden Outsourcing-Entscheidungen gefällt?
17. Wer ist an einer solchen Entscheidung beteiligt?
18. Werden Outsourcing-Entscheidungen stets zu Beginn eines Softwareprojektes getroffen oder erst in dessen Verlauf?
19. Auf welcher Basis entscheiden Sie, was ausgelagert wird?
20. Welche Eigenschaften müssen Komponenten aus Ihrer Sicht haben, um für das Outsourcing geeignet zu sein?
21. An welchen messbaren Parametern kann die Eignung zur Auslagerung festgestellt werden?
22. Welche Kriterien sind aus Ihrer Sicht bei der Auswahl von Komponenten, die für Nearshoring bzw. Offshoring geeignet sind, entscheidend?
23. Bitte beschreiben Sie kurz die Charakteristika der für Sie relevanten Kriterien.

Auswahlkriterien für Outsourcing-Partner

24. Nach welchen Kriterien wählen Sie Outsourcing-Partner aus?
25. Welche Standards müssen Ihre Outsourcing-Partner erfüllen?

Risiken in global verteilter Softwareentwicklung

26. Wo sehen Sie die Hauptgründe für Risiken bei global verteilten Softwareentwicklungsprojekten?
27. Wo sehen Sie selbst Risiken und Probleme, wenn Ihre Software im Ausland entwickelt wird?
    - Kommunikation und Koordination?
    - Mangel an Vertrauen?
    - Qualität der Software?
    - Geringeres Maß an Kontrolle?
    - Versteckte Kosten?

B. Details der Implementierung

B.1 Implementierung der Projektseite

```
1   <div id="toolboxbar">
2   <div class="item title">
3   Project </div>
4   <div class="item assign">
5   <div id="assign-trigger" class="trigger">
6   Assign ... </div>
7   <div class="assign dropdown actionlist">
8     <ul>
9       <li id="BP">Business Process</li>
10      <li id="ArcCo">Architectural Component</li>
11      <li id="SofCo">Software Component</li>
12      <li id="Requirement">Requirement</li>
13    </ul>
14  </div></div>
15  <div class="item addnew">
16  <div id="addnew-trigger" class="trigger">
17  Add new ...
18  </div>
19  <div class="addnew dropdown actionlist">
20    <ul>
21      <li>[[Form:Business process|Business Process]]</li>
22      <li>[[Form:Business process step|Activity]]</li>
23      <li>[[Form:Architectural component|Architectural Component]]</li>
24      <li>[[Form:Software component|Software Component]]</li>
25      <li>[[Form:Requirement|Requirement]]</li>}}
26    </ul>
27  </div></div>
28  <div class="item infobox">
29  <div id="infobox-trigger" class="trigger">
30  Information </div>
31  <div class="infobox dropdown">
32  {{infocontainer
33  | name = Project
34  ...
35  | status = {{#if: {{{status|}}} | [[status::{{{status}}}]]|}}
36  | responsible = {{#if: {{{owner|}}} | [[owner::User:{{{owner}}}]]|}}
37  | relatedusergroup = {{#if: {{{related user group|}}} |
38                        [[owner::{{{related user group}}}]]|}}
39  | priority = [[priority::{{{priority|}}}]]
40  | completeness = [[completeness::{{{completeness|}}}]]
41  | staff = {{#if: {{{staff|}}} | {{#arraymap:{{{staff}}}|,|x|[[staff::User:x]]}}}}
42  }}
43  </div></div></div>
44  <div class="clearfix">.</div>
45  <div id="TraMa">
46  <TRAMA viewSelection="false" pageSpecific="true" constraints="[[{{{PAGENAME}}}]]"/>
47  <span class="button" id="closeTraMa">Close Traceability Matrix</span>
48  </div>
49  <div id="sedex-content"></div>
```

```
50    == Description ==
51    {|align="left"
52    !
53    | {{#if: {{{desc|}}} | {{{desc}}} |}}
54    |-
55    |}
56    <br>
57    == Time Tracking ==
58    {|
59    !Start date:
60    | {{#if: {{{start date|}}} | [[start date::{{{start date}}}]] | }}
61    |-
62    !Target date:
63    | {{#if: {{{target date|}}} | [[target date::{{{target date}}}]] | }}
64    |-
65    !End date:
66    | {{#if: {{{end date|}}} | [[end date::{{{end date}}}]] | }}
67    |-
68    !Estimated days:
69    | [[estimated days::{{#age: from={{{start date}}} |
70                          to={{{target date}}} | format=d}}]]
71    |-
72    !Days remaining:
73    | [[days to complete::{{#age:
74           from={{CURRENTYEAR}}/{{CURRENTMONTH}}/{{CURRENTDAY}} |
75           to={{{target date}}} | format=d}}]]
76    |-
77    !Total actual days:
78    | [[actual days::{{#age: from={{{start date}}} |
79             to={{CURRENTYEAR}}/{{CURRENTMONTH}}/{{CURRENTDAY}} | format=d}}]]
80    |}
81    <span class="hidden" id="estimateddays">[[estimated days::{{#age:
82           from={{{start date}}} | to={{{target date}}} | format=d}}]]</span>
83    <span class="hidden" id="actualdays">[[actual days::{{#age:
84           from={{{start date}}} |
85           to={{CURRENTYEAR}}/{{CURRENTMONTH}}/{{CURRENTDAY}} | format=d}}]]</span>
86    <div id="progressbar"></div>
87    == Overview/Structure ==
88    {|align="left"
89    ! Business processes:
90    | {{#if: {{#ask:[[belongs to project::{{PAGENAME}}]]
91            [[Category:Business process]]}} |
92            {{#ask:[[belongs to project::{{PAGENAME}}]]
93            [[Category:Business process]]}} | None }}
94    |-
95    ! Activities:
96    | {{#if: {{#ask:[[belongs to project::{{PAGENAME}}]]
97            [[Category:Activity]]}} |
98            {{#ask:[[belongs to project::{{PAGENAME}}]]
99            [[Category:Activity]]}} | None }}
100   |-
101   ! Architectural components:
102   | {{#if: {{#ask:[[belongs to project::{{PAGENAME}}]]
103           [[Category:Architectural component]]}} |
104           {{#ask:[[belongs to project::{{PAGENAME}}]]
105           [[Category:Architectural component]]}} | None }}
106   |-
107   ! Software components:
108   | {{#if: {{#ask:[[belongs to project::{{PAGENAME}}]]
109           [[Category:Software component]]}} |
110           {{#ask:[[belongs to project::{{PAGENAME}}]]
```

```
111            [[Category:Software component]]]}} |  None }}
112  |-
113  ! Requirements:
114  | {{#if: {{#ask:[[belongs to project::{{PAGENAME}}]]
115        [[Category:Requirement]]]}} |
116        {{#ask:[[belongs to project::{{PAGENAME}}]]
117        [[Category:Requirement]]]}} | None }}
118  |-
119  |}
```

B.2 Formular der Projektseite

```
1   <noinclude>
2    <div style="padding:10px;background:#ddeeff;border:0px groove;">
3    This is the 'Project' form to create new or edit already existing projects.
4    {{#forminput:form=Project}}
5    </div>
6   </noinclude>
7   <includeonly>
8
9   = Task Information =
10  {{{for template|Project}}}
11  {{{info|page name=<Project[name]> Project <unique number>}}}
12     <p><strong>Name:</strong>
13        {{{field|name|input type=regexp|regexp=/^[0-9A-Za-z ]*$/
14        |message=Only numbers and letters are accepted!}}}</p>
15     <p><strong>Start date:</strong> {{{field|start date|default=now}}}</p>
16     <p><strong>Target date:</strong> {{{field|target date|default=now}}}</p>
17     <p><strong>End date:</strong> {{{field|end date|default=now}}}</p>
18     <p><strong>Status:</strong> {{{field|status|default=New}}}</p>
19     <p><strong>Priority:</strong> {{{field|priority|default=2}}}</p>
20     <p><strong>% Complete:</strong> {{{field|completeness|default=0|}}}</p>
21     <p><strong>Description:</strong>
22        {{{field|desc|input type=textarea|regexp=/^[0-9A-Za-z ]*$/
23        |message=Only numbers and letters are accepted!}}}</p>
24
25  = Time Tracking =
26     <p><strong>Filled out automatically</strong></p>
27
28  = Staff =
29     <p><strong>Owner:</strong> {{{field|owner|text with autocomplete|
30        values from namespace=User|input type=regexp|regexp=/^[0-9A-Za-z ]*$/
31        |message=Only numbers and letters are accepted!}}}</p>
32     <p><strong>Staff:</strong> {{{field|staff|list with autocomplete|
33        values from namespace=User|input type=regexp|regexp=/^[0-9A-Za-z ]*$/
34        |message=Only numbers and letters are accepted!}}}</p>
35     <p><strong>Related user group:</strong> {{{field|related user group|
36        input type=regexp|regexp=/^[0-9A-Za-z ]*$/
37        |message=Only numbers and letters are accepted!}}}</p>
38
39  {{{end template}}}
40  <headertabs/>
41  {{{standard input|save}}} {{{standard input|cancel}}}
42  </includeonly>
```

B.3 Geschäftsprozessorientierte Anforderungsanalyse

Abb. B.1.: Vorlage der Geschäftsprozessseite

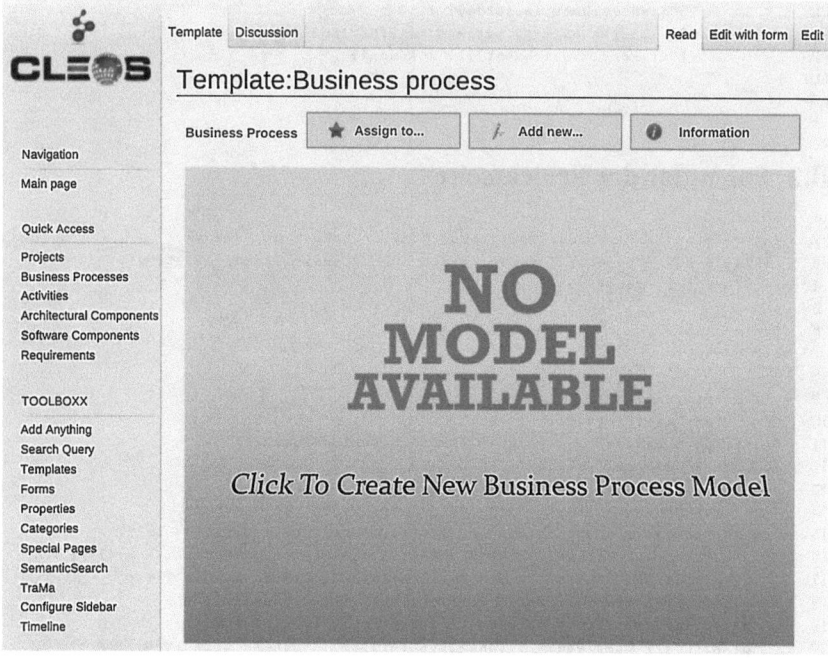

Abb. B.2.: Erstellung und Bearbeitung der Geschäftsprozessseite

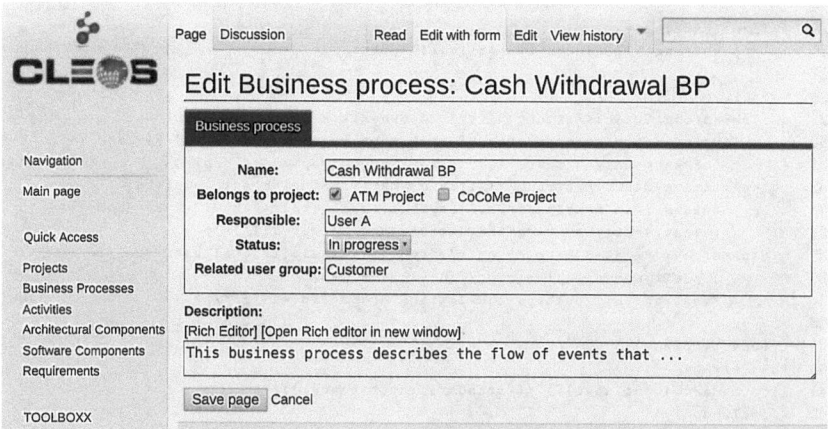

Abb. B.3.: Erstellung und Bearbeitung der Geschäftsprozessschrittseite

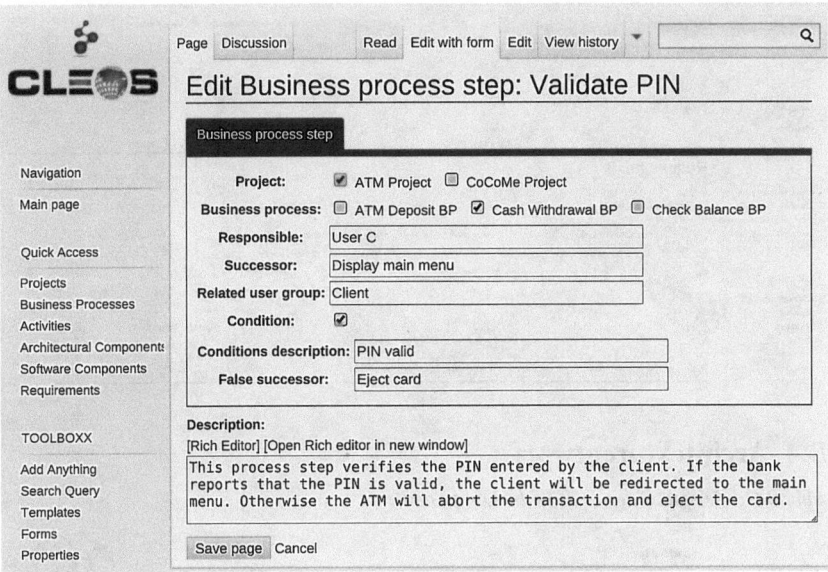

Abb. B.4.: Erstellung und Bearbeitung der Anforderungsseite

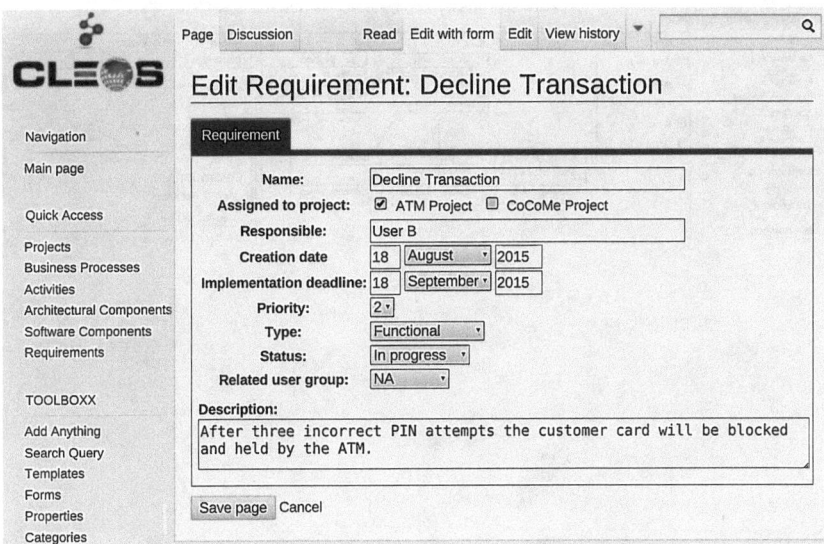

Abb. B.5.:   Darstellung der Anforderungen in Form eines Timelines

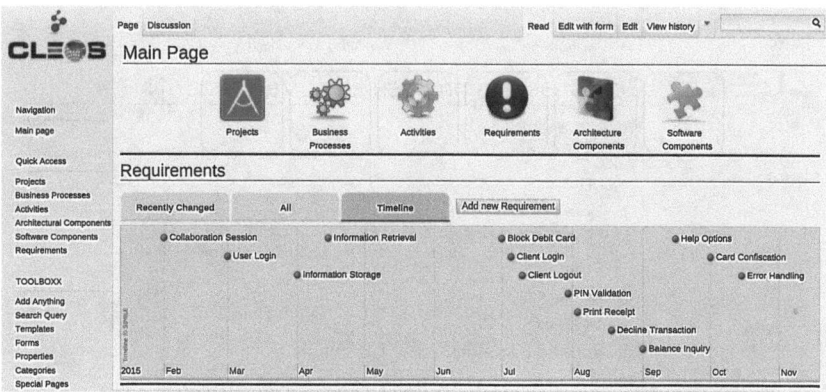

B.4   Architekturentwurf

Abb. B.6.:   Beispiel einer Architekturkomponente

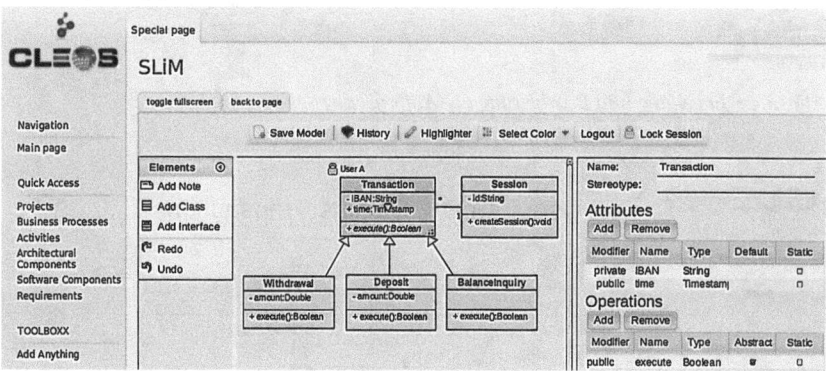

Abb. B.7.: Erstellung und Bearbeitung einer Architekturkomponente

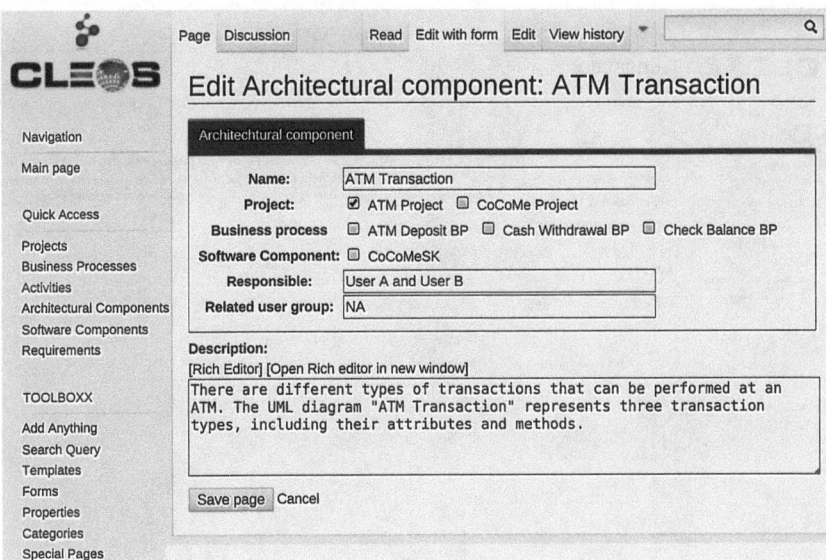

Abb. B.8.: Erstellung und Bearbeitung einer Softwarekomponente

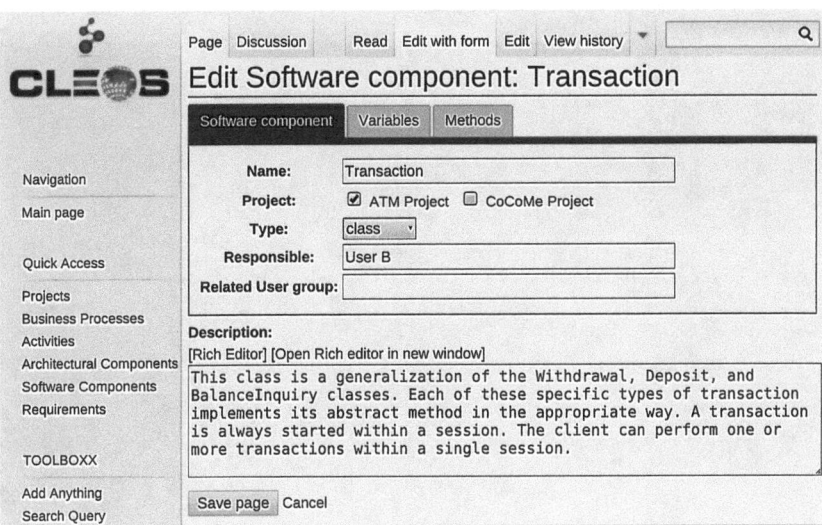

Abb. B.9.: Beispiel des Elementes Information

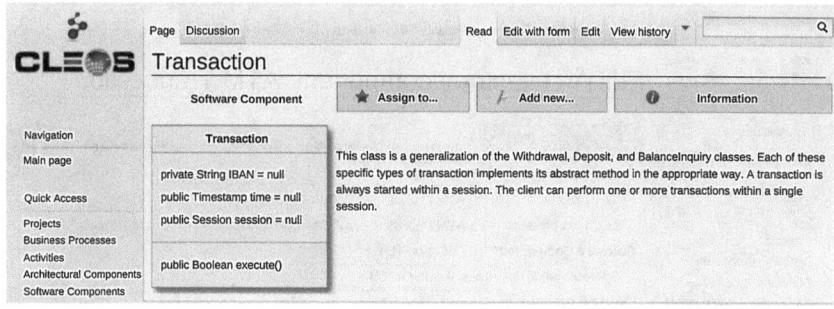

C. Details der Evaluation

C.1 Interviewbefragung von KMSU

Allgemeine Unternehmensdaten

1. In welcher Branche ist Ihr Unternehmen angesiedelt?
2. Welche Größe hat Ihr Unternehmen nach den Maßstäben „Umsatz" bzw. „Mitarbeiteranzahl"?
3. In welcher Position bzw. welchem Bereich sind Sie tätig?

Einsatz von Wikis

4. Nutzen Sie bereits Wikis?

Ja	**Nein**
5. Welche Vor- und Nachteile sehen Sie beim Einsatz von Wikis?	10. Warum haben Sie bisher darauf verzichtet?
6. In welchen Geschäftsbereichen Ihres Unternehmens und zu welchem Zweck werden Wikis eingesetzt?	11. Haben sie zukünftig vor, Wikis bei Ihrem Unternehmen einzusetzen?
7. Wie hoch ist die aktuelle Akzeptanz von Wikis bei Ihren Mitarbeitern?	12. Könnten Sie sich vorstellen, die vorgestellte Lösung zukünftig zu benutzen?
8. Welche Wikis nutzen Sie?	
9. Kam bei der Auswahl von Wikis auch ein MediaWiki in Frage? Wenn nein, was widersprach dem Einsatz von MediaWiki?	

Anforderungsmanagement

13. Durch welche Informationen werden Anforderungen in Ihrem Unternehmen beschrieben?
14. Wer ist in Ihrem Unternehmen für die Anforderungserhebung zuständig?
15. Welches Anforderungsmanagement-Tool wird in Ihrem Unternehmen verwendet?
16. Ist dieses Tool mit anderen Werkzeugen integriert? Wenn ja, mit welchen genau? Wenn nein, würden Sie eine Integration mit anderen Werkzeugen für sinnvoll und nützlich halten?
17. Ermöglicht das Anforderungsmanagement-Tool einen Export bzw. Import per RIF? Finden Sie diese Funktion nützlich?
18. Welche Vor- und Nachteile sehen Sie bei der Definition und Umsetzung der Anforderungen in der vorgestellten Lösung?

Geschäftsprozessanalyse

19. Werden in Ihrem Unternehmen Geschäftsprozesse dokumentiert?

        Ja   **Nein**

Ja	Nein
20. Mit welcher Anwendung und in welcher Sprache werden diese dokumentiert?	25. Warum werden diese nicht dokumentiert?
21. Erlaubt die eingesetzte Anwendung, Geschäftsprozesse grafisch zu modellieren? Wenn nicht, würden Sie diese Funktion für nützlich halten?	26. Könnten Sie sich vorstellen, Ihre Geschäftsprozesse mit der vorgestellten Lösung zukünftig zu modellieren und zu dokumentieren?
22. Wer ist in Ihrem Unternehmen für die Dokumentation der Geschäftsprozesse zuständig?	
23. Gibt es eine zentrale Übersicht über sämtliche Geschäftsprozesse?	
24. Ist ein standardisierter Export bzw. Import möglich?	

27. Welche Vor- und Nachteile sehen Sie bei der Definition und Umsetzung von Geschäftsprozessen in der vorgestellten Lösung?
28. Reichen die Modellierungsmöglichkeiten im CLEoS-Wiki für Sie aus?

Architekturentwurf

29. Modellieren Sie Software- und Architekturkomponenten? Wenn ja, wie?
30. Wer ist in Ihrem Unternehmen für die Modellierung von Software- und Architekturkomponenten zuständig?
31. Sind Software- und Architekturkomponenten mit dazugehörigen Anforderungen bzw. Geschäftsprozessen verknüpft? Wenn nein, würden Sie eine solche Verknüpfung hilfreich finden?
32. Unterstützen Ihre Modellierungswerkzeuge den Export von XMI-Files?
33. Welche Vor- und Nachteile sehen Sie bei der Definition und Umsetzung der Software- bzw. Architekturkomponenten in der vorgestellten Lösung?

Kollaborative Entwicklung

34. Welchen Stellenwert nimmt kollaboratives Arbeiten in Ihrem Unternehmen ein?
35. Gibt es Probleme mit der Visualisierung, Erstellung und Pflege von Abhängigkeiten zwischen den einzelnen Komponenten (Geschäftsprozesse, Anforderungen, Softwarekomponenten) in einem Projekt?
36. Finden Sie die Verknüpfung zwischen Geschäftsprozessen, Anforderungen sowie Software- und Architekturkomponenten hilfreich? Welche weiteren Abhängigkeiten halten Sie für nützlich?
37. Welche Funktionen vermissen Sie in Ihren Kollaborationswerkzeugen?

38. Ist die vorgestellte Lösung Ihrer Meinung nach für den Einsatz in der Praxis tauglich?
39. Welchen Nutzen sehen Sie in der Verwendung der vorgestellten Lösung und wie könnte sie Ihre Arbeitsabläufe unterstützen bzw. erleichtern?
40. Welche Funktionen finden Sie nützlich und welche vermissen Sie? Was könnte man außerdem an der Lösung verbessern?
41. Inwiefern könnte die vorgestellte Lösung folgende Aspekte eines Wikis verbessern:
    - Akzeptanz
    - Nutzung
    - Pflege

C.2 Interviewbefragung des Praxispartners

Interviewleitfaden

1. In welcher Branche ist Ihr Unternehmen angesiedelt und in welcher Position sind Sie tätig?
2. Welches Problem hat Sie damals zum Projekt geführt?
3. Sie haben vor dem Projektbeginn bereits versucht, Ihr Entwicklungsvorhaben nach dem traditionellen Vorgehensmodell abzuwickeln. Was ist dabei schief gegangen und was waren die größten Probleme?
4. Wenn sie die zwei Projekte rückblickend betrachten, wo sehen Sie die größten Unterschiede?
5. Sind Sie mit den erhaltenen Projektergebnissen zufrieden?
6. Hat die gemeinsame Modellierung der Geschäftsprozesse mit dem Entwicklungsteam geholfen, Ihren Problembereich besser zu verstehen, Anforderungen zu definieren und mögliche Unstimmigkeiten bzw. neue Lösungswege aufzudecken?
7. Hätten Sie die Geschäftsprozesse ohne die Zusammenarbeit mit den Entwicklern auf die gleiche Weise modellieren können?
8. Haben Sie bei Ihrem ersten, nicht gelungenen Projektversuch die Geschäftsprozessmodellierung vorgenommen?
9. Waren Sie vor dem Projektbeginn mit Geschäftsprozessmodellierungs- bzw. Anforderungsmanagementwerkzeugen vertraut?
10. Haben Sie bereits vor dem Projektbeginn Wikis genutzt?
11. Hat Ihnen die Wiki-basierte Gestaltung von CLEoS geholfen, mit dem Tool besser zurecht zu kommen?
12. Wo sehen Sie die wichtigsten Vorteile, Verbesserungsmöglichkeiten und Potenziale von der verwendeten Vorgehensweise bzw. dem CLEoS-Wiki?

C.3 Heuristische Evaluation

Heuristic	Strongly Agree			Strongly Disagree		Mean
Visibility of System Status	1	2	3	4	5	
1. CLEoS wiki provides enough visibility to the user for indicating the state of the system and finding the alternatives for the action.	O	O	O	O	O	2
2. CLEoS wiki provides an appropriate feedback to the user when objects are created, edited or deleted.	O	O	O	O	O	2
3. CLEoS wiki provides a visual feedback to the user when objects are selected or moved.	O	O	O	O	O	1.75
4. The embedded navigation panels available on any CLEoS page increase the system's visibility.	O	O	O	O	O	1.75
Match Between the System and the Real World						
5. CLEoS wiki uses concepts and terms which are familiar to the different user groups, e. g. project managers, developers, customers etc.	O	O	O	O	O	2.25
6. Questions for the input and output fields are stated in clear and simple language.	O	O	O	O	O	1.25
7. Implemented objects follow real-world conventions and represent real objects in a comprehensive way.	O	O	O	O	O	1.5
8. Implemented object templates are clearly structured and contain well-described attributes.	O	O	O	O	O	1.75
9. System icons are intuitive and familiar.	O	O	O	O	O	1.75
User Control and Freedom						
10. The quick access panel and the toolbox panel are available to the user at any time, on any CLEoS page.	O	O	O	O	O	1.25
11. It is difficult and time consuming to change between CLEoS pages or to find a specific page.	O	O	O	O	O	1.75

Heuristic	Strongly Agree				Strongly Disagree	Mean
12. Users can cancel out of the operations in progress.	O	O	O	O	O	1.5
13. CLEoS wiki provides options to edit user profile, to customize system appearance, to specify editing preferences etc.	O	O	O	O	O	2.5
Consistency and Standards						
14. CLEoS objects, templates, template attributes, categories are named unambiguous.	O	O	O	O	O	1.25
15. System messages and instructions appear in a consistent location across screens.	O	O	O	O	O	2.25
Error Prevention						
16. CLEoS wiki warns users in appropriate way if they are about to make a potentially significant error.	O	O	O	O	O	2
17. CLEoS wiki prevents users from making errors.	O	O	O	O	O	2.5
18. The navigation panel on the CLEoS main page prompts and assists users to make use of available system options and features.	O	O	O	O	O	1.5
19. The quick access panel helps users to access the main CLEoS components easier.	O	O	O	O	O	1.75
20. The toolbox panel helps users to navigate through the CLEoS wiki pages.	O	O	O	O	O	1.75
21. The first word of each menu choice is the most important.	O	O	O	O	O	2.5
Flexibility and Ease of Use						
22. Wiki-based design of CLEoS makes the tool learning and use faster and easier, especially for users new to the system but familiar with wikis.	O	O	O	O	O	1.25
23. CLEoS system provides shortcuts for high-frequency actions.	O	O	O	O	O	1.25
24. Predefined templates can be easily changed, e. g. by adding or editing attributes, renaming attributes etc.	O	O	O	O	O	1.75

Heuristic	Strongly Agree			Strongly Disagree		Mean
Aesthetic and Minimalist Design	1	2	3	4	5	
25. CLEoS dialogs and templates contain irrelevant or rarely needed information.	O	O	O	O	O	2
26. Users can display or hide details of system elements, e. g. by expanding or collapsing lists.	O	O	O	O	O	3.25
27. The eye candy effects provided by CLEoS user interface increase user friendliness and differentiate it from standard wiki products.	O	O	O	O	O	2
Help Users Recognize, Diagnose, and Recover from Errors						
28. Error messages inform users of the error's severity.	O	O	O	O	O	2.75
29. Error massages appropriately indicate the problem and offer a helpful solution.	O	O	O	O	O	3.25
30. There are multiple levels of error message details available (e. g. for novice and expert users).	O	O	O	O	O	4.25
Help and Documentation						
31. CLEoS wiki provides an appropriate help information.	O	O	O	O	O	2.25
32. The positioning of help functions is beneficial to users.	O	O	O	O	O	1.75
33. The help information is easy to search.	O	O	O	O	O	2.5

Literaturverzeichnis

[Adersberger 2013]
ADERSBERGER, J.: *Modellbasierte Extraktion, Repräsentation und Analyse von Traceability-Informationen.* Herbert Utz Verlag, 2013.

[Amelingmeyer 2002]
AMELINGMEYER, J.: *Wissensmanagement – Analyse und Gestaltung der Wissensbasis von Unternehmen.* Deutscher Universitäts-Verlag, 2002.

[Aranda et al. 2007]
ARANDA, J., EASTERBROOK, S., WILSON, G.: Requirements in the Wild: How Small Companies Do It. In: *Proceedings of the 15th Requirements Engineering Conference* (2007), S. 39–48.

[Argote und Ingram 2000]
ARGOTE, L., INGRAM, P.: Knowledge Transfer: A Basis for Competitive Advantage in Firms. In: *Organizational Behavior and Human Decision Processes* 82 (2000), Nr. 1, S. 150–169.

[Arkley und Riddle 2005]
ARKLEY, P., RIDDLE, S.: Overcoming the Traceability Benefit Problem. In: *Proceedings of the 13th IEEE International Conference on Requirements Engineering* (2005), S. 385–389.

[Asuncion 2008]
ASUNCION, H. U.: Towards Practical Software Traceability. In: *Proceedings of the 30th International Conference on Software Engineering* (2008), S. 1023–1026.

[Auer et al. 2006]
AUER, S., RIECHERT, T., FÄHNRICH, K.-P.: Agiles Requirements-Engineering für Softwareprojekte mit einer großen Anzahl verteilter Stakeholder. In: MEISSNER, K. (Hrsg.), ENGELIEN, M. (Hrsg.): *Workshop Gemeinschaften in Neuen Medien.* 2006, S. 97–108.

[Barcus und Montibeller 2008]
BARCUS, A., MONTIBELLER, G.: Supporting the Allocation of Software Development Work in Distributed Teams with Multi-Criteria Decision Analysis. In: *Omega* 36 (2008), Nr. 3, S. 464–475.

[Bayer 2011]
BAYER, A.: *Konzeption und Implementierung einer Stencil-Erweiterung für den browserbasierten, kollaborativen Echtzeiteditor SLIM,* Universität Mannheim, Deutschland, Diplomarbeit, 2011.

[Bechhofer et al. 2004]
BECHHOFER, S., HARMELEN, F. van, HENDLER, J., HORROCKS, I., McGUINNESS, D., PATEL-SCHNEIDER, D., STEIN, L. A.: OWL Web Ontology Language Reference. In: *W3C Consortium* (2004).

[Beck und Andres 2004]
BECK, K., ANDRES, C.: *Extreme Programming Explained: Embrace Change.* 2. Auflage. Addison-Wesley Publishing, 2004.

[Bhat et al. 2006]
BHAT, J. M., GUPTA, M., MURTHY, S. N.: Overcoming Requirements Engineering Challenges: Lessons from Offshore Outsourcing. In: *IEEE Software* 23 (2006), Nr. 5, S. 38–44.

[Binder 2007]
BINDER, J.: *Global Project Management: Communication, Collaboration and Management across Borders.* Gower Publishing Company, 2007.

[Boden et al. 2009a]
BODEN, A., AVRAM, G., BANNON, L., WULF, V.: Knowledge Management in Distributed Software Development Teams – Does Culture Matter? In: *Proceedings of the 4th IEEE International Conference on Global Software Engineering* (2009), S. 18–27.

[Boden et al. 2007]
BODEN, A., NETT, B., WULF, V.: Coordination Practices in Distributed Software Development of Small Enterprises. In: *Proceedings of the 2nd IEEE International Conference on Global Software Engineering* (2007), S. 235–244.

[Boden et al. 2009b]
BODEN, A., NETT, B., WULF, V.: Offshoring in kleinen und mittleren Unternehmen der Softwareindustrie. In: *HMD – Praxis der Wirtschaftsinformatik* (2009), Nr. 265, S. 92–100.

[Carmel 1999]
CARMEL, E.: *Global Software Teams: Collaborating Across Borders and Time Zones.* Prentice Hall PTR, 1999.

[Carmel und Agarwal 2001]
CARMEL, E., AGARWAL, R.: Tactical Approaches for Alleviating Distance in Global Software Development. In: *IEEE Software* 18 (2001), Nr. 2, S. 22–29.

[Casey 2009]
CASEY, V.: Leveraging or Exploiting Cultural Difference? In: *Proceedings of the 4th IEEE International Conference on Global Software Engineering* (2009), S. 8–17.

[Chen et al. 2010]
CHEN, J., SUN, P. J., McQUEEN, R. J.: The Impact of National Cultures on Structured Knowledge Transfer. In: *Journal of Knowledge Management* 14 (2010), Nr. 2, S. 228–242.

XVIII

[Chen 1976]
CHEN, P.: The Entity-Relationship Specification – Toward a Unified View of Data. In: *ACM Transactions on Database Systems* 1 (1976), Nr. 1, S. 9–38.

[Cheng und Atlee 2007]
CHENG, B. H. C., ATLEE, J. M.: Research Directions in Requirements Engineering. In: *Future of Software Engineering* (2007), S. 285–303.

[Cheng und Atlee 2009]
CHENG, B. H. C., ATLEE, J. M.: Research Directions in Requirements Engineering. In: LYYTINEN, K. J. (Hrsg.), LOUCOPOULOS, P. (Hrsg.), MYLOPOULOS, J. (Hrsg.), ROBINSON, W. (Hrsg.): *Design Requirements Engineering: A Ten-Year Perspective*. Springer-Verlag Berlin Heidelberg, 2009, S. 11–43.

[Cleland-Huang et al. 2005]
CLELAND-HUANG, J., SETTIMI, R., DUAN, C., ZOU, X.: Utilizing Supporting Evidence to Improve Dynamic Requirements Traceability. In: *Proceedings of the 13th IEEE International Conference on Requirements Engineering* (2005), S. 135–144.

[Corbin und Strauss 1998]
CORBIN, J., STRAUSS, A.: *Basics of Qualitative Research: Techniques and Procedures for Developing Grounded Theory*. 2. Auflage. Sage Publications, 1998.

[Corbin und Strauss 2008]
CORBIN, J., STRAUSS, A.: *Basics of Qualitative Research: Techniques and Procedures for Developing Grounded Theory*. 3. Auflage. Sage Publications, 2008.

[Cusumano 2008]
CUSUMANO, M. A.: Managing Software Development in Globally Distributed Teams. In: *Communications of the ACM* 51 (2008), Nr. 2, S. 15–17.

[Damian 2007]
DAMIAN, D. E.: Stakeholders in Global Requirements Engineering: Lessons Learned from Practice. In: *IEEE Software* 24 (2007), Nr. 2, S. 21–27.

[Damian und Zowghi 2003]
DAMIAN, D. E., ZOWGHI, D.: Requirements Engineering Challenges in Multi-Site Software Development Organizations. In: *Requirements Engineering Journal* 8 (2003), S. 149–160.

[Davenport und Prusak 1998]
DAVENPORT, T. H., PRUSAK, L.: *Working Knowledge: How Organizations Manage What They Know*. Harvard Business School Press, 1998.

[Decker et al. 2007]
DECKER, B., RAS, E., RECH, J., JAUBERT, P., RIETH, M.: Wiki-Based Stakeholder Participation in Requirements Engineering. In: *IEEE Software* (2007), S. 28–35.

[Dengler und Happel 2010]
DENGLER, F., HAPPEL, H.-J.: Collaborative Modeling with Semantic Media-Wiki. In: *Proceedings of the 6th International Symposium on Wikis and Open Collaboration* (2010), Gdansk, Poland.

[Dengler et al. 2011]
DENGLER, F., VRANDECIC, D., SIMPERL, E.: Wikiing pro: Semantic Wiki-Based Process Editor. In: *Proceedings of the 6th International Conference on Knowledge Capture* (2011), S. 169–170.

[Desouza und Awazu 2006]
DESOUZA, K. C., AWAZU, Y.: Knowledge Management at SMEs: Five Peculiarities. In: *Journal of Knowledge Management* 10 (2006), Nr. 1, S. 32–43.

[Desouza et al. 2006]
DESOUZA, K. C., AWAZU, Y., BALOH, P.: Managing Knowledge in Global Software Development Efforts: Issues and Practices. In: *IEEE Software* 23 (2006), Nr. 5, S. 30–37.

[Dibbern und Heinzl 2009]
DIBBERN, J., HEINZL, A.: Outsourcing of Information Systems Functions in Small and Medium Sized Enterprises: A Test of a Multi-Theoretical Model. In: *Business and Information Systems Engineering* 1 (2009), Nr. 1, S. 101–110.

[Dick 2002]
DICK, J.: Rich Traceability. In: *Proceedings of the 1st International Workshop on Traceability for Emerging Forms of Software Engineering* (2002), S. 35–46.

[Ebersbach et al. 2008]
EBERSBACH, A., GLASER, M., HEIGL, R., WARTA, A.: *Wiki: Kooperation im Web.* 2. Auflage. Springer-Verlag Berlin Heidelberg, 2008.

[Ehresmann et al. 2007]
EHRESMANN, M., HÖSS, O., MEIER, E., OLSSON, T.: *Bausteine zur Optimierung von Software-Entwicklungsprozessen: Agiles Anforderungs- und Wiederverwendungsmanagement für kleine und mittlere Unternehmen.* Fraunhofer IRB Verlag, 2007.

[Eisenhardt 1989]
EISENHARDT, K. M.: Building Theories from Case Study Research. In: *Academy of Management Review* 14 (1989), Nr. 4, S. 532–550.

[El Emam und Koru 2008]
EL EMAM, K., KORU, A. G.: A Replicated Survey of IT Software Project Failures. In: *IEEE Software* 25 (2008), Nr. 5, S. 84–90.

[Espinosa et al. 2012]
ESPINOSA, J. A., CUMMINGS, J. N., PICKERING, C.: Time Separation, Coordination, and Performance in Technical Teams. In: *IEEE Transactions on Engineering Management* 59 (2012), Nr. 1, S. 91–103.

[Europäische Kommission 2006]
EUROPÄISCHE GEMEINSCHAFTEN (Hrsg.): *Die neue KMU-Definition: Benut-
zerhandbuch und Mustererklärung*. Version: 2006. http://ec.europa.eu/enter-
prise/policies/sme/files/sme_definition/sme_user_guide_de.pdf. – Online–
Ressource, Abruf: 01. August 2015.

[Finke 2009]
FINKE, I.: Einführung von Wissensmanagement. In: *Wissensmanagement im
Mittelstand: Grundlagen – Lösungen – Praxisbeispiele*. Springer-Verlag Berlin
Heidelberg, 2009, S. 23–32.

[Frank 2006]
FRANK, U.: *Towards a Pluralistic Conception of Research Methods in Informa-
tion Systems Research*. Institut für Informatik und Wirtschaftsinformatik (ISB),
Universität Duisburg-Essen (Research report 7), 2006.

[Gadatsch 2009]
GADATSCH, A.: It-Offshoring: Entscheidungsprozess. In: ZACHARIAS, C.
(Hrsg.), HORST, K. W. (Hrsg.), WITT, K. U. (Hrsg.), SOMMER, V. (Hrsg.), ANT,
M. (Hrsg.), ESSMANN, U. (Hrsg.), MÜLHEIMS, L. (Hrsg.): *Forschungsspitzen
und Spitzenforschung*. Physica-Verlag Heidelberg, 2009, S. 27–35.

[Gandhi et al. 2012]
GANDHI, S. J., GOROD, A., SAUSER, B.: Prioritization of Outsourcing Risks
from a Systemic Perspective. In: *Strategic Outsourcing: An International Journal* 5 (2012), Nr. 1, S. 39–71.

[Carrillo de Gea et al. 2011]
GEA, J. M. d., NICOLÁS, J., ALEMÁN, J. L. F., TOVAL, A., EBERT, C., VIZCAÍNO, A.:
Requirements Engineering Tools. In: *IEEE Software* 28 (2011), Nr. 4, S. 86–91.

[Glaser und Strauss 2010]
GLASER, B. G., STRAUSS, A. L.: *Grounded Theory: Strategien qualitativer Forschung*. 3. Auflage. Verlag Hans Huber, 2010.

[Glinz und Wieringa 2007]
GLINZ, M., WIERINGA, R. J.: Stakeholders in Requirements Engineering. In:
IEEE Software 24 (2007), Nr. 2, S. 18–20.

[Günterberg und Wolter 2003]
GÜNTERBERG, B., WOLTER, H.-J.: Unternehmensgrößenstatistik 2001/2002
– Daten und Fakten. In: *Institut für Mittelstandsforschung Bonn (Hrsg.)*:
IfM-Materialien Nr. 157 (2003), Bonn.

[Goknil et al. 2008a]
GOKNIL, A., KURTEV, I., BERG, K. G. van d.: Change Impact Analysis based on
Formalization of Trace Relations for Requirements. In: *ECMDA Traceability
Workshop* (2008), S. 59–75.

[Goknil et al. 2008b]

GOKNIL, A., KURTEV, I., BERG, K. G. van d.: A Metamodeling Approach for Reasoning about Requirements. In: *Proceedings of the 4th European Conference on Model Driven Architecture: Foundations and Applications* (2008), S. 310–325.

[Gotel et al. 2012]

GOTEL, O., CLELAND-HUANG, J., HAYES, J. H., ZISMAN, A., EGYED, A., GRÜN-BACHER, P., DEKHTYAR, A., ANTONIOL, G., MALETIC, J. I.: The Grand Challenge of Traceability (v1.0). In: CLELAND-HUANG, J. (Hrsg.), GOTEL, O. (Hrsg.), ZISMAN, A. (Hrsg.): *Software and Systems Traceability*. Springer-Verlag Berlin Heidelberg, 2012, S. 343–409.

[Gotel und Finkelstein 1994]

GOTEL, O., FINKELSTEIN, A.: An Analysis of the Requirements Traceability Problem. In: *Proceedings of the IEEE International Conference on Requirements Engineering* (1994), S. 94–102.

[Grammel und Kastenholz 2010]

GRAMMEL, B., KASTENHOLZ, S.: A Generic Traceability Framework for Facet-based Traceability Data Extraction in Model-driven Software Development. In: *Proceedings of the 6th ECMFA Traceability Workshop* (2010), S. 7–14.

[Gsell et al. 2008]

GSELL, B., OVERHAGE, S., TUROWSKI, K.: Unzureichende Leistungsbeschreibung bei der Softwareentwicklung und die Rolle von Standardverträgen. In: MÖLLERS, T. (Hrsg.): *Standardisierung durch Markt und Recht*. Nomos Verlagsgesellschaft, Baden-Baden, 2008, S. 23–48.

[Gumm 2006]

GUMM, D. C.: Distribution Dimensions in Software Development Projects: A Taxonomy. In: *IEEE Software* 23 (2006), Nr. 5, S. 45–51.

[Hall et al. 2002]

HALL, T., BEECHAM, S., RAINER, A.: Requirements Problems in Twelve Software Companies: An Empirical Analysis. In: *Proceedings of the 6th International Conference on Empirical Assessment and Evaluation in Software Engineering* (2002), S. 153–160.

[Hansen und Kautz 2005]

HANSEN, B., KAUTZ, K.: Grounded Theory Applied – Studying Information Systems Development Methodologies in Practice. In: *Proceedings of the 38th Hawaii International Conference on System Sciences* (2005), S. 1–10.

[Heindl und Biffl 2006]

HEINDL, M., BIFFL, S.: Risk Management with Enhanced Tracing of Requirements Rationale in Highly Distributed Projects. In: *Proceedings of the International Workshop on Global Software Development for the Practitioner* (2006), S. 20–26.

[Herbsleb 2007]
HERBSLEB, J. D.: Global Software Engineering: The Future of Socio-Technical Coordination. In: *Future of Software Engineering* (2007), S. 188–198.

[Herbsleb und Mockus 2003]
HERBSLEB, J. D.: MOCKUS, A.: An Empirical Study of Speed and Communication in Globally Distributed Software Development. In: *IEEE Transactions on Software Engineering* 29 (2003), Nr. 6, S. 481–494.

[Herbsleb und Moitra 2001]
HERBSLEB, J. D., MOITRA, D.: Global Software Development. In: *IEEE Software* 18 (2001), Nr. 2, S. 16–20.

[Hering et al. 2015]
HERING, D., SCHWARTZ, T., BODEN, A., WULF, V.: Integrating Usability-Engineering into the Software Developing Processes of SME: A Case Study of Software Developing SME in Germany. In: *Proceedings of the 8th IEEE/ACM International Workshop on Cooperative and Human Aspects of Software Engineering* (2015), S. 121–122.

[Hevner und Chatterjee 2010]
HEVNER, A. R., CHATTERJEE, S.: Design Research in Information Systems: Theory and Practice. In: SHARDA, R. (Hrsg.), VOSS, S. (Hrsg.): *Integrated Series in Information Systems 22*. Springer-Verlag Berlin Heidelberg, 2010.

[Hevner et al. 2004]
HEVNER, A. R., MARCH, S. T., PARK, J., RAM, S.: Design Science in Information Systems Research. In: *MIS Quarterly* 28 (2004), Nr. 1, S. 75–105.

[Hildenbrand 2008]
HILDENBRAND, T.: *Improving Traceability in Distributed Collaborative Software Development: A Design Science Approach*. Bd. 33. Frankfurt a. M., Peter Lang, Dissertation, 2008.

[Holsapple und Joshi 2000]
HOLSAPPLE, C. W., JOSHI, K. D.: An Investigation of Factors that Influence the Management of Knowledge in Organizations. In: *Journal of Strategic Information Systems* 9 (2000), Nr. 2/3, S. 235–261.

[Homburg 2012]
HOMBURG, C.: *Marketingmanagement: Strategie – Instrumente – Umsetzung – Unternehmensführung*. 4. Auflage. Gabler Verlag, 2012.

[IEEE-Standard 29148 2011]
ISO/IEC/IEEE STD 29148, THE INSTITUTE OF ELECTRICAL AND ELECTRONICS ENGINEERS (Hrsg.): *Life cycle processes – Requirements engineering*. 2011.

[IEEE-Standard 830 1998]

IEEE STD 830–1998, THE INSTITUTE OF ELECTRICAL AND ELECTRONICS ENGINEERS (Hrsg.): *IEEE Recommended Practice for Software Requirements Specifications.* 1998.

[IfM Bonn 2015]

Mittelstand im Einzelnen – Tabellen zu KMU und Großunternehmen laut Unternehmensregister (URS 95). Version: 2015. http://www.ifm-bonn.org/fileadmin/data/redaktion/statistik/mittelstand_im_einzelnen/dokumente/Untreg_KMU_und_GU_ZR2008-2012_WZ.pdf. – Online-Ressource, Abruf: 01. August 2015.

[Jacobson et al. 1999]

JACOBSON, I., BOOCH, G., RUMBAUGH, J.: *The Unified Software Development Process.* Addison-Wesley Publishing, 1999.

[Jiménez et al. 2010]

JIMÉNEZ, M., VIZCAÍNO, A., PIATTINI, M.: Improving Distributed Software Development in Small and Medium Enterprises. In: *The Open Software Engineering Journal* 4 (2010), S. 26–37.

[Johannesson und Perjons 2014]

JOHANNESSON, P., PERJONS, E.: *An Introduction to Design Science.* Springer-Verlag Berlin Heidelberg, 2014.

[Kamsties et al. 1998]

KAMSTIES, E., HÖRMANN, K., SCHLICH, M.: Requirements Engineering in Small and Medium Enterprises: State-of-Practice, Problems, Solutions, and Technology Transfer. In: *Conference on European Industrial Requirements Engineering* (1998), S. 1–11.

[Kayser 2006]

KAYSER, G.: Daten und Fakten: Wie ist der Mittelstand strukturiert? In: KRÜGER, W. (Hrsg.), KLIPPSTEIN, G. (Hrsg.), MERK, R. (Hrsg.), WITTBERG, V. (Hrsg.): *Praxishandbuch des Mittelstands: Leitfaden für das Management mittelständischer Unternehmen.* Gabler Verlag, Wiesbaden, 2006, S. 33–48.

[Keller et al. 1992]

KELLER, G., NÜTTGENS, M., SCHEER, A. W.: Semantische Prozeßmodellierung auf der Grundlage Ereignisgesteuerter Prozeßketten (EPK). In: SCHEER, A. W. (Hrsg.): *Veröffentlichungen des Instituts für Wirtschaftsinformatik, Heft 89.* Saarbrücken, 1992.

[Köhler-Frost 2004]

KÖHLER-FROST, W.: *Outsourcing: Schlüsselfaktoren der Kundenzufriedenheit.* 5. Auflage. Erich Schmidt Verlag, 2004.

[Klimpke 2013]
KLIMPKE, L.: *Konzeption und Realisierung eines integrierten Mikroblog-basierten Kommunikationsansatzes für die verteilte Softwareentwicklung.* Bd. 51. Frankfurt a. M., Peter Lang, Dissertation, 2013.

[Klimpke et al. 2011]
KLIMPKE, L., KRAMER, T., BETZ, S., NORDHEIMER, K.: Globally Distributed Software Development in Small and Medium-Sized Enterprises in Germany: Reasons, Locations, and Obstacles. In: *Proceedings of the 19th European Conference on Information Systems (ECIS'11), Helsinki, Finland* (2011), S. 115–132.

[Koch 2009]
KOCH, R.: *Entwicklung einer leichtgewichtigen Geschäftsprozessmodellierungssprache,* Universität Mannheim, Deutschland, Diplomarbeit, 2009.

[Kotonya und Sommerville 2004]
KOTONYA, G., SOMMERVILLE, I.: *Requirements Engineering: Processes and Techniques.* John Wiley & Sons, Inc., 2004.

[Krötzsch et al. 2007]
KRÖTZSCH, M., VRANDECIC, D., VÖLKEL, M., HALLER, H., STUDER, R.: Semantic Wikipedia. In: *Journal of Web Semantics* 5 (2007), S. 251–261.

[Lacity et al. 2009]
LACITY, M. C., KHAN, S. A., WILLCOCKS, L. P.: A Review of the IT Outsourcing Literature: Insights for Practice. In: *Journal of Strategic Information Systems* 18 (2009), S. 130–146.

[Lacity et al. 2010]
LACITY, M. C., KHAN, S. A., YAN, A., WILLCOCKS, L. P.: A Review of the IT Outsourcing Empirical Literature and Future Research Directions. In: *Journal of Information Technology* 25 (2010), S. 395–433.

[Lamersdorf et al. 2009]
LAMERSDORF, A., MÜNCH, J., ROMBACH, D.: A Decision Model for Supporting Task Allocation Processes in Global Software Development. In: BOMARIUS, F. (Hrsg.), OIVO, M. (Hrsg.), JARING, P. (Hrsg.), ABRAHAMSSON, P. (Hrsg.): *Product-Focused Software Process Improvement.* Bd. 32. Springer-Verlag Berlin Heidelberg, 2009, S. 332–346.

[Lanninger 2009]
LANNINGER, V.: *Prozessmodell zur Auswahl Betrieblicher Standardanwendungssoftware für KMU.* 1. Auflage. Josef Eul Verlag, 2009.

[Lanubile et al. 2010]
LANUBILE, F., EBERT, C., PRIKLADNICKI, R., VIZCAÍNO, A.: Collaboration Tools for Global Software Engineering. In: *IEEE Software* (2010), S. 52–55.

[Lee et al. 2013]
LEE, G., ESPINOSA, J. A., DELONE, W. H.: Task Environment Complexity, Global Team Dispersion, Process Capabilities, and Coordination in Software Development. In: *IEEE Transactions on Software Engineering* 39 (2013), Nr. 12, S. 1753–1771.

[van Lessen et al. 2011]
LESSEN, T. van, LÜBKE, D., NITZSCHE, J.: *Geschäftsprozesse automatisieren mit BPEL*. dpunkt.verlag, 2011.

[Lindvall und Rus 2003]
LINDVALL, M., RUS, I.: Knowledge Management for Software Organizations. In: AURUM, A. (Hrsg.), JEFFERY, R. (Hrsg.), WOHLIN, C. (Hrsg.), HANDZIC, M. (Hrsg.): *Managing Software Engineering Knowledge*. Springer-Verlag Berlin Heidelberg, 2003, S. 73–94.

[Lindvall und Sandahl 1996]
LINDVALL, M., SANDAHL, K.: Practical Implications of Traceability. In: *Software – Practice and Experience* 26 (1996), Nr. 10, S. 1161–1180.

[Maiden und Gizikis 2001]
MAIDEN, N., GIZIKIS, A.: Where Do Requirements Come From? In: *IEEE Software* 18 (2001), Nr. 5, S. 10–12.

[Marcus und Maletic 2003]
MARCUS, A., MALETIC, J. I.: Recovering Documentation-to-Source-Code Traceability Links Using Latent Semantic Indexing. In: *Proceedings of the 25th International Conference on Software Engineering* (2003), S. 125–135.

[Mäder et al. 2009]
MÄDER, P., GOTEL, O., PHILIPPOW, I.: Getting Back to Basics: Promoting the Use of a Traceability Information Model in Practice. In: *Proceedings of the ICSE Workshop on Traceability in Emerging Forms of Software Engineering* (2009), S. 21–25.

[Merten et al. 2011]
MERTEN, T., LAUENROTH, K., BÜRSNER, S.: Towards a New Understanding of Small and Medium Sized Enterprises in Requirements Engineering Research. In: BERRY, D. (Hrsg.), FRANCH, X. (Hrsg.): *Requirements Engineering: Foundation for Software Quality, LNCS*. Bd. 6606/2011. Springer-Verlag Berlin Heidelberg, 2011, S. 60–65.

[Mertins et al. 2009]
MERTINS, K., FINKE, I., ORTH, R.: Ein Referenzmodell für Wissensmanagement. In: MERTINS, K. (Hrsg.), SEIDEL, H. (Hrsg.): *Wissensmanagement im Mittelstand: Grundlagen – Lösungen – Praxisbeispiele*. Springer-Verlag Berlin Heidelberg, 2009, S. 15–22.

[Mohan et al. 2006]
MOHAN, K., XU, P., CAO, l., RAMESH, B.: Improving Change Management in Software Development: Integrating Traceability and Software Configuration Management. In: *Decision Support Systems* 45 (2006), Nr. 4, S. 922–936.

[Nelson 2007]
NELSON, R. R.: IT Project Management: Infamous Failures, Classic Mistakes, and Best Practices. In: *MIS Quarterly Executive* 6 (2007), Nr. 2, S. 67–78.

[Nett und Wulf 2005]
NETT, B., WULF, V.: Wissensprozesse in der Softwarebranche. Kleine und mittelständische Unternehmen unter empirischer Perspektive. In: GENDOLLA, P. (Hrsg.), SCHÄFER, J. (Hrsg.): *Wissensprozesse in der Netzwerkgesellschaft*. transcript-Verlag, 2005, S. 147–168.

[Neumüller und Grünbacher 2006]
NEUMÜLLER, C., GRÜNBACHER, P.: Automating Software Traceability in Very Small Companies – a Case Study and Lessons Learned. In: *Proceedings of the 21st IEEE International Conference on Automated Software Engineering* (2006), S. 18–22.

[Nidhra et al. 2013]
NIDHRA, S., YANAMADALA, M., AFZAL, W., TORKAR, R.: Knowledge Transfer Challenges and Mitigation Strategies in Global Software Development – A Systematic Literature Review and Industrial Validation. In: *International Journal of Information Management* 33 (2013), Nr. 2, S. 333–355.

[Nielsen 1994]
NIELSEN, J.: Heuristic Evaluation. In: NIELSEN, J. (Hrsg.), MACK, R. L. (Hrsg.): *Usability Inspection Methods*. John Wiley & Sons, Inc., 1994, S. 25–62.

[Nielsen und Molich 1990]
NIELSEN, J., MOLICH, R.: Heuristic Evaluation of User Interfaces. In: *Proceedings of the SIGCHI Conference on Human Factors in Computing Systems* (1990), S. 249–256.

[Nikula et al. 2000]
NIKULA, U., SAJANIEMI, J., KÄLVIÄINEN, H.: Management View on Current Requirements Engineering Practices in Small and Medium Enterprises. In: *Proceedings of the 5th Australian Workshop on Requirements Engineering, Queensland University of Technology* (2000), S. 81–89.

[Noll et al. 2010]
NOLL, J., BEECHAM, S., RICHARDSON, I.: Global Software Development and Collaboration: Barriers and Solutions. In: *ACM Inroads* 1 (2010), Nr. 3, S. 66–78.

[Nonaka und Takeuchi 1995]
NONAKA, I., TAKEUCHI, H.: *The Knowledge Creating Company*. Oxford University Press, New York, 1995.

[Nordheimer et al. 2012]
NORDHEIMER, K., SEEDORF, S., THUM, C.: Semantic Wiki for Tracing Process and Requirements Knowledge in Small and Medium Enterprises. In: MISTRIK, I. (Hrsg.), TANG, A. (Hrsg.), BAHSOON, R. (Hrsg.), STAFFORD, J. A. (Hrsg.): *Aligning Enterprise, System, and Software Architectures*. IGI Global, 2012, S. 23–38.

[Oktaba und Piattini 2008]
OKTABA, H., PIATTINI, M.: *Software Process Improvement for Small and Medium Enterprises: Techniques and Case Studies*. Idea Group Reference, 2008.

[OMG 2010]
OBJECT MANAGEMENT GROUP (Hrsg.): *Unified Modeling Language, Superstructure Specification, Version 2.4*. Version: 2010. http://www.omg.org/spec/UML/2.4/. – Online-Ressource, Abruf: 01. August 2015.

[Oshri et al. 2008]
OSHRI, I., FENEMA, P. van, KOTLARSKY, J.: Knowledge Transfer in Globally Distributed Teams: The Role of Transactive Memory. In: *Information Systems Journal* 18 (2008), Nr. 6, S. 593–616.

[Overhage et al. 2010]
OVERHAGE, S., SKROCH, O., TUROWSKI, K.: Knowledge Transfer: A Basis for Competitive Advantage in Firms. In: *Organizational Behavior and Human Decision Processes* 82 (2010), Nr. 1, S. 150–169.

[Pashov et al. 2004]
PASHOV, I., RIEBISCH, M., PHILIPPOW, I.: Supporting Architectural Restructuring by Analyzing Feature Models. In: *Proceedings of the 8th Euromicro Working Conference on Software Maintenance and Reengineering* (2004), S. 25–36.

[Patton 2002]
PATTON, M. Q.: *Qualitative Research & Evaluation Methods*. 3. Auflage. Sage Publications, 2002.

[Pfohl 2006]
PFOHL, H.-C.: *Betriebswirtschaftslehre der Mittel- und Kleinbetriebe: Größenspezifische Probleme und Möglichkeiten zu ihrer Lösung*. 4. Auflage. Erich Schmidt Verlag, 2006.

[Phillips 2010]
PHILLIPS, J.: *IT Project Management: On Track from Start to Finish*. 3. Auflage. McGraw-Hill Osborne Media, 2010.

[Pinheiro und Goguen 1996]
PINHEIRO, F. A., GOGUEN, J. A.: An Object-Oriented Tool for Tracing Requirements. In: *IEEE Software* (1996), S. 52–64.

[Pohl 2008]
POHL, K.: *Requirements Engineering – Grundlagen, Prinzipien, Techniken*. 2. Auflage. dpunkt.verlag, 2008.

[Pohl und Rupp 2011]
POHL, K., RUPP, C.: *Basiswissen Requirements Engineering: Aus- und Weiterbildung nach IREB-Standard zum Certified Professional for Requirements Engineering Foundation Level*. 3. Auflage. dpunkt.verlag, 2011.

[Prügl 2008]
PRÜGL, N.: *Softwareentwicklungsprozesse in KMUs: Die Eignung von XP, RUP und MSF für Klein- und Mittelbetriebe*. VDM Verlag Dr. Müller, 2008.

[Pries-Heje et al. 2008]
PRIES-HEJE, J., BASKERVILLE, R., VENABLE, J.: Strategies for Design Science Research Evaluation. In: *Proceedings of the 16th European Conference on Information Systems* (2008).

[Probst et al. 2010]
PROBST, G., RAUB, S., ROMHARDT, K.: *Wissen managen: Wie Unternehmen ihre wertvollste Ressource optimal nutzen*. 6. Auflage. Gabler Verlag, Wiesbaden, 2010.

[Ramesh 1998]
RAMESH, B.: Factors Influencing Requirements Traceability Practice. In: *Communications of the ACM* 41 (1998), Nr. 12, S. 37–44.

[Ramesh und Jarke 2001]
RAMESH, B., JARKE, M.: Toward Reference Models for Requirements Traceability. In: *IEEE Transactions on Software Engineering* 27 (2001), Nr. 1, S. 58–93.

[Reiss 2006]
REISS, S. P.: Incremental Maintenance of Software Artifacts. In: *IEEE Transactions on Software Engineering* 32 (2006), Nr. 9, S. 682–697.

[Richardson und von Wangenheim 2007]
RICHARDSON, I., WANGENHEIM, C. G.: Why are Small Software Organizations Different? In: *IEEE Software* 24 (2007), Nr. 1, S. 18–22.

[Rohfleisch 2011]
ROHFLEISCH, F.: *Geschäftsprozessorientierte Anforderungsanalyse*. Verlagshaus Monsenstein und Vannerdat, 2011.

[Rottman 2008]
ROTTMAN, J. W.: Successful Knowledge Transfer within Offshore Supplier Networks: A Case Study Exploring Social Capital in Strategic Alliances. In: *Journal of Information Technology* 23 (2008), S. 31–43.

[Royce 1987]

ROYCE, W. W.: Managing the Development of Large Software Systems: Concepts and Techniques. In: *Proceedings of the 9th International Conference on Software Engineering* (1987), S. 328–338.

[Röpstorff und Wiechmann 2012]

RÖPSTORFF, S., WIECHMANN, R.: *Scrum in der Praxis: Erfahrungen, Problemfelder und Erfolgsfaktoren*. dpunkt. verlag, 2012.

[Rudolph 2009]

RUDOLPH, S.: *Servicebasierte Planung und Steuerung der IT-Infrastruktur im Mittelstand: Ein Modellansatz zur Struktur der IT-Leistungserbringung*. 1. Auflage. Gabler Verlag, Wiesbaden, 2009.

[Rus und Lindvall 2002]

RUS, I., LINDVALL, M.: Knowledge Management in Software Engineering. In: *IEEE Software* 19 (2002), Nr. 3, S. 26–38.

[Sakthivel 2007]

SAKTHIVEL, S.: Managing Risk in Offshore Systems Development. In: *Communications of the ACM* 50 (2007), Nr. 4, S. 69–75.

[Sangwan et al. 2006]

SANGWAN, R., BASS, M., MULLIK, N., PAULISH, D. J., KAZMEIER, J.: *Global Software Development Handbook*. Auerbach Publications, 2006.

[Sauer et al. 2007]

SAUER, C., GEMINO, A., REICH, B. H.: The Impact of Size and Volatility on IT Project Performance. In: *Communications of the ACM* 50 (2007), Nr. 11, S. 79–84.

[Schaffert et al. 2007]

SCHAFFERT, S., BRY, F., BAUMEISTER, J., KIESEL, M.: Semantic Wiki. In: *Informatik Spektrum* 30 (2007), Nr. 6, S. 434–439.

[Schmelzer und Sesselmann 2010]

SCHMELZER, H., SESSELMANN, W.: *Geschäftsprozessmanagement in der Praxis: Kunden zufrieden stellen – Produktivität steigern – Wert erhöhen*. 7. Auflage. Carl Hanser Verlag München, 2010.

[Schwarze und Müller 2005]

SCHWARZE, L., MÜLLER, P. P.: IT-Outsourcing – Erfahrungen, Status und zukünftige Herausforderungen. In: *HMD – Praxis der Wirtschaftsinformatik* 245 (2005), S. 6–17.

[Seedorf 2010]

SEEDORF, S.: *Ontologie-gestützte Entwicklung komponentenbasierter Anwendungssysteme*. Bd. 41. Frankfurt a. M., Peter Lang, Dissertation, 2010.

[Seedorf et al. 2009]
SEEDORF, S., NORDHEIMER, K., KRUG, S.: StraS: A Framework for Semantic Traceability in Enterprise-wide SOA Life-cycle Management. In: *Proceedings of the 1st Workshop on Service-Oriented Business Networks and Ecosystems* (2009), S. 212–219.

[Sengupta et al. 2006]
SENGUPTA, B., CHANDRA, S., SINHA, V.: A Research Agenda for Distributed Software Development. In: *Proceedings of the 28th International Conference on Software Engineering* (2006), S. 731–740.

[Setamanit et al. 2007]
SETAMANIT, S., WAKELAND, W. W., RAFFO, D.: Using Simulation to Evaluate Global Software Development Task Allocation Strategies. In: *Software Process: Improvement and Practice* 12 (2007), Nr. 5, S. 491–503.

[Shrivastava und Date 2010]
SHRIVASTAVA, S. V., DATE, H.: Distributed Agile Software Development: A Review. In: *Journal of Computer Science and Engineering* 1 (2010), Nr. 1, S. 10–17.

[da Silva et al. 2010]
SILVA, F. Q. B., COSTA, C. C., PRIKLADINICKI, A. C. R.: Challenges and Solutions in Distributed Software Development Project Management: A Systematic Literature Review. In: *Proceedings of the 5th IEEE International Conference on Global Software Engineering* (2010), S. 87–96.

[Sommerville 2012]
SOMMERVILLE, I.: *Software Engineering.* 9. Auflage. Pearson Deutschland GmbH, 2012.

[de Souza 2005]
SOUZA, C. R. B.: *On the Relationship between Software Dependencies and Coordination: Field Studies and Tool Support.* Donald Bren School of Information and Computer Science, University of California, Irvine, Dissertation, 2005.

[Spanoudakis 2004]
SPANOUDAKIS, G.: Rule-based Generation of Requirements Traceability Relations. In: *Journal of Systems and Software* 72 (2004), Nr. 2, S. 105–127.

[Spanoudakis und Zisman 2004]
SPANOUDAKIS, G., ZISMAN, A.: Software Traceability: A Roadmap. In: *Handbook of Software Engineering and Knowledge Engineering.* World Scientific Publishing, 2004, S. 395–428.

[Staiger 2008]
STAIGER, M.: *Wissensmanagement in kleinen und mittelständischen Unternehmen: Systematische Gestaltung einer wissensorientierten Organisationsstruktur und -kultur.* 1. Auflage. Rainer Hampp Verlag, München und Mering, 2008.

[Steinmacher et al. 2010]
STEINMACHER, I., CHAVES, A. P., GEROSA, M. A.: Awareness Support in Global Software Development: A Systematic Review Based on the 3C Collaboration Model. In: *Proceedings of the 16th International Conference on Collaboration and Technology*. Springer-Verlag Berlin Heidelberg, 2010, S. 185–201.

[Susman und Evered 1978]
SUSMAN, G., EVERED, R.: An Assessment of the Scientific Merits of Action Research. In: *Administrative Science Quarterly* 23 (1978), Nr. 4, S. 582–603.

[Szulanski 1996]
SZULANSKI, G.: Exploring Internal Stickiness: Impediments to the Transfer of Best Practice Within the Firm. In: *Strategic Management Journal* 17 (1996), S. 27–43.

[Taweel et al. 2009]
TAWEEL, A., DELANEY, B., ARVANITIS, T. N., ZHAO, L.: Communication, Knowledge and Coordination Management in Globally Distributed Software Development: Informed by a scientific Software Engineering Case Study. In: *Proceedings of the 4th IEEE International Conference on Global Software Engineering* (2009), S. 330–375.

[The Standish Group 2009]
THE STANDISH GROUP, Inc.: *The CHAOS Summary*. Technical report, 2009.

[Thum 2009]
THUM, C.: *Konzeption und Implementierung eines Werkzeuges zur verteilten Modellierung auf Basis der Technologien des Web 2.0*, Universität Mannheim, Deutschland, Diplomarbeit, 2009.

[Thum 2012]
THUM, C.: *Enabling Lightweight Real-time Collaboration*. Bd. 41. Frankfurt a. M., Peter Lang, Dissertation, 2012.

[Thum et al. 2009]
THUM, C., SCHWIND, M., SCHADER, M.: SLIM – A Lightweight Environment for Synchronous Collaborative Modeling. In: *Proceedings of the 12th International Conference on Model Driven Engineering Languages and Systems* (2009), S. 137–151.

[Venable et al. 2012]
VENABLE, J., PRIES-HEJE, J., BASKERVILLE, R.: A Comprehensive Framework for Evaluation in Design Science Research. In: *Proceedings of the 7th International Conference on Design Science Research in Information Systems: Advances in Theory and Practice* (2012), S. 423–438.

[Vlaar et al. 2008]
VLAAR, P. W. L., FENEMA, P. C., TIWARI, V.: Cocreating Understanding and Value in Distributed Work: How Members of Onsite and Offshore Vendor

Teams Give Make, Demand, and Break Sense. In: *MIS Quarterly* 32 (2008), Nr. 2, S. 227–255.

[Voigt et al. 2009]
VOIGT, S., FINKE, I., ORTH, R.: Fazit aus 15 mittelständischen Fallstudien. In: MERTINS, K. (Hrsg.), SEIDEL, H. (Hrsg.): *Wissensmanagement im Mittelstand: Grundlagen – Lösungen – Praxisbeispiele*. Springer-Verlag Berlin Heidelberg, 2009, S. 271–282.

[Wallau 2006]
WALLAU, F.: Mittelständische Unternehmen in Deutschland: das Rückgrat der Wirtschaft. In: SCHAUF, M. (Hrsg.): *Unternehmensführung im Mittelstand: Rollenwandel kleiner und mittlerer Unternehmen in der Globalisierung*. Rainer Hampp Verlag, München und Mering, 2006, S. 9–33.

[Whitehead 2007]
WHITEHEAD, J.: Collaboration in Software Engineering: A Roadmap. In: *Future of Software Engineering* (2007), S. 214–225.

[Wolf und Dutoit 2005]
WOLF, T., DUTOIT, A. H.: Supporting Traceability in Distributed Software Development Projects. In: *Proceedings of the International Workshop on Distributed Software Development* (2005), S. 111–124.

[Wong und Aspinwall 2005]
WONG, K. Y., ASPINWALL, E.: An Empirical Study of the Important Factors for Knowledge-Management Adoption in the SME Sector. In: *Journal of Knowledge Management* 9 (2005), Nr. 3, S. 64–82.

[Yin 2009]
YIN, R. K.: *Case Study Research: Design and Methods*. 4. Auflage. Sage Publications, 2009.

[Zencke und Eichin 2008]
ZENCKE, P., EICHIN, R.: SAP Business By Design – Die neue Mittelstandslösung der SAP. In: *WIRTSCHAFTSINFORMATIK* 50 (2008), Nr. 1, S. 47–51.

ENTSCHEIDUNGSUNTERSTÜTZUNG FÜR ÖKONOMISCHE PROBLEME

Herausgegeben von Christian Becker, Wolfgang Gaul, Armin Heinzl,
Alexander Mädche und Martin Schader

Band 1 Ingo Böckenholt: Mehrdimensionale Skalierung qualitativer Daten. Ein Instrument zur Unterstützung von Marketingentscheidungen. 1989.

Band 2 Jürgen Joseph: Arbeitswissenschaftliche Aspekte der betrieblichen Einführung neuer Technologien am Beispiel von Computer Aided Design (CAD). Felduntersuchung zur Ermittlung arbeitswissenschaftlicher Empfehlungen für die Einführung neuer Technologien. 1990.

Band 3 Eva Schönfelder: Entwicklung eines Verfahrens zur Bewertung von Schichtsystemen nach arbeitswissenschaftlichen Kriterien. 1992.

Band 4 Michael Bargl: Akzeptanz und Effizienz computergestützter Dispositionssysteme in der Transportwirtschaft. Empirische Studien zur Implementierungsforschung von Entscheidungsunterstützungssystemen am Beispiel computergestützter Tourenplanungssysteme. 1994.

Band 5 Reinhold Decker: Analyse und Simulation des Kaufverhaltens auf Konsumgütermärkten. Konzeption eines modell- und wissensorientierten Systems zur Auswertung von Paneldaten. 1994.

Band 6 Wolfgang Gaul / Martin Schader (Hrsg.): Wissensbasierte Marketing-Datenanalyse. Das WIMDAS-Projekt. 1994.

Band 7 Daniel Baier: Konzipierung und Realisierung einer Unterstützung des kombinierten Einsatzes von Methoden bei der Positionierungsanalyse. 1994.

Band 8 Ulrich Lutz: Preispolitik im internationalen Marketing und westeuropäische Integration. 1994.

Band 9 Kirsten Petersen: Design eines Courseware-Entwicklungssystems für den computerunterstützten universitären Unterricht. CULLIS-Teilprojekt I. 1996.

Band 10 Stefan Neumann: Einsatz von Interactive Video im computerunterstützten universitären Unterricht. CULLIS Teilprojekt II. 1996.

Band 11 Eberhard Aust: Simultane Conjointanalyse, Benefitsegmentierung, Produktlinien- und Preisgestaltung. 1996.

Band 12 Peter Heydebreck: Technologische Verflechtung. Ein Instrument zum Erreichen von Produkt- und Prozeßinnovationserfolg. 1996.

Band 13 Michael Pesch: Effiziente Verkaufsplanung im Investitionsgütermarketing. 1997.

Band 14 Frank Wartenberg: Entscheidungsunterstützung im persönlichen Verkauf. 1997.

Band 15 Thomas Lechler: Erfolgsfaktoren des Projektmanagements. 1997.

Band 16 Alexandre Saad: Anbahnung und Erfolg von europäischen kooperativen F&E-Projekten. Eine empirische Analyse anhand von ESPRIT-Projekten. 1998.

Band 17 Michael Löffler: Integrierte Preisoptimierung. 1999.

Band 18 Frank Säuberlich: KDD und Data Mining als Hilfsmittel zur Entscheidungsunterstützung. 2000.

INFORMATIONSTECHNOLOGIE UND ÖKONOMIE

(Neuer Reihentitel ab Band 19)

Band 38   Jessica Katharina Winkler: International Entry Mode Choices of Software Firms. An Analysis of Product-Specific Determinants. 2009.

Band 39   Martin J. Lafleur: *Loyalty Profiling*. Erfolgsdimensionen und Modellansätze eines effizienten und effektiven Customer Relationship Management. 2010.

Band 40   Ingo Ott: Effizientes Prozessmanagement im öffentlichen Dienst. 2010.

Band 41   Stefan Seedorf: Ontologie-gestützte Entwicklung komponentenbasierter Anwendungssysteme. Ein wissensbasiertes Informationssystem zur Unterstützung der Entwicklung und Wartung von Geschäftskomponenten (KompIS). 2010.

Band 42   Dominic Gastes: Erhebungsprozesse und Konsistenzanforderungen im Analytic Hierarchy Process (AHP). 2011.

Band 43   *erscheint in Kürze*

Band 44   Olaf Thiele: Informationsvisualisierungen auf mobilen Endgeräten zur Unterstützung des betrieblichen Datenmanagements. 2011.

Band 45   Krisztian Antal Buza: Fusion Methods for Time-Series Classification. 2011.

Band 46   Thomas Kude: The Coordination of Inter-Organizational Networks in the Enterprise Software Industry. The Perspective of Complementors. 2012.

Band 47   Alexandra Rebecca Klages: Clusteranalyse für Netzwerke. 2012.

Band 48   Christian Thum: Enabling Lightweight Real-time Collaboration. 2012.

Band 49   Miroslav Lazic: The Impact of Information Technology Governance on Business Performance. 2013.

Band 50   Verena Elisabeth Majuntke: Application Coordination in Pervasive Systems. 2013.

Band 51   Lars Klimpke: Konzeption und Realisierung eines integrierten Mikroblog-basierten Kommunikationsansatzes für die verteilte Softwareentwicklung. 2013.

Band 52   Erik Hemmer: Information Seeking Stopping Behavior in Online Scenarios. The Impact of Task, Technology and Individual Characteristics. 2013.

Band 53   Christoph Winkler: Optimierung im Airline Revenue Management. 2013.

Band 54   Sven Scheibmayr: Graphical User Interface Prototyping for Distributed Requirements Engineering. 2014.

Band 55   Sebastian Stuckenberg: Exploring the Organizational Impact of Software-as-a-Service on Software Vendors. The Role of Organizational Integration in Software-as-a-Service Development and Operation. 2014.

Band 56   Khrystyna Nordheimer: Methodische und softwaretechnische Unterstützung global verteilter Softwareentwicklung bei mittelständischen Unternehmen. 2016.

www.peterlang.com